六盘山 文库

固原历史文化研究

第八辑

安正发 ／主编
王兴文 黑志燕 ／副主编

上海古籍出版社

图书在版编目（CIP）数据

固原历史文化研究. 第八辑／安正发主编；王兴文，
黑志燕副主编. —上海：上海古籍出版社，2021.12
ISBN 978-7-5732-0162-1

Ⅰ.①固… Ⅱ.①安… ②王… ③黑… Ⅲ.①文化史
—固原—文集 Ⅳ.①K294.33-53

中国版本图书馆 CIP 数据核字（2021）第 243775 号

六盘山文库

固原历史文化研究（第八辑）

安正发　主编

王兴文　黑志燕　副主编

上海古籍出版社出版发行

（上海市闵行区号景路 159 弄 1-5 号 A 座 5F　邮政编码 201101）

（1）网址：www.guji.com.cn

（2）E-mail：guji1@guji.com.cn

（3）易文网网址：www.ewen.co

常熟市文化印刷有限公司印刷

开本 700×1000　1/16　印张 16.75　插页 3　字数 215,000

2021 年 12 月第 1 版　2021 年 12 月第 1 次印刷

ISBN 978-7-5732-0162-1

K·3100　定价：68.00 元

如有质量问题，请与承印公司联系

宁夏高等学校一流学科建设（教育学学科）

资助项目（NXYLXK2017B11）成果

总　序

　　固原历史悠久，文化积淀丰厚。早在三万年前的旧石器时代，这片土地就留下了古人类活动的足迹；新石器时代，六盘山东西的清水河、葫芦河、泾河流域都有人类繁衍生息。彭阳商周墓葬群的出土，印证了《诗经·小雅·六月》《出车》里描写的西周重大历史事件在固原的发生。固原战国秦长城遗迹，叙说着固原的军事建制与特殊的军事地理位置。战国时期，固原进入秦国版图，乌氏县、朝那县的设立，见证了固原融入大统一国家的行政序列。汉代高平县的设立，安定郡的设置，奠定了固原之后的行政建制，萧关道上的汉唐诗歌，丝绸之路在固原的中西文化遗存，再现了这个特殊地域上的文化积淀，为固原经济社会文化发展提供了诸多有价值的参考与借鉴。

　　宁夏师范学院建校至今，已走过了四十多年的风雨岁月。学院老一代的学者，一直十分关注固原历史地理文化，他们筚路蓝缕，在传承学术精神的同时，创新地方历史文化研究，留下了诸多研究成果，为固原历史文化研究奠定了坚实的基础。地方高校服务于地方经济社会文化发展，是其职责所在。为推进固原历史地理文化研究，2011 年底，宁夏师范学院申报设立专门的地方历史文化研究机构，经自治区编办批准，宁夏师范学院固原历史文化研究中心正式挂牌成立，成为实体研究机构之一，并配备了专职研究人员。宁夏师范学院的固原历史地理文化研究从此走上了更为专业和深入的道路。2014 年，为进一步夯实科研基础，凝练学术队伍，宁夏师范学院进行了校内资源整合,重组并成立了 6 个研究(工程)中心,固原历史文化研究中心成为宁夏师范学院提出的打好三张牌(特色牌、地方牌、教改牌)中的科研"地方牌"的代表。2016 年,固原历史文化研究人文社科重点研究基地获得自治区高校科技创新平台立项建设。

为了加强区级人文社科重点研究基地建设,挖掘固原历史文化资源,产出一批较有影响的科研成果,固原历史文化研究中心设立了"固原历史文化专项课题",由校内外学者参与申报,专家评审,最终以丛书的形式推出。宁夏师范学院所在地固原位于六盘山地区,学校被誉为"六盘山下人才基地,宁南山区教师摇篮",因此,丛书以《六盘山文库》冠名。研究成果内容涉及固原历史地理、丝绸之路、地方戏曲研究、人物、民俗文化等,是固原历史地理文化研究的阶段性成果。《六盘山文库》的面世,将对传承固原历史文脉、宣传固原历史地理文化、加快推进文化建设产生影响。同时,对于深化和研究固原历史地理文化,把历史地理文化资源优势转化为推进高质量发展优势;对于挖掘区域历史地理文化,增进人们对固原历史地理文化的了解,满足人民文化需求和增强人民精神力量,尤其是提升固原文化的影响力,将会产生积极的作用。

以文化强国为目标,不断推进传统文化创造性转化、创新性发展,是时代赋予我们的新使命。正是从这个意义上,《六盘山文库》承载着文化建设的使命,肩负着文化创新的重任。为地方社会经济发展和文化建设尽一份绵薄之力,是我们的初心所在。

《六盘山文库》编委会

2020 年 12 月

目 录

历史文化研究

LISHIWENHUAYANJIU

固原文化旅游的发展趋势

佘贵孝①

摘　要：固原旅游资源丰厚，点面结合。本文就红色文化、长城文化、石窟文化、地震遗迹文化、民俗文化、碑刻文化等方面阐述文化旅游的传世作用、价值观念和教育意义。

关键词：固原　文化旅游　发展

固原历史悠久，文化底蕴深厚，自然风光旖旎，人文景点众多，民族风情独特。其特有的红色文化、长城文化、石窟文化、地震遗迹文化、民俗文化、碑刻文化等相互交融、相得益彰，不仅是西北地区的宝贵财富，更是中华文化不可或缺的精髓所在。因此，文化旅游，也是固原厚重文化的一个方面。每种文化都有不同的精神文化需求、传世作用、价值观念和教育意义。

一、文化旅游的特点

固原市地处西安、兰州、银川三省会城市所构成的三角地带中心，是历史上的经济重地、交通枢纽和军事重镇；又是丝绸之路东段北道必经之地，

---

① 佘贵孝（1947—　），男，宁夏固原人，宁夏文史研究馆馆员、宁夏师范学院固原历史文化研究中心特邀研究员。

处在中原农耕文化和北方游牧文化的结合部。天地之造化,历史之沿革,使固原旅游资源十分丰富,同时文化底蕴深厚,品位高,内容多,特色鲜明,成为集人文景观与自然景观为一体的旅游区。具体而言,有如下特点:

（一）旅游资源特别丰富

从彭阳县岭儿、刘河发现的旧石器文化遗存来看,早在3万年以前就有人类在这里繁衍生息。夏商周以来,尤其是自秦实行戍边屯垦以来,六盘山地区农业经济和手工业迅速发展。秦皇汉武巡视固原,加快了经济建设和军事防御工程建设。唐朝将西北最大的养马中心放在固原,又发展了以畜牧为中心的经济建设。明代,这里又是西北三边重镇总督驻节之地,这些高层次的文化人又将文化建设向前猛推一步。这些曲折辉煌的历史发展为固原留下了大量的人文旅游资源。气势磅礴的六盘山是黄土高原上的重要水源涵养林区与国家级自然保护区和森林公园,火石寨丹霞地貌构成国家级地质公园,这些又构造了独特奇异的自然景观。凉爽的气候和自然地理条件,造就了异彩纷呈的生物种类,乃至古朴的文化遗存、浓郁的回乡风情,展示了固原旅游资源的丰富性。

（二）具有奇特的自然、生态旅游资源

六盘山自然保护区、云雾山自然保护区、火石寨丹霞地貌,具有奇、险、秀、美的特点。西吉遗留下来的地震遗存、六盘山白垩系地质剖面,不仅具有极高的旅游价值,而且具有很高的科研价值,是开展科学考察旅游的理想场所。

（三）生物旅游资源十分丰富

六盘山自然保护区被誉为黄土高原上的"绿岛"、生物资源的"基因库""天然动植物园",是引种训化、林业科学、森林生态、环境保护、中草药等自然科学研究的天然试验室。主要保护对象有水源涵养林及其生态系统:华山松、桦、猕猴桃、金钱豹、红腹锦鸡、环颈雉等生物资源及其生态环境。云雾山自然保护区,植被属于干草原,优势植物是长芒草,有百里香、茭蒿、铁杆蒿、萎陵菜等80余种植物,是目前我国黄土高原长芒草保留较完整的典型地区。这些自然保护区和森林公园为开展生态旅游提供了极大的潜力。

(四)历史人文资源非常独特

具有丰富性和多样性,显现了丝路文化所传承的丰富历史文化内涵,遗留下大批具有较高文物价值与观赏价值的历史人文资源。主要有古长城、古遗址、古城堡、古石窟、古寺庙、古宝塔、古建筑、古化石等。其中一些旅游资源非常珍稀,如岭儿和刘河的旧石器文化遗存,是中华远古文明的缩影。

(五)红色旅游资源独具特点

六盘山是长征时中国工农红军历经千难万险,翻越的最后一座大山,伟人毛泽东的一首《清平乐·六盘山》词作使六盘山名扬海内外;六盘山下的西吉单家集是红二十五军和中央红军驻跸之地,将台堡是红军长征胜利会师纪念地,也是红军长征途中建立回族自治政权和开展民族工作比较频繁的地区,融汇着"回汉兄弟亲如一家"的革命情谊;解放战争期间发生在彭阳境内的任山河战斗遗址和任山河烈士陵园、西海固地区三次回民暴动和回民骑兵团为解放宁夏南大门的战斗纪念地等"红色旅游"景点,成为激励固原回汉人民艰苦创业的精神财富,已被确定为重要的革命传统和爱国主义教育基地。

二、中原文化渊源流长

中国传统文化在固原不仅完整地保存了古朴、坚实、厚重的民族传统文化的原始风貌,而且在传承过程中成就了一大批享誉国内外的民间艺术珍品。

(一)中原文化的传承

固原,地处六盘山地区。早在西周时期,大原(今固原)成为西周的直属地区。战国秦时,秦长城从西吉县、原州区、彭阳县穿境而过。从此,今固原地区纳入中原王朝的版图。汉唐以降,由于多次的民族迁徙,中原汉文化大量涌入本地,与少数民族文化融合,形成本地独特的文化格局。久而久之,受中原文化的影响和孔孟之道儒家学说的传承,奠定了古朴淳厚的文化底蕴,形成厚重而独特的地域文化。

中国传统文化博大精深。儒家思想为当代人所推崇。位于西吉县西滩乡黑虎沟的北宋孝子故事砖雕墓,左右两壁砖雕内容主要有侍人、花卉、门窗、孝子故事等图案。右壁孝子故事依次为王祥卧冰求鱼、郭巨埋儿得金、孟宗泣竹生笋;左壁为姜诗涌泉跃鲤、王裒闻雷泣墓、曹娥投江寻尸。孝子故事中的人物均为单身,王祥卧冰求鱼故事只刻了大树的枝干,而没有树叶,反映了严冬景象,耐人寻味,具有地方特点和独到匠心。郭巨埋儿画面,不雕出郭巨的儿子,而用一口棺材代替了埋儿情节,给人没有直接看到所埋儿时心里产生的残忍之感,起到了掩饰作用。砖雕人物中的服饰具有明显的等级差别和宋服特色,女人皆结高发髻,着襦穿长裙,不露足,仪态温雅端庄;仆人的衣服随便,戴小帽穿长袍及短袖上衣。而读书仕人都着长衫,头包巾、垂耳、系带,行动做模作样一幅谦卑的姿态。武士却另一番风采,执钺、披甲,威风凛凛。通过着装、行动、姿态,从一个侧面反映了封建社会森严的等级制度。

(二) 文化特点与共性

中国传统文化,是以中华文化为源头、中国境内各民族共同创造的、长期历史发展所积淀的文化。首先,一切文化事象都在一定的历史背景下存在、变异、发展,从而具有某一时代的特色;其次,文化是在历史传承的过程中积淀并确立了自身的传统。而民族民间文化反映出我国文化传统中以儒家思想为中心的不同思想文化派别融合与统一的特点;一切言语行动要符合"道""圣""经"的特点,即以"道制教""以礼节情",强调个人必须服从共性的约束,但留给个人发展个性的传统文化特点;伦理道德至高无上,道德义务的本身就是法律、法规、命令。社会发展,道德标准不断变化,但道德的理念是每个人衡量人的标准、做人的标准,反映出中华民族以人为本、和谐敬美的精神。

三、文化旅游的内涵与发展趋势

(一) 红色文化

1935 年,红二十五军长征和中央红军长征,都经过了六盘山地区。1936 年,红军西征又活动于六盘山地区,红一、二、四方面军又会师将台堡。红军在固原活动期间,发展了地下共产党员,帮助建立了地下党组织,使固原人民受到了深刻的教育,人们认识到不闹革命就翻不了身。1939—1941 年,西海固的回族群众三次暴动,引起了社会各界和汉族群众的广泛支持,沉重打击了国民党政府的统治。20 世纪末,固原人民为纪念红军在固原的活动,特地修建了"六盘山红军长征纪念馆""将台堡三军会师纪念园"和"中国工农红军会师纪念碑""青石嘴战斗纪念碑""任山河烈士陵园",固原市、西吉县、隆德县、彭阳县修建了"革命烈士纪念碑",泾源县也在老龙潭埋葬革命烈士墓地修建了革命烈士纪念碑。

1985 年 10 月,为纪念红军长征胜利 50 周年,六盘山红军长征纪念亭落成。"长征纪念亭"由时任中共中央总书记胡耀邦题写。1996 年 10 月,在纪念红军三大主力会师暨纪念红军长征胜利 60 周年之际,经宁夏区党委、政府报请中共中央宣传部批准,在将台堡修建了红军长征会师纪念碑,中共中央总书记、中华人民共和国主席、中央军委主席江泽民题写了"中国工农红军长征将台堡会师纪念碑"碑名。同时,在毛泽东主席住过的单家集、小岔沟、乔家渠都立碑纪念。红军驻扎过的平峰、兴隆镇也立碑纪念。每年清明节、革命烈士纪念日都有大批的干部、学生、军人前往扫墓、悼念,进行革命传统教育。现在，每逢"七一"建党节和"十一"国庆节，当地机关单位的干部、党员都要到六盘山、将台堡进行主题党日活动，重温入党誓词。新党员也在这里举行入党宣誓。固原市区的大中小学生也到革命烈士纪念碑请老军人、老干部讲述固原的革命历史，中共固原县委和中共海固工委从事地下革命斗争的故事，讲述任山河战斗和英雄史迹。

（二）长城文化

战国秦长城起自甘肃省定西市临洮县的洮河谷地，在今固原境内有174 公里，其中原州区城西约 10 公里保存较为完整。

固原境内的这段长城是在秦惠文王时开始修筑，到秦昭襄王时才得以完成，所以把它称为战国秦长城。战国秦长城起自甘肃省定西临洮县的洮河谷地，终止于内蒙古之准格尔旗东北的十二连城。长约万余里。途经固原的这段经过了渭源、陇西、通渭 3 县，进入平凉市之静宁县，顺葫芦河东岸经北峡口从闫庙进入宁夏西吉县，经黄家岔、单民至将台，在将台以 90°的角度转折向东，顺马莲河河谷至马莲水库出西吉而进入原州区的张易镇，长城过红庄后进入叠叠沟，出叠叠沟山口后至孙家庄，在明庄过公路，经乔洼过清水河，在黄家庄出原州区进入彭阳县川口乡的黄湾以北、经城阳乡的瑶湾、乔家渠、白岔，从刘家堡子出彭阳县，又进入甘肃省庆阳市镇原县的孟家原。长城在固原市境内经过西吉县、原州区、彭阳县，全长约 174 公里。1987 年，万里长城被联合国教科文组织列入《世界遗产名录》。长城凝聚了中华民族自强不息的奋斗精神和众志成城、坚韧不屈的爱国情怀，已经成为中华民族的代表性符号和中华文明的重要象征。新时代，我们更加需要建设中华民族伟大复兴的精神长城，以中华民族自强不息的奋斗精神和众志成城、坚韧不屈的爱国情怀，忠诚于党，忠诚于人民，忠诚于事业，为中华民族的伟大复兴不懈奋斗。现在只要一提起中国，就会想起万里长城；一提起中华文明，也会想起万里长城。"不到长城非好汉"已成为宁夏精神，激励宁夏人民克敌制胜,勇往直前。

(三)石窟文化

固原现存石窟有 16 处之多,犹如颗颗明珠,镶嵌在固原大地上。其中最为著名的是中国 10 大石窟之一,初创于北魏、兴盛于北周和唐代的须弥山石窟,也是宁夏规模最大的佛窟寺院。1982 年被国务院公布为全国重点文物保护单位。这里的 5 座山峰,漫山遍野苍松挺拔,林涛阵响,座座洞窟掩映其间;山脚下石落泉涌,流水潺潺,暮鼓晨钟,一派佛家境地之感。

泾源县还有传说济公修行的延龄寺。据台湾佛教界有人多年考证,济公曾化缘北行,登访过平凉崆峒山,到过泾水老龙潭,而后落脚于泾源县张家台延龄寺石窟修行。济公来到石窟后,亲手清除寺院的杂草,重振寺内的佛像,焚香、叩首、禅坐、修行善果。做完佛事后,便外出化缘云游,曾在老龙潭沐浴净身。济公在延龄寺石窟修行多年,直到晚年才离去,嘉定二年(1209)南归天竺山净慈寺,端坐而逝。1991 年 3 月 23 日台湾佛门信士弟子26 人,持济公当年修行图,一路寻访到延龄寺石窟,又由济公第十三代传人、台湾活佛冯敏堂主持朝拜仙师济公。1992 年,台湾佛教朝拜团又在延龄寺石窟举行朝拜济公和尚的佛事活动。

石窟艺术中所呈现的宗教文化作为我国传统文化的重要组成部分,具有极高的艺术价值和研究价值。在固原,不论是须弥山石窟,还是济公修行的延龄寺,还是其他石窟寺,每年都吸引一些石窟研究专家、学者到这里来从事研究,汲取资料。每年春暖花开,天气温暖之后,大批游客来此观光旅游。

(四)古建筑旅游文化

历史上,固原古建筑繁多,有古庙、古寺、古阁、古亭、钟鼓楼等,但由于清末至民国兵祸匪患,大多毁于战火,现存寥寥无几。

文澜阁 原名奎星阁。始建于明代,清朝光绪末年另选新址在固原内城东南角(今城关二小院内)重建,目的在于"以招东来紫气,起地方文脉,壮山城景色"。民国年间,地方一些文人墨士又给奎星阁起了个雅名"文澜阁"。因县图书馆在其西侧,于右仁为图书馆题联时,写下了"翠接文澜阁,瑞映须弥山"的佳句。现在虽然城墙已毁,但留一锥体土墩,高12.3米,阁坐落其上。阁为六边形三层檐亭式木结构,列柱里外两排,上檐内部为攒尖式,角梁及顶部由雷公柱支撑。各层外檐均用双层椽飞,方形飞椽前端做刹。全部瓦顶为筒板布瓦。各角砌脊施兽,砖宝顶。各翼角翘起,有南方建筑风格。仅上檐用斗拱,除角斜外,每面正身施一三踩单翘结构。1985年,固原县人民政府拨款3.5万元重修,并列为县级文物保护单位。

璎珞宝塔 明代佛塔,自治区文物保护单位,位于彭阳县冯庄乡小湾村。地方志书中称其为"璎珞塔",是固原境内保存的明代塔式建筑,为七层楼阁式砖塔。此塔看上去好似用珠玉装饰而成,显得十分华丽,故以"璎珞"相称。璎珞塔身通高约20米,塔身第一层略高。每面边长1.6米,东面劈一券门,高1米,以条石砌成。每层叠塞砖牙檐下,每面正中及塔棱的转角处,均饰有砖雕的一斗三升的斗拱。第三层上面置有上仰莲瓣形刹座,塔顶为八面覆斗式十三璇相轮,在相轮之上置圆形刹顶。整个塔体为仿木结构,八角十窗,既显得简洁朴素大方,又小巧玲珑剔透。塔室采用原空心式木楼层结构,原有的木梯可供登攀,叫"临极顶"。

五龙壁 位于东岳山原州区城东1.5公里之处。建于明代,壁身用青砖砌成,高5.4米,宽9米,基座厚2米,由壁面、壁座和壁顶组成。碑正面用160块方砖拼成"鱼龙游戏图",浮雕五条飞龙腾空而起,嬉戏火珠,伸爪吐雾,隐现于烟云之中;鲤鱼跃出水面,腾空飞转,似与游人相乐;波涛汹涌,松石相映,妙趣横生,一派升平景象。底部惟妙惟肖的十二生肖图使整个碑身结为一体,体现了艺术家的巧妙构思和雕刻艺术的精湛,再现了艺术家巧妙的构思和精湛的表现艺术手法。这在东岳山总体建筑中别具一格。

西湖公园 初名中山公园,俗称小西湖。1944—1945年,国民党陆军第17军军长高桂滋驻节固原,动员全军士兵在固原内城西南隅清理墙角地基,铲除杂草,平整土地,种植花草树木,开凿人工湖池,修复西惠渠,引西海子水入城潴为湖。新中国成立后,1959年,固原地、县机关干部、学生削城墙为假山,栽树种草,维修景点。1980年,固原县人民政府将西湖公园列入重点维修建设单位,先后增植花木、砖铺园中道路和修建假山石阶,整修园地和建设景点,挖通假山山洞,将园地拓展到原城墙外侧以西,扩大了公园面积,使园内重新恢复了生机。1985年,在假山上修建了六角亭,新辟人工湖,又在湖区栽植垂柳,修建了曲桥、亭榭,添置了电动火车、旋转天车等游乐设施。在假山北端建起了一道砖砌城墙,门洞顶端"原州"二字更显得宏伟庄严,再现了古城墙的历史风貌。古香古色的三楹门厅通红,绿色琉璃瓦在阳光照射下熠熠生辉。1991年,中共固原县委、固原县人民政府在假山东侧的一块水泥地坪上修建了"革命烈士纪念碑",使园中增添了一处庄严肃穆的景观。现在全园占地面积6.5万平方米,其中湖水面积近1万平方米。园内树木成荫,百花争艳,湖光山色,晴波映带,交相辉映。山上草木茂密,曲径通幽,山坡松柏翠绿,树木掩映,满目青翠。即使寒冬,雪压青松,又是另一番情趣。湖区垂柳依依,碧波粼粼,随风荡漾,乘着小船,幽雅之极。碑、塔、亭台、曲桥、水榭点缀在青山绿水之间,花坛、草坪、喷泉、水池镶嵌其间,显得多姿多彩。

宁远塔 民国时期修建。在原州区西湖公园的一段城墙上,有座砖塔,名曰"宁远塔"。这是一座实心的密檐式砖塔,平面呈八角形。塔身8层,高10余米。塔身各层之间,以叠涩牙子砖挑檐,但出檐较短。除第一层较高外,其上各层檐与檐之间的距离骤然缩短。第一层檐下正中设一长方形小龛,无塔门。塔体第二层以上既无门窗,也无小龛,显得十分平淡、简单,但由于建在城墙(即假山)之上,其高度就足以让人举目仰视了。

(五)地震遗迹文化

据史书和地方志记载,自 13 世纪以来,固原发生 6.5 级以上强烈破坏性地震 5 次,5.5 级到 5.7 级中等强度破坏性地震 5 次。尤其是民国九年农历十一月初七日(1920 年 12 月 16 日)20 点 06 分 09 秒,在西海固地区发生烈度 12 的 8.5 级特大地震。震中位置在海原县西安州、干盐池一带,这是我国有史记载以来最强烈的一次震灾。仅六七分钟时间,西北各省 50 余县同时蒙难,海原、固原和隆德 3 县灾情尤为严重。震时发生大风黑雾,天际闪现红光,地下声响如雷,地如船摇,人不能立。转眼间山崩地移,河流壅塞,城乡成为一片废墟。据当时的报纸报道和各县地方志记载,重灾区海原县死亡 73 600 多人、大牲畜 42 300 多头,倒塌房屋 26 900 多间、窑洞 26 600 多孔;固原县死亡 30 000 多人、大牲畜 60 000 多头;隆德县死亡 20 000 多人、大牲畜 50 000 余头。这次地震有感面积之大,除西北各省外,山西、内蒙古、河北、河南、四川、湖北、安徽、江苏、福建和北京、天津、上海等省市,甚至香港都有震感。因此,国内外专家都十分重视对这次地震的研究。

这次地震,形成了 40 多处地震湖,当地群众叫水堰。党家岔堰塞湖是目前固原地区最大的地震堰塞湖,也是宁夏最大的堰塞湖,在西吉县震湖乡党家岔村,四周有 80 平方公里的来水汇聚到盆地。现有水面,南北长3 110 米,东西平均宽 600 米,面积达 186.6 万平方米。平均水深 6 米,最大水深 11.5 米,蓄水量 1 120 万立方米。湖内生长着鲢、鲤、草鱼等近 10 种鱼类。湖区还有大山雀、猫头鹰等近 10 种野生鸟类。湖水清澈碧透,片片芦苇随风荡漾,四周青山环抱,青峦拔翠,幽谷深邃,构成了一幅山中有水,水中有山,山重水复,山环水抱,山水交融的天然图画,以她瑰丽的姿色吸引着众多游人,成为游览景观。

（六）民俗风情旅游文化

固原自古以来是一个多民族聚居的地区。历史的原因，这里既有农耕文化的传承，又有游牧文化的演变。世代居住的少数民族有其自己悠久的历史、灿烂的文化和独特的民俗风情，各民族在文艺、语言、信仰、服饰、饮食、居住、娱乐、节庆、礼仪、婚丧嫁娶及生产生活方式等方面所特有的文化内涵，正是六盘山文化的民族瑰宝。六盘山的"花儿"，各民族间盛行的群众性文艺活动，如宴席曲、戏剧、曲艺、社火秧歌、元宵灯会、刺绣、剪纸艺术，回族的各种饮食和小吃以及古朴、典雅的农民住宅建筑等等，都极具特色。毡袄、毡靴、毡帽，是游牧民族的服饰遗传，炒面、手抓羊肉、羊羔美酒，又是游牧民族的饮食文化。流传至今的"大块吃肉，大碗喝酒"，更加显示了游牧民族的豪爽。这些，都展现出多姿多彩的民族民俗风情。因此，民俗文化，即是指民间民众的风俗生活文化的统称。民俗有最广泛的群众性，有人的地方就有俗，无俗不成社会。中外古今社会上的每一个人，谁也离不开俗，可以说一个人的一生就是在民俗的海洋里游弋。在人的日常生活和人际交往中，民俗事象随时随地可见，比寿命还长，如向遗体告别、追悼会、"过近七""百日""周年""三年"等，都是民俗在一个人身上的继续。入乡问俗，因俗考政，据俗施政是历朝历代的经验和人民关注的重要事项。明、清时在全国各地盛行的清明节扫墓活动，府州县官都要参加。皇帝也要在正月十五闹元宵时出宫观灯，搞所谓的"与民同乐"。新中国刚一成立，政务院就规定春节放假3天，对各少数民族的传统节日也有类似规定，这是对人民群众民俗的尊重，深得民心。

（七）碑刻文化

固原人历来重视碑刻，爱好碑刻，利用碑刻记述史实、保存史实。在固原这块黄土地上，自古以来，存有大量碑刻。固原博物馆将前秦建元十六年至中华民国二十八年（380—1939）1 000多年间的80篇碑文收录到《固原历代碑刻选编》。碑质为石质或钢筋混凝土质。在收录过程中,以现行固原市行政区划为依据,着重选录固原市境内的碑刻。2011 年,笔者将新中国成立以来收录的近百通碑文,分为革命史迹碑、经济建设碑、文化教育碑、自然灾害碑、城镇建设碑、宗教场所碑、人物简介碑等 7 个方面辑录成册。

碑刻文化中也包含了汉族的墓碑。近些年回族公墓中埋葬亡人渐多,不好分辨,也开始立碑区分,正面书写墓主人姓名,背面碑文记述墓主人生平简介。

(八) 民间文化

民歌花儿 花儿是一种各民族喜欢爱唱的山歌,深受群众喜爱。"花儿是心头肉,不唱由不得自家。"流行于固原地区的花儿主要有"山花儿"(俗称"干花儿")。演唱形式有自唱式和问答式。花儿的地方特色鲜明,不仅有绚丽多彩的音乐形象,而且有丰富的文学内容,反映生活、爱情、时政、劳动等内容。虽然大部分花儿的内容与爱情有关,也深刻反映了社会生活的各个方面,而且语言朴实、鲜明,比兴借喻优美,有比较高的文学欣赏和研究价值。

说起花儿,还有一段王洛宾与五朵梅的传奇故事。1938 年 4 月,王洛宾和萧军等人一行由西安至兰州,途经六盘山下一个叫和尚铺的地方,遇雨住在一家客栈。客栈老板娘因额头有一朵梅花的印记,人们便称她为"五朵梅",她唱的花儿远近闻名。王洛宾邀请五朵梅唱花儿,她也不推辞,连唱了几首花儿。那歌声亲切、生动、优美,时而热情奔放,时而忧伤断唱,王洛宾感到很震撼,歌词直抒胸臆,是赤裸裸的爱情诗,同时又短小精悍,通俗易懂、好记,歌中不乏风趣、幽默、诙谐、夸张的特色,以比兴的手法塑造形象,以小见大,寓意深长,如同中国画的白描,寥寥数笔就把一个形象树立起来。第四天,雨后初晴,当客栈的客人们陆续离开客栈,王洛宾和同行者也打起行装,准备出发。五朵梅站在自己的小客栈旁,欢送那些为了生活而不得不

离乡背井的人们。五朵梅看着这些人走向未知的世界,突然生出一份流连、一份牵挂之情。不由自主地唱了一首花儿《眼泪花儿》:

> 走了,走了,走远了
>
> 越走呀越远了
>
> 眼泪的花儿飘满了
>
> 哎嗨哎的哟
>
> 眼泪的花儿把心淹了
>
> 走了,走了,走远了
>
> 越走呀越远了
>
> 褡裢的锅盔者就轻哈了
>
> 哎嗨哎的哟
>
> 心里的愁怅者重哈了

王洛宾再一次被震撼了,这是一首凄楚苍凉的花儿,悲怆、哀怨的声音,悠长的曲调,优美的旋律,宛似天籁传音,久久在王洛宾耳畔激荡。王洛宾颤抖着手,记下了这首《眼泪花儿》的曲谱。他没想到西部的民歌如此富有野性的魅力,如此具有音乐性和叙述性。

王洛宾突然决定:哪儿也不去了!巴黎也不去了!延安也不去了!这个沙多夫斯基伯爵夫人的高徒,北师大的音乐才子,拜服在一位民间布衣短衫的山乡妇女面前,从此进入了丰富多彩的中国民族音乐世界。

王洛宾当时深深地感慨说:"最美的旋律、最美的诗就在西部,就在自己祖国的大地上。大西北的民歌有着欧美无法比拟的韵味和魅力!"

王洛宾在 1986 年的《万朵"花儿"永世飘香》一文中回忆是这样写的:"四十多年前,我来西北的途中,遇到连天阴雨,在六盘山下一个车马店里住了三天,欣赏到车马店女主人唱的'花儿'","多么迷人醉心的歌,这是最古老的开拓者之歌,那透迤动听的旋律,口头文学的朴实,句句渗入了人心。

原来车马店女主人是六盘山下有名的'花儿'歌手——'五朵梅'"，"这段缘由，使得我逐渐放弃了对西洋音乐的向往，投入了民歌的海洋"，"从此，我在民歌中吸取了生命的营养，那首浓郁芬芳的'花儿'，的确是我一生事业的转折点"。

五朵梅的花儿，成了王洛宾人生的转折点，使他从此在民歌中吸取了艺术的营养。是六盘山花儿为王洛宾启开了民族音乐之门，使他从此走进了丰富多彩的民歌世界。

2010年9月1日上午，泾源县在六盘山脚下的和尚铺村隆重举行王洛宾文化园开园仪式。王洛宾文化园坐落在六盘山的半山腰上，由宁夏泾源县政府斥资600万元建造。前面是王洛宾和五朵梅的雕像，雕像底座上刻有"王洛宾拜师五朵梅"。后面是展馆，展馆里用大幅的图画再现了王洛宾的生平，还有他创作的最有代表性的西部民歌。

民间剪纸　剪纸是一种镂空艺术，是中国汉族最古老的民间艺术之一。其在视觉上给人以透空的感觉和艺术享受。剪纸的载体可以是纸张、金银箔、树皮、树叶、布、皮革。剪纸在中国农村是历史悠久并且流传很广的一种民间艺术形式。这种民俗艺术的产生和流传与中国农村的节日风俗有着密切关系，逢年过节抑或新婚喜庆，常常会贴"囍"字，人们把美丽鲜艳的剪纸贴在雪白的墙上或明亮的玻璃窗上、门上、灯笼上等，节日的气氛便被渲染得非常浓郁喜庆。剪纸艺术是汉族传统的民间工艺，它源远流长，经久不衰，是中国民间艺术中的瑰宝，已成为世界艺术宝库中的一种珍藏。那质朴、生动有趣的艺术造型，有着独特的艺术魅力。其特点主要表现在空间观念的二维性，刀味纸感，线条与装饰，写意与寓意等许多方面。

剪纸是妇女的一项艺术活动，她们用一把剪刀、几张彩纸，就能够随心所欲地剪出各种各样的作品，以美化、点缀生活环境。剪纸内容丰富、生活气息浓厚，无论在窗户上、墙壁上、箱柜上都能见到张贴的作品，一般有农家乐、五谷丰登、吉庆有余、瑞雪兆丰年、花卉图案等,绚丽多彩,具有浓郁的乡土气息。

刺绣 刺绣在布面上以针代笔,以线晕色的艺术作画。回族妇女喜欢刺绣,通过她们的手,用五彩缤纷的丝线,绣出千姿百态的图案,可谓百花盛开,多姿多彩。且又融汇到了日常生活中,鞋面、袜底、鞋垫、坎肩、经挂、裹肚、香包、枕套、帽檐、耳套、荷包、围裙、盖头、褥面等用品上刺绣各种花纹和图案,琳琅满目,目不暇接。

砖雕 砖雕是我国古老建筑装饰艺术的瑰宝,由古代的瓦当、画像砖发展而来,大多作为大宅院的厅堂、大门、照壁,祠堂、戏台、山墙等建筑的装饰,它和木雕、石雕有机结合,展现我国传统建筑艺术的风采。由于时代的变迁,目前从事这门艺术的人渐少。而在隆德山乡的每一个村庄里,你随时随地都会惊喜地发现这些精美的艺术品。隆德砖雕艺术已有 120 多年的历史,素以工艺精湛闻名西北。其中魏氏砖雕在吸纳众家之长,继承传统工艺的基础上,创作了“纹龙脊兽”“五鬃脊兽”“狮子滚绣球”“双龙纹”“龙凤脊”“二龙戏珠”“张口兽”等作品。作品风格独特、立意新颖、构图严谨、雕工精湛、造型生动、古朴大方,融装饰性和实用性于一体。卜文俊是 1981 年开始跟随岳父魏世祥学习制作砖雕的。魏世祥一直坚持“传内不传外,传男不传女”的祖训,卜文俊只能打打下手,但好学勤钻研的他在帮忙过程中,把打泥、制坯等关键技术环节都看在眼里,记在心中并烂熟于胸。就这样,这门濒临失传的传统手工艺在卜文俊手上继承沿袭下来。卜文俊还向乡亲们教授砖雕技艺,带动大家就业致富。2011 年砖雕公司产值近 40 万元,20 多个雇工中熟练工每月可收入 3 000 元以上,已成为家乡致富的新途径。

泥塑 隆德杨氏家族的泥塑是一种中国民俗工艺品,一直以家族口、耳、手代代相传的方式传承。杨氏泥塑在选料、酿泥、造像程序及色彩处理等方面都有自己独特的工艺。杨氏泥塑主要有四个方面的价值:一是历价值。杨氏家族泥塑艺术是珍贵的民间传统雕塑艺术的延续。它起源于清道光十二年(1832),至今已有 180 多年历史,几经兴衰,但仍以顽强的生命力存在于六盘山地区,而且其艺术足迹蔓延到了西北几省区。二是艺术价值。杨氏家族泥塑工艺流程极为复杂,工艺要求高,而且没有文字标准,没有统一模式,全靠心领神会,根据不同对象,不同身份特征,即兴发挥。其程序和技艺是杨氏以及祖辈们长期实践的智慧结晶,它难以用现代艺术手段所代替,它蕴藏着丰富的艺术价值。三是民俗学价值。杨氏家族泥塑的题材主要以反映本地区民俗为主,每一件泥塑作品,都代表着传统的民俗寓意,它和人们的理想、信念紧密结合。所以,杨氏家族泥塑又是一部民俗学史。四是经济价值。民间美术随着时代的发展变化会发生巨大的变化,一旦被市场接受,就会生存和发展,否则将随时代发展而消失。杨氏家族泥塑生涯,由原来的家族几人游走于周边地区的寺院庙观,发展到今天已被社会公认,被市场经济所接受。杨氏泥塑发展到今天已有 20 多人的技术力量,每年承担各省区重点旅游区名胜古迹的大型雕塑和文物修复工作,年创收近 20 万元,不但繁荣了旅游事业的开发与发展,而且为泥塑艺人创出了一条就业门路,已有了重要的经济价值。

基于民俗文化资源的传统特色村落旅游开发研究

——以宁夏隆德县红崖村为例

李瑞婧①

摘　要：宁夏隆德县红崖村有着独特的历史人文传统景观和绚丽多彩的民俗文化，具有发展特色村落旅游的资源优势。本文通过阐释民俗文化的特点，地方民俗文化与传统村落旅游业发展融合的价值意义，介绍红崖村自然地理历史渊源，独具特色的物质生活方式和非物质文化遗产、建筑民居风格以及社会生活风俗图景、红色文化给旅游业带来的优势、现阶段旅游业发展的概况，对其目前存在的问题进行了总结，并在此基础上提出相应的旅游业发展对策建议。

关键词：民俗文化资源　传统村落　隆德县红崖村　旅游发展

凭借着独特的田园风光和农耕风情，乡村旅游在多元需求中迅猛发展，逐渐增长为一种潮流时尚的新型旅游方式。辽阔的中华大地孕育了各地丰富多彩、源远流长的民俗文化，不仅是我国传统文化宝库中重要的文化资源，也为乡村旅游提供了深厚的文化土壤和根基。因此，开展基于民俗文化

---

① 李瑞婧（1993—　），宁夏隆德人，硕士，宁夏师范学院文学院教师，主要从事地方文化和汉语国际教育研究。

的乡村旅游,不仅能有效地保护特色民俗文化,推动游客更深层次地理解厚植于黄土之上乡村的文化灵魂和历史记忆,还有利于丰富乡村,尤其是特色村落文化的物质和精神内涵,促进城乡二元结构之间的对话理解,推动地域经济的可持续健康发展。

　　宁夏隆德县于2010年开始利用红崖村独特的乡土民俗文化资源、传统的饮食民居建筑风格和鲜明的红色革命文化,以"千古隆德城,百年老巷子"为主题,开展对红崖村民俗文化和旅游业的开发、保护和发展。而红崖村于2012年入选全国首批传统村落名录,2019年入选首批全国乡村旅游重点村名单,从此走上了积极利用和保护传承民俗文化、促进地方旅游业和经济发展的快车道。

一、民俗文化与传统村落旅游业融合的价值意义

　　著名的民俗学家钟敬文认为民俗是人民大众创造、享用和传承的生活。孔德元认为民俗文化就是以民间文化和民俗风情为主体的民族民间物质、精神和制度的传统。①

　　因此,民俗文化是民间地域风俗文化,是劳动人民在一定的生态环境和长期的社会生活生产实践中创造、享用和传承出来的物质文化事象,包括物质文化、精神文化和制度文化,是各种社会风俗、生产经验、生活习惯、风土人情的总和,具有特色性、传承性、超时空的稳定性等特点。民俗文化不仅是一种宝贵的文化遗产,同时也是值得深入挖掘地、蕴含着丰富内容和方式的旅游资源。因此,随着我国经济文化的发展,乡村旅游作为人民群众旅游方式的新业态,将内涵丰富、历史悠久的民俗文化与传统村落旅游业结合起来,具有重要的价值意义。

---

① 李云,殷志华,韩笑,刘帅.乡村民俗文化资源的保护与开发研究——以南京市六合区"茉莉花"文化为例[J].现代商贸工业,2014,(17).

（一）有利于弘扬传承传统民俗文化

在改革开放经济迅速发展的社会潮流中,城乡二元体制对农村的劳动力和资金产生了巨大的虹吸效应,使得城市和农村间原本就存在的经济、文化、基础设施建设、社会文明等各方面的差距越来越大,导致传统民俗文化的传承和发展面临许多问题。因此,将地方民俗文化和传统村落旅游业结合起来,不仅可以振兴乡土文化,保存本地独特的乡土气息和民俗风情,传递本土的文化脉络和历史记忆,而且可以保护优秀传统文化,重塑乡土文化自信,引导劳动力改变传统单向流向城市的流动路线,培养民俗文化传承人,通过引入资金、政府带动等多种形式让当地居民通过参与民俗文化活动,重新认识自身文化价值,有利于推进乡村传统文化的保护和传承。[①]

（二）有利于提升乡村旅游的特色优势

随着近几年来乡村振兴战略的实施,新农村建设的进程也在加快,然而乡村旅游景观却呈现出越来越多的相似性特征,包括模式固化的农家乐休闲观光、千篇一律采摘蔬果的田园活动等。毫无新意、没有深厚民俗文化作为依托和基础的乡村旅游,会慢慢随着市场和游客的选择而淘汰。因此,深入挖掘地方民俗文化中的风土人情,利用乡土文化和民俗文化特色开发旅游文化、资源和产品、线路,使游客深入体会千百年来积淀下来的独特民俗、民韵、地域文化特色和社会风情,可以有效丰富乡村旅游的内容、内涵和发展路径,提升乡村旅游的质量、品味和风采。

（三）有利于促进区域经济发展,实现"文化反哺经济"

乡村振兴战略不仅是对农村在资金、产业、技术的简单注入,更重要的是改变以往人才流向城市的单向流动路线,盘活城乡之间的资本要素流动。

---

① 杨晓敏.乡村振兴视域下乡村旅游发展的路径选择——以张掖市为例[J].甘肃农业,2019,(10).

而推动基于民俗文化资源的村落旅游经济发展，不仅有利于居民从原有高度依赖土地的农耕生产模式中解放出来，也有利于农村改善生态环境、调整产业结构，增加更多就业机会，提高村民收入，为贫困地区贫困群体的自我脱贫能力和发展能力的提升拓宽了渠道，通过饮食、出行、游玩、购物、娱乐等旅游一条龙服务，带动地方经济的发展，实现"文化反哺经济"。

二、隆德县红崖村的自然地理历史渊源

宁夏隆德县位于黄土高原六盘山西麓、宁南边陲。军事地理位置十分重要，东望关陕，西眺河洮，南走秦州，北通宁朔，襟带秦凉，拥卫西辅，有"关陇锁钥"之称，为兵家必争之地。据《隆德县志》记载，宋代时德顺军曾在此屯垦戍边，由于地势险峻，这里曾发生过诸多著名的战役，比如宋和西夏的好水川之战，成吉思汗攻占六盘山。自宋时建城，隆德县城虽多次毁于兵燹，然后历史文脉始终顽强坚守下来，迄今为止，已有千年建城史，先后荣获"中国现代民间绘画画乡""中国文化先进县""中国书法之乡"。

红崖村位于宁夏隆德县城城关镇东南方，距离县城极近，约 0.5 公里，交通便利，往来畅达。村落东临龟山，西靠清流河，南倚清凉寺，整体依山而建，村民沿南北筑院落而居，从山底至半山腰呈扇形状排列，整齐有致，一条约 200 米的清凉大道，又称为"老巷子"，贯穿村落，是村民出行的主要干道，也是游客赏玩游憩的主要路线。

由于红崖村依龟山而建，具有在古时具有易守难攻的军事优势，所以古代多次战役都将其选为军事驻扎指挥中心。后来随着屯垦戍边所带来的经济人口发展，这里吸引了不少外地的移民前来投靠落户。清朝同治年间，有马姓家族从邻近的静宁县迁居于此，因此使得村子得名为"红崖马家"；后来陆陆续续又有从甘肃省天水、庄浪等县域搬迁而来的杨家、张家等大户家族在此繁衍生息，逐渐形成了典型明清西北农家风格的传统村落建筑群和农耕文化,以及独特的民俗艺术文化。

三、红崖村的民俗文化资源概况

(一) 独具特色的饮食民居文化

"民以食为天",在长期的生产生活实践中,红崖村的劳动人民创制出了具有地方风味的饮食佳肴,主要以暖锅为特色代表,可称之为"天下一锅,五味煮八鲜"。虽然暖锅的做法只是将一些肉和菜放入铜锅内涮煮,形成大烩菜,但是放菜的先后顺序却大有讲究。首先,先放入的是萝卜片贴锅,再依次放入豆芽、土豆、粉条等配菜,然后将精心制作的鸡肉、牛肉、大块的排骨一层层向上垒起,再接着把精心挑选的五花肉层层叠叠地码在最上面,再在锅内点缀上葱丝、红辣椒丝进行提味,最后浇上事前烹制好的汤底,一般多为鸡肉汤或者排骨汤。寒冬腊月里,人们围坐在暖锅前,炭火在中间散发热浪,锅底里的各种配菜吸收了肉的油脂,汤底在上下翻滚,反复涮煮中将肉的油腻化为无形。当然一定要配上软软可口的大馒头或者花卷,蘸着刚从锅中夹出来的鲜嫩肉片,体会着色香味俱全的美食带给人的感官享受和文化陶冶。

受农耕文化的生产方式和历史传统文化传承的影响,红崖村的民居建筑仍然在较大程度上保留了明清时期西北农村的居住风格,墙体一般因地制宜,采用黄土夯筑而成,在建筑材料上多用土木砖石混合制作,院落一般多为长方形和正方形分布,在布局上表现为北方常见的三合院、四合院。受地址影响,院门多朝西而开,正对着大门的一般是正房,也称为上房,是家中长者的起居之所,也可作为家中接待尊贵客人、倒茶叙事的场所。在院中南北两侧建有厢房,一般为家内其他人员所居住,也可用来储存粮食、杂物或者牲畜草料,另外还会特意建出厨房的位置。在建筑结构上,红崖村的民居主要分为"厦房"和硬山顶式两种:"厦房"多用檩和椽,里高外低,便于排水;硬山顶式的房屋墙体多为土坯堆砌而成,部分房屋的前墙采用土坯草拌泥堆码而成,充分利用了这一带的黄土资源,院墙则为砖瓦夯土制成。在民居内部陈设上,每家的具体装饰风格不同,但多有立柜、代表着美好祈愿的各式挂画和对联、八仙桌等,另外基本每家房内都有西北传统的土炕,可以用捡拾来的柴火取暖煨炕,具有冬暖夏凉的优点。

房屋窗户多为木制,糊上窗格彩纸,在过年节令时候,还会用窗花装饰,在门框两边贴上对联。院落大门同样为木头制成,多为双扇门,方便开关,在门楣位置多贴有"耕读"二字,反映了农耕文化中渊源深厚的"耕读传家"的传统思想。另外,有的人家也在大门上贴有秦琼、尉迟敬德等中华民族古代英雄的帖画像,表现希望家户安宁、生活安稳祥和的美好心愿。

(二) 多姿多彩的民俗艺术文化

在长期"日出而作、日落而息"的农耕文化生产生活实践中,红崖村的人们也创制了绚丽多彩的民俗艺术文化,主要包括民间刺绣、剪纸和高台马社火。

民间刺绣又称"针绣""扎花",是优秀的民族传统工艺之一,聪明灵巧的妇女们利用简单的工具,在穿针引线中绘制出一幅幅精美丰富的绣品。刺绣的形式多样,民间历史故事、传说、大自然的一草一木、花卉鸟兽都可以成为绣品的主角;在绣法技术上,有实心绣、空心绣、藏针绣等,充分体现了广大劳动妇女的聪明才智和敏捷才思;在绣品的风格上,或明艳,或朴素,或繁复华丽,或简单干净,多种多样。一件件美好的绣品完工后,可以成为人们脚底的鞋垫,也可以是随身携带的香包、伴随着一夜安眠的枕头以及装饰房屋的各种挂饰等等,用途广泛。

剪纸也是心灵手巧的妇女们用来表达自我、装饰生活的一种手段。每到农闲时节,或者是岁时节令、婚丧嫁娶时,三三五五的妇女坐下来,在闲聊茶歇、剪刀旋转飞舞中,剪出一幅幅惟妙惟肖、精彩绝伦的作品。这些剪纸作品的主角同样大部分来自大自然的灵感或者生产生活的实践,有花鸟虫鱼,有飞禽走兽,有稚童老叟,有妙龄少女;有表现社会生活的场景,有简单的临摹创制;有繁复,有简单,有华丽,有朴素。总之,每一幅剪纸都凝结着妇女们对生活万物的观察思考、体会琢磨,表现着传统文化的思维方式和价值观念给人们留下的深深印迹。

在每年的腊月时节,人们进入一年中较为悠闲的时刻,这时候就进入了高台马社火的准备阶段,这是一种在春节时候借助于畜力于街头巷道集体表演、创造的一种艺术,被称为民间文化的"活化石"。人们往往牵引好装扮好的牲畜,由演员驾驭着它们游街串巷进行各种杂耍、杂戏的演绎。每个高台社火都有各自的主题,基本都取自于中国传统文化中的要素,大多是神话传说、民间故事之类的,比如有四郎探母、精忠报国之类的,传达出劳动人民祈愿国泰民安、惩恶扬善的美好心愿。社火表演的时候,多会在高台上(一般是在拖拉机、桌子上)用钢筋、彩带等做出各类造型,如假山、树木等,再将民间艺人装扮成故事中的人物踩在高跷上。另外,社火表演形式里,还有锣鼓手、舞狮等活动,丰富多样精彩绝伦,非常受人民群众的欢迎,往往是队伍经过之处,爆竹声、喝彩声、锣鼓声、笑声不绝于耳。

(三)悠远绵长的农耕生活图景

在长约200米、占地约1万平方米的红崖村老巷子里,分布着大大小小传承了明清时期西北传统民居风格的老院子,建有过去农闲时节人们最爱聚集看戏的"老戏台",保存有在工业化大机器生产下逐渐消失的老磨坊,以及哺育了一代代村民出生成长的老水井等老村庄的痕迹。清晨时节,水声叮咚,老槐树上传出叽叽喳喳的鸟叫声,古钟滴滴答答地走,枯井旁的青苔诉说着岁月的故事,百家姓的砖雕上,阳光打下轻柔的金色;傍晚时分,斑驳的月色透过纸糊的窗格照进屋内,拴马槽静静地注视着络绎不绝的游客和这世间的热闹,院落的大门上挂着精致华丽的灯笼,传递出一派国泰民安、丰衣足食的美好图景;月光轻轻浅浅打在砖雕照壁和戏台上,斑驳树影中,仿佛时间静止。

"人类文明的源泉是土壤。"①居于黄土山坡之上的人们,世代以农耕为业,恪守着儒家"仁义礼智信"的传统规范,以宗亲血缘为纽带,敬天地祖先、孝父母尊长、爱子女怜幼,形成了诚信友善、敦厚实诚,乡邻友好、宗族和睦的传统美德,用勤劳智慧在长期的生产生活实践中改造和适应着山川自然,创造了敦笃朴素、温暖绵长的黄土农耕文化。这种文化,对于如今生活在都市钢筋水泥森林中的人们来说,是一种久违的、植于乡土中的根的文化。

(四) 遗存完好的鲜明红色文化

由于独特的地理位置,红崖村有着鲜明的红色文化。1935 年秋天,红二十五军在长征路上经过隆德,先遣部队在红崖村宿营,召开党委扩大会议,研究部队行进工作,在斑驳的土墙上写下了"参加红军、北上抗日"的宣传标语,历经几十年风雨洗礼,红色的标语在墙上仍然依稀可见。正如毛主席所言,长征是宣言书,是播种机,是宣传队。在如今的红崖村,红军墙和红二十五军先遣团党委会议遗址都保存完好,吸引着来来往往的游客。

四、红崖村民俗文化旅游概况及在开发中存在的问题

从 2010 年开始,隆德县开始有意识地对红崖村的独特民俗文化资源进行整理,对特色民居和历史遗留建筑进行修缮,重建了一些已经倒塌的烽火台、堡墙、老旧村门,尽最大可能保留了原来的建筑风格,并在这个过程中依托其厚重的历史文化资源,以"千古隆德城、百年老巷子"为主题,以打造"红色旅游景区,保护历史文化名村"为理念,开发、保护和建设红崖历史文化传统特色村落。2012 年,红崖村入选全国首批传统村落名录;2014 年,电

---

① 刘世友.中国传统村落 宁夏隆德 红崖村 梁堡村[M].银川:宁夏人民教育出版社,2016:79.

影《六盘山之恋》在老巷子取景拍摄完成;2019 年,入选首批全国乡村旅游重点村名单,逐渐发展成了以戏曲展演、农家餐饮(特色餐肴、特色小吃)、家庭客栈、茶饮、酒吧为经营业态,集养生度假、娱乐游憩、绿色生态、休闲观光为一体的特色民俗文化观光村。

另外,在完善了游客"吃、住、行、游、购、娱"的服务功能外,红崖村还积极发展剪纸、绘画、书法、刺绣等传统非物质文化遗产,目前有刺绣、书法、绘画、宫灯、美术馆等经营户 12 家;以传统的地方特色小吃"暖锅"为招牌,特色小吃店、农家客栈共 20 余家,精品民宿 2 家,农家小屋 10 余家,设立旅游商品售卖点 5 家。

民俗文化旅游业的兴起带动了红崖村原住居民的收入增长,红崖村现有居民 98 户,其中老巷子带动就业人数 326 人,带动脱贫人口 12 户 32 人,每年人均收入达 3.5 万元左右。2019 年 1—6 月,红崖村接待游客 30 万人次,实现直接性社会收入 326.73 万元。如今,红崖村老巷子已经成为千年隆德县的一张旅游名片。

(一)旅游线路和时节规划有待优化

红崖村的主要旅游线路"老巷子"贯穿村庄南北,两边的院落门面大多是农家乐和出售民俗手工艺品的商铺,村子东部主要为当时原住村民生活区域,稍显杂乱,西部为景区和仿古建筑,未能更好利用旅游资源。

另外,由于隆德县地处六盘山西麓,气候凉爽,尤其是每年的 7—9 月,天高云淡,温度适宜,是红崖村的旅游旺季。此时在外面务工的村民往往会返乡帮忙,其余时间继续外出打工,红崖村的游客流量也锐减,村中巷道空空荡荡的,店铺客栈大多关了门,造成了旅游资源的部分闲置,没有充分利用好一年中的其他月份时间。笔者在实地探访时跟当地经营餐厅的业主聊天也得知,每年餐厅最红火的时节也基本在春夏两季,其余时候生意清淡。这是困扰红崖村旅游业发展的一个重要难题。

（二）民俗文化展示同质化现象较为普遍

在红崖村的老巷子旅游线路上，分布着各项民俗艺术文化内容的展示，如刺绣、剪纸、书法等民俗手工艺品的展示，特色地域饮食如暖锅的品尝推介等，但是基本上各个院落之间的民俗展示内容大同小异，餐厅饮食风格同质化现象严重。而对民俗资源以营利性为目的的过度商业化同质化推销展示，一定程度上也会消耗游客的好感，使其产生厌烦情绪，不利于民俗旅游业的健康良好发展。

（三）经营规模较小，管理水平有待提高

如今，红崖村的民俗旅游业店面大多是当地的村民和一些外来商人在经营，存在经营规模较少、管理水平有待提高的问题。对于当地村民来说，主要是家庭作坊式的经营模式，较少具备现代经营发展理念和思维模式。对于外来商人来说，存在将民俗文化资源过度商业化的问题。民俗艺术在一定程度上带有传统神秘性的色彩，如果过度将其采用与金钱挂钩的导向，反而不利于其保护和发展。因此，掌握好中间的这个度很重要。

（四）旅游服务设施建设尚待完善

目前红崖村在景区门口建了停车场，用石板硬化了村中主要的道路，小吃广场、店铺、休憩石凳一应俱全，但是在实地探访的过程中，发现供游客在游玩途中休息的石椅上灰尘较多，并且数量较少，也多为当地的原住居民用来下棋打牌。另外，与景区混杂的居民住宅部分区域杂草丛生，卫生清洁情况有待提高。游客在游玩的过程中，方方面面的感受都应该是景区设计者和运营者应该考虑到的问题。

五、民俗文化与红崖村旅游融合发展的路径选择

（一）科学制定发展规划，加强政府监管指导

地方民俗文化与传统旅游业的发展之间形成互相促进、深度融合的关

系,必然需要当地政府部门的科学规划和监管指导。政府可以通过邀请知名的旅游规划专业人士或者团体定期对红崖村的发展状况进行评估研判,听取游客、经营业主、原住居民等利益相关体多方面的意见,从实际情况出发,科学合理地调整旅游布局和规划,为红崖村的旅游业发展提供稳定良好的政策支持、资金支持、技术支持和其他生产要素支持,明确监管指导机制,保障当地特色传统村落民俗文化旅游业的健康可持续发展。

(二)创新民俗旅游内涵、树立旅游品牌形象

由于红崖村所在的隆德县本身在客观上地处六盘山区,属于经济发展落后地区,发展旅游业在交通地理位置方面受到先天的掣肘。因此,更需要因地制宜,从实际出发,深入挖掘地方民俗文化中蕴含的深刻内涵和宝贵财富,积极争取资金对民俗艺术文化项目进行多方位的支持和传承发扬,也可根据实际情况对民俗文化进行再加工改造,添加一些现代化要素。比如可以在刺绣和剪纸的主题开发上,加入一些现代文明的元素,更能引起年轻人的共鸣和好感;也可以将一些民俗活动场景再现,让游客不是在走马观花中浮光掠影式的体验,而是更深入感悟活动中流溢出的独特文化氛围。另外,在特色饮食文化的开发方面,可以适当调整口味,以满足不同消费者的需求。

在创新民俗文化旅游内涵的同时,注重打造、珍视、维护好、发展好旅游品牌形象。如今田园农家乐风格的乡村旅游形式越来越多,如果不走出一条特色的品牌发展之路,就很容易被市场大潮淘汰。而在树立了良好的旅游品牌形象和口碑后,更要做好维护和发展工作,确保红崖村的民俗文化旅游实现内涵式发展。

(三)健全经营管理体制,激发旅游管理活力

旅游市场的维护和发展需要在不断地创新管理体制和保障各方利益畅通中进行。因此,建立政府、经营业主、村落原住居民的合作共赢和沟通机

制是关键,尤其是要加强对外来企业资本运营的监管和指导,引导利益各主体方制定一套完善的收入分配和权益保障机制,达到收益与付出的合理均衡,建立相互信任、资源共享、利益共分、风险同担、协同发展的良好关系,成为红崖村民俗文化旅游发展命运共同体,在最大程度上激发旅游管理的活力,盘活村落经济旅游业态。

(四) 完善服务设施建设,提高旅游观光舒适度

在景区的建设中,基础设施的完善是提升旅游服务质量的重要方面。乡村的道路建设、停车的便捷性、饮食餐具的卫生度、无线网络的普及程度、旅游标识的指向明确性、洗手间的清洁度、游憩石凳的干净程度都在一点一滴中影响着游客的游玩质量和心理感受,从而于细节中建立对景区的整体感知。因此,政府应当协同当地的经营业主和原住村民,共同完善民俗文化村服务设施建设,建立定期检查旅游服务设施是否完善的机制,在提高游客旅游观光舒适度的同时,也改善当地居民的生活质量。

(五) 加大旅游宣传力度,提升民俗村落知名度

每年可以通过举办民俗艺术文化展演以及各类乡风民俗和节会的活动,利用多种传统宣传平台和"互联网+"新媒体技术,多管齐下,采用多种方式、运用多种渠道对红崖村的民俗文化旅游资源进行宣传,以提升景区的知名度和县域旅游资源的整体竞争力。同时,政府也可以将县内其他的农家乐村庄和民俗文化旅游村落,比如神林山庄、梁堡村的旅游资源进行整合,促进行业信息和流量共享,建设县域智慧旅游公共服务平台,提升县域旅游的服务质量和品位,促进特色民俗艺术文化和旅游资源的持续良性互动,最终实现旅游业带动村民增收、民俗艺术文化得到传承发扬光大、地域经济实现良好增长的发展势头。

清代固原地区经济开发

李世荣①

摘　要：清代立国伊始就十分注重对于全国经济之开发，以经济发展建构社会稳定，实现对全国各民族的有效统治是清代的基本国策。清代对于固原地区的经济开发主要体现在三个方面：一曰政策转变；二曰轻徭薄赋、推行屯田与发展水利事业；三曰因地制宜发展畜牧业、手工业、商业。在此背景下，固原地区的马政、盐业、茶叶贸易繁荣，发展十分迅速。

关键词：清代　固原地区　经济开发　蠲免　畜牧业

清代开发西北经济首先反映在对于西北经济政策之转变。与明代不同，清代对于开发西北经济的政策有着十分明显的变化。主要体现在：首先，施行有针对性的统治措施，由入关之初施行野蛮掠夺、暴力屠杀政策转变为安抚与怀柔为主，推行相对宽松的经济政策。正如《西北通史》所言："清朝统治者将各族上层的叛乱与普通民众相区别，采取完全不同的政策措施，这在政治上是一个巨大的进步。"②有清一代，对于各民族之防范尤为严厉。如在各地建立驻防八旗，禁止旗人与民人相互交往，保障

---

① 李世荣（1981—　），男，宁夏海原人，博士，宁夏师范学院学报编辑部副教授。
② 谷苞.西北通史（第4卷）[M].兰州：兰州大学出版社，2005：211.

旗人之独特地位："在青海和甘肃交界的地方安置了一部分少数民族牧民……再次以国家法令的形式,将各族民众限制在他们划定的界限内。"①在新疆地区,清政府之举措是禁止汉族及其他民族迁入新疆维吾尔聚居区,亦禁止维吾尔迁入内地;在东北,作为满族之"龙兴之地",禁止其他民族迁入东北,以维护满族贵族之利益。其次,实行一系列行之有效的措施发展西北地区的社会经济,主要有奖励生产,在政策上保障各地农业的开发;轻徭薄赋与推行蠲免政策,清代尤其在蠲免粮草方面力度甚大,远超前代,这对于安抚民众、休养生息有着十分良好的社会效果;建立完整的赈济灾荒的体系,这项措施对于维护社会之稳定居功至伟。再者,改革赋税制度,注重让利于民,明代以来施行的一些苛捐杂税,如辽饷、新饷、练饷、召买等项苛捐杂税一律废除,大大减轻了民众的负担,对于安定社会起到了积极的作用。

一、垦荒屯田背景下的农业开发

清代对于固原地区经济开发效果最为显著的措施首推大规模的垦荒屯田政策。有清一代,对于固原地区的垦荒与屯田远超以往,"清朝前期的移民垦荒,使陕甘河湟地区、嘉峪关外、天山北部一些地方的大片荒地变为良田,不仅有益于大乱之后农业生产的恢复发展和边防军需的供应,也大大缓解了已经出现的农民耕地不足的矛盾"②。实际上,清代之屯田遍布西北各地,屯田分为军屯与民屯,清廷采取有效手段奖励垦荒是西北地区屯田迅速发展的主要原因。军屯分为绿营屯田和八旗屯田,主要分布在广阔的西域地区。在天山北路绿营兵的主要屯田有塔尔纳沁、蔡巴什湖、牛毛湖、朴城子、古城、木垒奇台、吉布库、五堡、昌吉、罗克伦、玛纳斯、吉木萨、库尔喀喇

① 谷苞.西北通史(第4卷)[M].兰州：兰州大学出版社,2005：212.
② 谷苞.西北通史(第4卷)[M].兰州：兰州大学出版社,2005：217.

乌苏、精河、塔尔巴哈台、伊犁等 16 处,垦田总面积达 24 万余亩;而天山南路绿营兵屯田主要有辟展、哈喇和卓、托克三、哈喇沙尔、乌什、阿克苏等处,总计垦田约 4 万余亩。① 旗兵屯田数量相对绿营兵而言较少,主要分布在察哈尔、锡伯、索伦、厄鲁特等处。兵士屯田,不论绿营兵还是八旗兵,所屯垦田亩不得世袭和买卖,②反映了清廷对于西北兵士屯田的控制严格,以此作为解决军需、稳固西北边疆的主要举措。此外,清代西北兵屯还有少量内地遣犯从事屯田,以作为对罪犯惩罚的手段和补充边疆屯田人数之目的。至于清代遣发罪犯之数量,据统计,仅乾隆二十三年(1758)至乾隆三十二年(1767)九年期间,"每年各省改发不下六七百名"③,倘若加上随行的家眷,这个数字相对而言还是较为庞大的。这些遣发的罪犯成为补充西北边疆屯垦的重要力量,亦增加了清代边疆移民的趋向,对于民族融合亦起到了间接的作用。西北之屯田,兵屯之外,亦有规模庞大的民屯。相对于兵屯的整齐划一,清代西北边疆之民屯却要复杂许多:

> 清代西北之屯田,散布于陕、甘、新疆各地。屯田人员的身份相当复杂,以乌鲁木齐为例,当地屯田民户的来源,就有从内地遣送来的犯人及其家属,从内省和塞外招募来的民户,还有报名屯田的商户,有军队子弟认垦的兵户以及原拟边外为民的安插户等。④

具体而言,清代西北边疆民屯主要集中在河西一带及新疆地区。河西为清代西北民屯规模最大者,主要分布在九家窑、三清湾、柔远堡、毛目城、双树墩、九坝、平川堡、柳树湖等地,共计垦田约 3 万余亩。⑤ 在新疆地区,民屯主

---

① 傅恒纂,钟兴麒校注.西域图志[M].乌鲁木齐:新疆人民出版社,2002:220.
② 王希隆.清代西北屯田研究[M].兰州:兰州大学出版社,1990:102.
③ 清实录·高宗实录(卷五五六乾隆二十三年戊寅条)[M].北京:中华书局,2008.
④ 谷苞.西北通史(第 4 卷)[M].兰州:兰州大学出版社,2005:222.
⑤ 参见:清实录·世宗实录(卷一二三)[M].北京:中华书局,2008.清实录·高宗实录(卷七〇三)[M].北京:中华书局,2008.敦煌经部文献合集·屯田[M].北京:中华书局,2008.

要有哈密回屯、吐鲁番瓜州回屯以及伊犁回屯，①清政府给予新疆回屯更为优惠的政策，如供给籽种、农具、免除赋税等，并且在灾年推行蠲免政策，鼓励新疆维吾尔族进行屯田，大大推动了新疆地区与内地之经济交流，亦强化了清政府对于新疆地区之经略。与屯田相伴而行的就是水利工程的大发展，清代对于西北水利工程的开发尤为重视，突出表现在对于水利工程重要性的认识、水利设施的建设与管理、灌溉技术的改进等方面。伴随着西北屯垦的不断扩大，清代西北水利工程遍布陕西、甘肃、宁夏、新疆等地，大大促进了西北地区农业的发展。而伴随着垦荒屯田的不断扩大，固原地区的农业获得前所未有的大发展。

关于清代固原地区农业的发展，经历了较为漫长的时期。清初固原地区战乱尤甚，为了恢复生产，安定社会，清政府首先采取了"轻徭薄赋"的政策，力图恢复和发展固原地区的农业，为维护对于西北边疆的稳固统治奠定基本的经济基础。实际上，清政府在固原地区推行的"轻徭薄赋"政策几乎贯穿于整个清代的始终，即便是在康熙五十一年(1712)开始在全国范围内推行"摊丁入亩"政策以后，对于固原地区"轻徭薄赋"的政策仍然没有改变，这其中最为直接的方式是大力推行蠲免政策。史载，有清一代对于固原地区的蠲免政策，从顺治二年(1645)开始，一直持续到宣统元年(1909)，如下表所示：

清代对固原地区主要蠲免统计表②

时　　间	详　　情
顺治二年(1645)	陕西通省地亩钱粮，自顺治二年正月为始，止征正额，凡加派辽饷、新饷、练饷、召买等项，悉行蠲免等因。固原与焉(固原当顺治初，仍隶陕西省。自康熙五年，始归甘肃布政使)。

① 参见：清实录·宣宗实录(卷一六九)[M].北京：中华书局，2008.清实录·圣祖实录(卷二八一)[M].北京：中华书局，2008.清实录·高宗实录(卷一六五)[M].北京：中华书局，2008.清实录·世宗实录(卷九九)[M].北京：中华书局，2008.
② 王学伊修，锡麒纂，韩超校注.宣统新修固原直隶州志[M]//胡玉冰.宁夏珍稀方志丛刊[M].上海：上海古籍出版社，2018：259.

时　间	详　情
顺治七年（1650）	豁免固原荒地一千四百六十五顷三十五亩有奇，粮、草尽蠲。
康熙二年（1663）	直、省顺治十五年以前拖欠各项银米、药材、绸绢、布匹等项钱粮，概行豁免。固原与焉。
康熙十年（1671）	蠲免直、省康熙四、五、六年旧欠地丁等项钱粮。固原与焉。
康熙三十九年（1700）	免湖广、甘肃等省租银各一年。固原与焉。
康熙四十二年（1703）	陕、甘两省四十二年以前积欠银数、草束，尽行蠲免。固原与焉。
康熙五十七年（1718）	以西边军兴，征泽旺阿喇布坦，免陕、甘两省地丁一百八十余万。固原与焉（按：王氏《政纪》或作策妄阿喇坦布）。
雍正七年（1730）	甘肃地瘠，又值军兴，应免八、九两年地丁，并次年粮草。又次年免额赋二十七万以赡之。固原与焉。
乾隆二年（1737）	全免甘肃钱粮，陕西半之。固原与焉。
乾隆十年（1745）	北方五省，甘肃尤为瘠贫，特将十一年直、省钱粮通行豁免。固原与焉。
乾隆三十一年（1766）	以京通仓储有余，遵康熙三十年庆典，次第免各省钱粮五年而遍。固原与焉。
嘉庆四年（1799）	免各省积欠、缓征各款。固原与焉。
道光十七年（1837）	固原旱灾，将钱粮、草束分别蠲免。
咸丰元年（1851）	免各省历年积逋。固原与焉。
同治元年（1862）	免各省丁银、粮草历年民欠。固原与焉。
光绪二十一年（1895）	固原禾苗被灾，钱粮分别缓征。
光绪二十三年（1897）	固原人民被难，钱粮、草束分别缓征。
光绪二十五年（1899）	固原禾苗被雹，兼有回衅，银粮分别缓征。
宣统元年（1909）	各省民欠历年带征银粮，应行豁免。固原与焉。

　　清政府的"轻徭薄赋"政策以大规模蠲免的形式惠及固原地区，对于减轻固原地区人民之负担，恢复本地社会经济有着积极的作用。清代对于固原地区经济开发最为有效的手段就是大力开展屯田，如采用提供籽种与农具、奖励垦荒、蠲免田租等有效手段大规模屯田，以解决边防驻军军需和本地居民基本的生活需求。清代在固原地区的屯田依然分为军屯和民屯，军屯方面，

顺治三年(1646)在固原地区建立完整的屯田官制,设守备一员,兼营屯田,下有千总、百总分理卫事,改卫军为屯丁,专门从事屯田事宜,此后化兵为民,所屯之田地亦演化为民田,"照卫地一律起科",军屯与民屯至此合二为一。民屯方面,规模最大的是在固原地区实行"更名田"。所谓"更名田"指的清初将明代时期固原地区藩王的封地,改为民地,造册起科,永为世业。清初将楚、沐、韩、肃诸藩王之封地改为牧地,设盐茶厅,招民垦荒,使得盐茶厅迅速发展起来,所垦之荒田达十余万亩,而盐茶厅之人口亦迅速增加至十九万余人,对于宁夏南部社会和经济的发展起到了重要的推动作用。① 而在固原直隶州,据统计,共有民地 6 740 亩,道光入额 2 540 亩,屯地 32 448 亩,更名地 265 212 亩,监牧地 12 032 亩。② 这个数量相对于明代而言大大增加,足见清代固原地区屯田数量之庞大。另外一个值得注意的事实是,清代固原地区屯田之规模与清廷对固原地区征收赋税的数量相互印证。史载,光绪三十四年(1908)对固原直隶州额征之数量:

> 原额民屯、更监、养廉租等项地,共一万二千一百零九顷二十八亩一分。除荒芜外,实垦熟地七千三百零六顷二十二亩零三厘。原额应征起存银一万零七百八十七两九钱五分二厘。除荒芜外,实征银六千二百九十四两五钱三分一厘。原额应征耗羡银一千六百一十六两五钱七分九厘。除荒芜外,实征银九百四十三两二千六分八厘。原额应征起存粮五千三百四十一石六斗二升六合六勺。除荒芜外,实征粮一千六百八十八石零七勺。原额应征耗羡粮八百零一石二斗四升四合。除荒芜外,实征粮二百五十二石零二勺。③

---

① 徐兴亚.西海固通史[M].银川:宁夏人民教育出版社,2012:374.
② 昇允修,长庚纂.光绪甘肃新通志·天赋(卷三八)[M].扬州:广陵古籍刻印社,1987.
③ 王学伊修,锡麒纂,韩超校注.宣统新修固原直隶州志[M]//胡玉冰.宁夏珍稀方志丛刊[M].上海:上海古籍出版社,2018:117-118.

可以看出,清代对于固原直隶州额征还是沉重的,这也预示着固原直隶州的屯田数量是较为庞大的,倘若以整个固原地区计算,这个数值还会迅速增加。屯田的不断扩大,在增加粮食产量,满足当地民人生活的同时,亦导致一个消极的后果,即农耕不断扩张,游牧逐渐萎缩,农牧业比重失衡,造成固原地区生态环境的恶化,实际上加速了清代以后固原地区的贫瘠与落后。清代对于固原地区农业之开发,除去轻徭薄赋、奖励屯田之外,还十分注重对于农产品种植种类和技艺的提升,农作物种类齐全。如本地之物产计有谷类、豆类、蔬类、瓜类、果类共有五十余种,经济类农作物主要有蜂蜜、胡麻油、野茶、棉花等数十种,①物产相当丰富。值得一提的是,清代在固原地区因地制宜发展林业,并且采取了一系列积极应对的举措,收到了良好的社会效应。"固原自同治兵燹后,几成荒墟,非讲求林政,不足以兴地利"②,固原地区开发林业正是在此种背景下展开的。甘肃总督陶模的《种树兴利示》一文提出种植树木的"七大利","以故中外通人,纂富国之策,首推树艺"③;固原直隶州知州王学伊的《劝种树株示》则强调"劝种官树,以兴地利事",并提出了种植树木具体方法和详细的保护措施。④ 清代对于固原地区林业之开发源于战乱而导致的荒芜状态,但大规模开发林业的措施确实对于固原地区生态环境的改善起到了重大的作用,值得肯定。

二、承前启后的畜牧业开发

清代对于西北经济开发还突出表现在大力发展畜牧业、手工业和商业。

① 王学伊修,锡麒纂,韩超校注.宣统新修固原直隶州志[M]//胡玉冰.宁夏珍稀方志丛刊[M].上海:上海古籍出版社,2018:119.
② 王学伊修,锡麒纂,韩超校注.宣统新修固原直隶州志[M]//胡玉冰.宁夏珍稀方志丛刊[M].上海:上海古籍出版社,2018:357.
③ 王学伊修,锡麒纂,韩超校注.宣统新修固原直隶州志[M]//胡玉冰.宁夏珍稀方志丛刊[M].上海:上海古籍出版社,2018:298.
④ 王学伊修,锡麒纂,韩超校注.宣统新修固原直隶州志[M]//胡玉冰.宁夏珍稀方志丛刊[M].上海:上海古籍出版社,2018:299.

对于畜牧业而言,作为少数民族聚居区,西北地区具有传统之优势。清代西北地区畜牧业主要集中于关陇、河西、河套以及南疆地区,这些地区由于地理条件之缘故以及历史之传统,虽然开垦了大量荒田用于农耕,但依然以畜牧业为主,尤其在少数民族地区,"番族十九皆从事畜牧"①,"地皆不毛,惟借打牲度日"②。而且畜牧业确实对于这些地区而言,成为解决生计问题和向清廷缴纳赋税的主要途径。据记载,清前期,凉州、甘州、肃州等地区以贡马或者服兵役作为向朝廷缴纳赋税的主要手段。③ 为了适应军需及屯田之需要,清廷还在西北地区设置了牧马监和马厂,亦在一定程度上促进了西北地区畜牧业之发展。清代西北地区的手工业获得了前所未有的发展时期,这取决于清代之时由于大一统的政治格局,强化了西北各民族之间的交往,西北传统手工业有了普及性的传播,而且民间手工技艺得到广泛传播,诸如服饰、木工、农具、手工营造器具、舟车兵器、皮革制品、玉器等均有质的飞跃,极大地提升了人们的生活质量和水平,尤其是纺织品和皮革制造业十分发达,推动了西北地区社会经济的发展。如清代时期盛产于兰州的"绒褐"行销全国,"岁数万金"④;临洮、天水等地的土布以及陕西紫阳、大荔等地的丝、绢、纱等纺织品亦十分有名,远销全国各地;而新疆的棉布产量丰盛,行销于全国各地。至于皮革制造业对于西北地区而言更是具有天然的优势,清代西北的河陇、西宁、宁夏等地的皮革制造业工艺成熟,品类齐全,质地良好,而且形成了较大规模的皮革手工加工厂,皮革产品远销南方各地。畜牧业和手工业的成熟推动了西北地区商业的繁荣,清代西北地区商业之突出特点是形成了规模不等的集贸市场,其中农村集贸市场规模小、分布广泛、经营灵活,对于促进民间商业之发展起到了中流砥柱的作用。而国内贸易

① 周希武著,吴均校释.玉树调查记[M].西宁:青海人民出版社,1986:36.
② 清实录·高宗实录(卷一八九乾隆八年癸亥条)[M].北京:中华书局,2008.
③ 张珌美修,曾钧等纂.甘肃省五凉全志[M].台北:成文出版社,1976.
④ 慕寿祺.甘宁青史略(卷一九)[M].台北:广文书局,1972:227.

则是专门的商业活动,伴随着商业的繁荣,私人商业集团化模式开始形成,它们以"商帮"的形成活跃于国内贸易的舞台上,大大促进了西北地区与全国之商业联系,促使西北社会的新陈代谢。

关于清代固原地区畜牧业的发展,具有承前启后的意义。清承明制,对于西北之马政十分重视,设置陕西苑马寺七监。顺治时期,任命宋炳为陕西苑马寺卿兼按察司金事,专理西北马政。清代初期,十分重视西北之马政,对民间养马亦是给予较为丰厚的奖励政策,迅速推动了西北马政的发展。康熙三年(1664)鉴于西北地区军事形势的变化,清廷重新划定西北马政,废除河陇监苑;康熙四年(1665),清廷开始裁撤陕西苑马寺七监;康熙十二年(1673)十二月,由于西北形势趋向稳定,开始禁止民间养马,固原地区马政随之趋向寂寥。雍正时期,西北战事重新紧迫,为了应对形势,清廷重新重视西北之马政,在固原地区设置马厂七处,以解决战事用马之需。《宣统固原州志》详细记载了这七处马厂的名称及位置,惟惜无养马之数量及其他具体信息:

> 提标中营参将马厂:在土窑子,距城二十五里;提标左营游击马厂:在王家套子,距城七十里;提标右营游击马厂:在东山坡,距城一百二十里;右营小马厂:在白鸾池,距城五十里;提标前营游击马厂:在盐泥沟,距城七十里;提标后营游击马厂:在磨河庄,距城二十二里;提标城守营游击马厂:在二壕,距城四十里。①

历史时期,固原地区历来作为西北马政之中心,畜牧业较为发达,"固原山深草丰,本游牧所"②,是为本地之传统。清代固原地区游牧经济经历了较为

---

① 王学伊修,锡麒纂,韩超校注.宣统新修固原直隶州志[M]//胡玉冰.宁夏珍稀方志丛刊[M].上海:上海古籍出版社,2018:139–140.
② 王学伊修,锡麒纂,韩超校注.宣统新修固原直隶州志[M]//胡玉冰.宁夏珍稀方志丛刊[M].上海:上海古籍出版社,2018:139.

复杂的变迁过程,尤其是在同治变乱以后,固原地区之畜牧业遭到较为严重的打击,尤其是在有清一代奖励垦荒政策的刺激下,农耕经济不断扩张,游牧经济不断萎缩,再加之频繁的战乱,固原地区之生态遭到巨大破坏,至近代以后,固原地区终于演化为贫瘠与落后的代名词。即便如此,在有清一代,固原地区的游牧经济依然作为支柱产业而存在。史载,光绪三十四年(1908)固原直隶州额征种类就包括"本色草"和"畜税银"两项,其中"原额应征本色草五千七百三十一束二分二厘"①,这个征收的数量相对而言还是比较庞大的,说明固原直隶州畜牧业较为发达。而最值得注意的是对于"畜税银"的征收很能说明问题:"原额畜税银一百一十五两六钱二分","新增畜税银八百二十四两三钱八分",②新增加的"畜税银"是原额的近八倍,充分说明固原直隶州的畜牧业确实作为重要的支柱产业而存在,即便是同治兵燹以后,畜牧业亦有微弱之发展趋向。

三、因地制宜的手工业、商业开发

清王朝十分重视对于固原地区手工业与商业的开发。有清一代,固原地区的手工业状况有关方志史料记载甚少,这一方面说明对于手工业的轻视,另一方面则预示清代固原地区手工业十分落后。但从少量的史料记载中,尚可一窥固原地区手工业的大致状况。清代固原地区民间手工业有了一定程度的发展,出现了一些较为重要的家庭手工小作坊,主要是畜产品的加工(如皮毛)以及初级经济作物的加工和售卖(如胡麻油);还有零星的"女工机织",用于简易布匹的织造。从清廷对于固原地区"额征"的情况来看,有"磨课银"的征收,"原额磨课银七十二两六钱四分,除歇业无存外,实

---

① 王学伊修,锡麒纂,韩超校注.宣统新修固原直隶州志[M]//胡玉冰.宁夏珍稀方志丛刊[M].上海:上海古籍出版社,2018:117.
② 王学伊修,锡麒纂,韩超校注.宣统新修固原直隶州志[M]//胡玉冰.宁夏珍稀方志丛刊[M].上海:上海古籍出版社,2018:117.

照新章征银二十二两一钱六分"①,这显然是针对手工业的征税,但征收的数量较少,而且有些已经"歇业无存",说明了手工业的凋敝状况。除此之外,固原地区亦有一定规模的官办手工业。史载:

> 按习艺一事,所以恤囚而宏实业也。在州署东偏院。光绪三十二年,知州王学伊捐廉开办。内设织绒毡、织褐布各机架,制宽窄花带、髻网各手机,造得胜袋机床。举凡军流皆得肄业于期间。所出物产,迭经分别等次,赍省考验。前平凉道宪胡公玉畴,特颁奖励以董劝之。②

这个官办习艺所主要针对"军流"而设,虽然其创办的宗旨是"恤囚而宏实业",但由于规模小,产品有限,实际上对推动实业的发展是十分有限的。清代在固原地区亦设有矿务局,虽然"产煤不旺,悉用土法开采"③,但毕竟使得矿业有了初步之发展。相对于手工业的凋敝状况,清代固原地区的商业却相对显得较为活跃。据《宣统新修固原直隶州志》的记载,在清代中期之际,固原地区的商业十分活跃,各种商业会馆在固原地区建立起来,昭示者固原地区商业之繁荣状况。如张义堡之西城根下建有山西会馆,其曰"当乾隆时,商贾辐辏,晋人甚多","此馆盖当商议事处"④;再如在固原地区还建有秦晋会馆和四川会馆,分别位于"前营守备署西侧"和"州城大南市巷"⑤。这些商业会馆的建立,说明当时固原地区商业较为繁荣,晋商、陕商、川商交

---

① 王学伊修,锡麒纂,韩超校注.宣统新修固原直隶州志[M]//胡玉冰.宁夏珍稀方志丛刊[M].上海:上海古籍出版社,2018:118.
② 王学伊修,锡麒纂,韩超校注.宣统新修固原直隶州志[M]//胡玉冰.宁夏珍稀方志丛刊[M].上海:上海古籍出版社,2018:37.
③ 王学伊修,锡麒纂,韩超校注.宣统新修固原直隶州志[M]//胡玉冰.宁夏珍稀方志丛刊[M].上海:上海古籍出版社,2018:355.
④ 王学伊修,锡麒纂,韩超校注.宣统新修固原直隶州志[M]//胡玉冰.宁夏珍稀方志丛刊[M].上海:上海古籍出版社,2018:328.
⑤ 王学伊修,锡麒纂,韩超校注.宣统新修固原直隶州志[M]//胡玉冰.宁夏珍稀方志丛刊[M].上海:上海古籍出版社,2018:58.

汇期间,构筑成了固原地区商业的根基。清代固原地区商业以食盐运销为主,官方与民间皆以盐业为重。官方设立各种食盐运销卡所,计有局卡处所、本城大局(东城分卡、西城分卡、南城分卡、硝河城分卡、同心城分卡、中水河分卡、毛居士井分卡)、甘盐池卡、小红沟卡等处,以垄断食盐之运销,"固原卡始于道光初年,以征阿拉善旗之蒙盐、惠安堡之土盐,而花马池土盐偶有之"①。对于食盐之运销,无论历代官方管理如何严格,依然无法禁止民间之私盐之贸易。清代固原地区私盐贸易依然兴盛,这从额征盐课银可见一斑:"原额应解盐课银二千三百八十四两七钱六分六厘一毫。除荒芜外,实解银一千三百九十两零一钱一分五厘。"②清代固原地区民间商业较为兴盛,"咸丰时,固原州有集市 18 个……州城内有白米市、米粮市、碳窝子、过店街、布店街、山货市,可窥商业规模及布局"③。而且,民间从事商业活动者亦卓有成果,如据《宣统新修固原直隶州志》记载,固原何氏者"精习筹算……教其子尚才,以商业兴其家"④,经商兴家成为固原地区民间商业发展的重要途径,亦间接说明清代固原地区民间商业发展之概况。概而言之,清代固原地区商业虽然有较大的发展,但总体上还很脆弱:

> 按固原土产,仅羊皮、羊毛为大宗,华商运至津、沪,转售洋商。然较宁夏各属,究成弩末。至民间需用布匹,来至三原,产于鄂省。从前销场尚称踊跃,近年盐务衰,百货因之减色。若夫典当,以全郡之大,只下则一所。举此可概其余已。⑤

① 王学伊修,锡麒纂,韩超校注.宣统新修固原直隶州志[M]//胡玉冰.宁夏珍稀方志丛刊[M].上海:上海古籍出版社,2018:357.
② 王学伊修,锡麒纂,韩超校注.宣统新修固原直隶州志[M]//胡玉冰.宁夏珍稀方志丛刊[M].上海:上海古籍出版社,2018:118.
③ 徐兴亚.西海固通史[M].银川:宁夏人民教育出版社,2012:377.
④ 王学伊修,锡麒纂,韩超校注.宣统新修固原直隶州志[M]//胡玉冰.宁夏珍稀方志丛刊[M].上海:上海古籍出版社,2018:204.
⑤ 王学伊修,锡麒纂,韩超校注.宣统新修固原直隶州志[M]//胡玉冰.宁夏珍稀方志丛刊[M].上海:上海古籍出版社,2018:356.

由此可见,清代固原地区商业虽有发展,但限于地域之关系、战乱之频仍、历史之缘故,发展依然十分缓慢。

四、结语

清代对于固原地区的经济开发,大大促进了固原地区社会的发展。各民族之间的经济交流之频繁、规模之宏大、种类之齐全均远超前代,各民族间经济交流的增强极大地推动了固原地区民族融合、社会与文化变迁,影响十分深远。清王朝在固原地区推行的一系列经济开发措施:农田水利设施的建设、官方与民间的马政业兴盛、贡赐贸易与商业贸易活跃,都在一定程度上推动了固原地区经济之发展。但与南方相比较而言,清代固原地区经济发展仍然较为缓慢,究其原因主要有三:一是明清时期在固原地区大规模的垦荒使得生态环境破坏严重,自然灾害频繁,导致整个社会积贫积弱;二是农民起义与因民族问题而爆发的民族反抗战争,进一步摧残了固原地区脆弱的经济基础;三是丝绸之路时断时续,尤其是海上丝绸之路的兴盛导致西北丝绸之路趋向寂寥,抑制了固原地区商业的发展。因此,在新时期,进一步加强对固原地区的经济开发,就要充分吸取历史经验教训,因地制宜,扬长避短,从根本上开发固原地区,意义十分重大。

牢筑六盘山生态屏障　保卫黄土高原水塔

武淑莲①

摘　要： 经过 60 多年的生态建设,六盘山已成为黄土高原上的绿岛,但六盘山生态建设不能满足已取得的成绩,不能停留在封山育林的水平上,而应用生态的眼光高瞻远瞩,用生态文明的现代化发展视野,保持六盘山生态安全的可持续发展。

关键词： 六盘山生态　高原水塔　保护和利用

一、六盘山的地理文化资源

六盘山在宁夏南部,是宁夏"三山一河"的重要组成部分。2020 年 6 月,习近平总书记视察宁夏时,给宁夏作为"黄河流域生态保护和高质量发展先行区"描绘了发展蓝图。宁夏的黄河流域、贺兰山、六盘山的高质展发展关乎着宁夏的大发展。而六盘山地区的生态安全屏障更加关系着宁夏的全面发展,在宁夏的绿色发展、创新发展和高质量发展中具有重要意义。

党的十九大报告中指出:"必须树立和践行绿水青山就是金山银山的理念,坚持节约资源和保护环境的基本国策,像对待生命一样对待生态环境,

---

① 武淑莲(1966—　),女,宁夏固原人,硕士,宁夏师范学院文学院教授,主要从事地方文化和中国现当代文学研究。

统筹山林田湖草沙系统治理,实行最严格的生态环境保护制度,形成绿色发展方式和生活方式。"六盘山地区的高质量发展必须树立系统治理的观念。

系统治理就是要树立"土地是一个生命共同体"这个生态学最基本的理念。土地应该像人的生命一样得到热爱和尊重,这是对待土地应有的伦理。在土地与人类的关系中,唯有我们把自己当作土地的一部分,才会以热爱和敬畏之心对待土地。山林湖草田沙应该是一个自然的生命共同体系统。人的命脉在田,田的命脉在水,水的命脉在山,山的命脉在土,土的命脉在树和草,沙的命脉也关乎山水林湖草。只有建立系统思维,统一保护,统一治理,统一修复,才能维护生态的自然平衡。因此这个系统治理,其实是有内在逻辑的。

宁夏地域的现状是三面环沙,长期以来水资源短缺,生态环境脆弱,区域发展不平衡。六盘山地区是国家集中连片特困区,生存环境受限,曾是联合国教科文组织考察确定的"不适宜人类生存的地方",是贫困人口、少数民族聚居地区。虽已脱贫,但如何巩固脱贫成果、防止返贫,任务仍十分艰巨。因此在宁夏的总体发展中,根据区域差异,发展好六盘山的生态安全屏障,是对宁夏高质量发展的最好保障和贡献。

六盘山素有"春去秋来无盛夏"之说,气候属于中温带湿润向半干旱过渡带,春季低温少雨,夏季短暂多雹,秋季多涝霜早,冬季寒冷绵长。近年来,国家实施退耕还林政策,局部地区气候大为改善。六盘山既是黄土高原的水塔,又是"黄土高原的绿岛",她孕育了大小一千多条河流,泾河、清水河、葫芦河均发源于此山。其独特的地理位置和巨大的生态功能,对贫瘠干旱的宁南山区起着十分重要的气候调节作用,成为中国大西北大地上一块难得的"绿色之肺"。

六盘山不但是中国西北高原上的重要水源涵养林,还是著名的风景名胜区。良好的生态环境,丰富的动植物和昆虫资源,多姿多彩的文化资源,使之成为黄土高原上的"绿色明珠"。

六盘山最高峰米缸山 2 942 米,平均海拔 2 000 米左右,森林覆盖率 46%,山间有乔林、灌木、草甸、针叶林、阔叶林、针阔混交林。2 200 米以上阳坡和 2 600 米以上阴坡为高山草甸,是良好的天然牧场。因良好的生态环境,这里成为动物的乐园,其中有金钱豹、林鹿、金雕、红腹锦鸡等国家保护动物 30 多种,还有金蝠蛾、丝粉蝶、黑凤蝶等稀有昆虫。因海拔和气候原因,这里生长着各类植物 788 种,药用植物 600 余种,其中还有名贵药材贝母、党参、黄芪、桃儿七等。六盘山的矿产资源有五大类 16 种 40 多处,还有油气、盐类矿产以及铜、金、铅、锌,芒硝岩盐等矿产资源。1988 年,六盘山自然保护区就被划为国家级自然保护区。

六盘山地区有深厚的历史文化资源,是丝绸之路东段北道必经之地,是北方游牧文化和中原农耕文化的结合地带,兵战文化极其丰富,特别是成吉思汗曾避暑于斯,并筹划了攻取南国战略。还有地方特色的神话传说,如魏徵梦斩泾河老龙、柳毅传书终成眷属、黄帝问道广成子等。毛主席率中国工农红军长征翻越最后一座大山六盘山时,诗兴大发,一首《清平乐·六盘山》让六盘山名扬天下。"天高云淡,望断南飞燕,不到长城非好汉,屈指行程二万",美丽高远的景色和豪迈昂扬的精神,鼓舞人心,令人神往。六盘山脚下的单家集是毛泽东在回族地区开展革命工作停留过的地方。在这里,丝路文化、传说故事、红色文化,以及不到长城非好汉的精神,激励着六盘山地区人民为美好的生活而奋斗。而丰富的独具特色的饮食文化和剪纸、社火、砖碉、书法、舞蹈、泥塑等非物质文化遗产又形成了独具魅力的地域人文资源。

六盘山地区独特的自然资源和人文资源是宁夏全城旅游的一个重要支点。近年来,随着移民搬迁、脱贫攻坚、退耕还林、乡村振兴等一系列战略措施的实施,六盘山地区的生态环境持续改善,现在已经是宁夏全域旅游的一个重要的精品旅游目的地。六盘山地处西安、银川、兰州的三角中心地带，在宁夏南部横跨宁夏泾源、隆德、原州区两县一区，以六盘山国家森林公园为主形成了丰富的生态旅游精华线路。老龙潭、野荷谷、二龙河、鬼门关、凉殿峡、小南川、白云谷、六盘山红军长征纪念馆等60多个景点，既有江南之秀美，又有北国之雄奇，峡谷、溪流、瀑布、森林、植物、历史文化、民俗风情等多姿多彩的自然和人文景观，成为宁夏全域旅游的黄金资源。《宁夏回族自治区"十三五"全域旅游发展规划》提出要贯彻落实习总书记2016年视察宁夏时做出的"发展全旅游，路子是对的，要坚持走下去"的重要指示精神，近年来，基础设施建设、开设旅游专线、休闲自行车道路铺设、景区园区规划建设、"厕所革命"改造建设等等，都为六盘山和宁夏的全域旅游做好了充足准备。六盘山沿线旅游景点须弥山、火石寨、老龙潭、老巷子、单家集、六盘山长征纪念馆、将台堡长征会师纪念园等成为宁夏全域旅游和特色旅游的品牌。

六盘山地区是国家集中连片特困区，其中苦甲天下的西海固地区是被联合国教科文组织认定的"不适宜人类生存"的地区。但在党中央特别关照下，通过生态移民拔穷根的路线，该地区已经走出穷困，成了一道人类脱贫致富的风景线。宁夏的脱贫攻坚是与全国同步进入小康社会，"一个民族都不能少"的根本保证。中共中央、国务院印发《乡村振兴战略规划（2018—2022年）》提出乡村振兴计划要与脱贫攻坚同步进行。2020年脱贫以后的乡村振兴计划，在六盘山地区还有较长的路要走。"产业兴旺、生态宜居、乡风文明、治理有效、生活富裕"的总体要求是六盘山地区保障生态安全屏障的具体抓手和依据。六盘山地区的生态安全发展在地理、气候人文、生态、旅游、脱贫等统筹协调发展中，要遵循"土地是一个共同体"的生态理念，遵循土地伦理，遵循人类与自然的相互融合，构筑起六盘山的生态安全屏障，要在宁夏的整体发展中，在"三山一河"的经济结构中，在黄河流域的高质量发展中做出应有的贡献。

"不能维持一只兔子的生活的田野一定是贫瘠无比的"(《大地上的事情》,苇岸著,广西师范大学出版社,2014 年),六盘山地区的生态安全屏障对宁夏作为"黄河流域高质量发展先行示范区"的发展意义重大,因此必须要有切实可行的发展对策。

二、六盘山生态安全的宏观定位

1. 主体功能区的定位。2019 年 9 月 18 日在郑州座谈会上,习近平总书记提出了重大国家战略:黄河流域和高质量发展;2020 年 6 月考察宁夏后,提出宁夏要做"黄河流域高质量发展先行示范区"。地处宁夏南部的六盘山地区就承载着生态安全的任务。提出六盘山生态安全发展的依据就是"从黄河流域高质量发展"维度提出主体功能区建设思路。主体功能区的划分需要考虑自然生态状况、水土资源承载能力、区位特征、环境容量、现有开发密度、经济结构特征、人口密集状况、参与国际分工程度等多种因素。依据主体功能区建设思路,六盘山地区属于限制开发区域。该地区资源环境承载能力较低,存在严重的水土流失和土地荒漠化。这些区域的高质量发展主要靠生态治理、环境保护和生态修复,不宜进行高强度工业化开发,未来的发展趋势总体上是要增强生态产品的生产力,延长产业链,打造绿色环保特色产品,成为宁夏区域性生态功能区。

2. 六盘山地区是国家集中连片特困区,虽已走出贫困,防止返贫、巩固脱贫成果任务还很重,还要加强水资源科学治理,比如提黄节灌、雨水收集、地下水合理开采、饮水安全等问题,使经济、社会、生态可持续发展,促进社会稳定和民族团结。巩固扶贫成果,全方位谋划乡村振兴,提高人民群众生活的获得感、幸福感,是保障六盘山地区和社会和谐稳定、经济繁荣、生态宜居、产业兴旺的有效途径,从而加快黄河流域生态屏障的高质量发展。

3. 六盘山地区是丝绸之路的一个重要关卡,文化资源极其丰富,如萧关兵战文化、民族交融文化、长城卫国文化、丝路文化、红色文化、脱贫文化等，还有富有地方特色的非物质文化遗产，如泥塑、皮影、书法、梯田、剪纸等，因独特的地理位置和气候条件，形成了丰富多元的历史、人文资源，是宁夏全域旅游南线的魅力之地，可通过打造全域旅游品牌影响力助推宁夏黄河流域高质量发展示范区建设。

4. 坚持走绿色发展之路。绿色发展是为黄流流域高质量发展筑牢生态之基。生态优先、环境优先，统筹山林湖草沙田，与宁夏的其他区域统筹、分类、互补，通过生态系统修复，提高六盘山"水塔"的水源涵养功能，通过退耕还林还草，调整产业结构，提高生态产品的供应能力，加强重点区域污染治理，加强水库建设，修筑梯田，进行小流域治理，制定整体的生态修复机制，保护生物多样性，保留文化遗产，促进文化传承，助力脱贫致富、助力全域旅游，筑牢六盘山地区生态安全屏障，推动黄河流域高质量发展。

按照"绿水青山就是金山银山"的绿色发展理念，六盘山地区的资源开发与利用，产业结构的调整优化，以及区域性的开发建设规模与布局都必须在生态保护的框架下进行。

总之，六盘山地区的发展要运用马克思主义生态哲学的观点，合理利用自然和改造自然，尊重自然规律。贯彻习近平总书记提出的"人与自然是生命共同体"的理念，重视"生态是统一的自然系统，是相互依存，紧密联系的有机链条"，"人与自然是生命共同体，人类必须尊重自然、顺应自然、保护自然"。筑牢六盘山地区的生态安全屏障必须重拾现代文明中的基本观念：让人类与自然相互融合。在合理开发利用六盘山地区的生态屏障和生态产品的情况下，真正实现人与自然之间的和谐共生关系。

三、六盘山的生态保护及利用研究

生态保护的最终目的是为人类带来生态效益，正是这个原因才鼓舞着人们建设和保护生态。新中国成立后，党和政府非常重视六盘山生态建设和保护，在三代林业工人60多年的营造和保护下，现在的六盘山森林已成为黄土高原上的绿岛。那么绿岛能带给人们什么？

（一）提倡六盘山地区生态旅游

"生态旅游"这一术语，是世界自然保护联盟于1983年提出的。1993年国际生态旅游协会将其定义为：具有保护自然环境和维护当地人民生活双重责任的旅游活动。生态旅游的内涵强调的是对自然景观的保护，是可持续发展的旅游。生态旅游以旅游促进生态保护，以生态保护促进旅游，就是有目的地前往自然地区了解自然环境的文化和历史，它不仅不会破坏自然，还会使当地从保护自然资源中得到经济收益。六盘山为兵家必争之地，是爱国主义教育的立体教材，六盘山更是一部红色传奇，是一座胜利之山。它的生态故事是没有共产党领导和三代林业工人的奉献，就没有今日黄土高原上的绿岛。发展生态旅游，既能促进六盘山生态建设，又能产生社会效益，故应大力提倡。

（二）提倡全域旅游视角下的宁夏村落旅游

2018年2月4日，中央公布一号文件，即《中共中央国务院关于实施乡村振兴战略的意见》。2018年3月5日，国务院总理李克强在作政府工作报告时指出，要大力实施乡村振兴战略。中央农村工作会议提出了实施乡村振兴战略的目标任务和基本原则。2018年3月，国务院办公厅印发《关于促进全域旅游发展的指导意见》，就加快推动旅游业转型升级、提质增效，全面优化旅游发展环境，走全域旅游发展的新路子作出部署。

按照党的十九大提出的决胜全面建成小康社会，分两个阶段实现第二个百年奋斗目标的战略安排，明确实施乡村振兴战略的目标任务：到2020年，乡村振兴取得重要进展，制度框架和政策体系基本形成；到2035年，乡村振兴取得决定性进展，农业农村现代化基本实现；到2050年，乡村全面振兴,农业强、农村美、农民富全面实现。在乡村振兴战略实施的大背景下,农业农村经济发展迎来了重大战略机遇。宁夏传统村落旅游,在乡村振兴战略背景下要发展全域旅游,要走全域旅游的新路子。全域旅游是指在一定区域内,以旅游业为优势产业,通过对区域内经济社会资源尤其是旅游资源、相关产业、生态环境、公共服务、体制机制、政策法规、文明素质等进行全方位、系统化的优化提升。

全域旅游目的地指的就是一个旅游相关要素配置完备、能够全面满足游客体验需求的综合性旅游目的地、开放式旅游目的地,是一个能够全面动员(资源)、立足全面创新(产品)、可以全面满足(需求)的旅游目的地。

全域旅游是实现区域资源有机整合、产业融合发展、社会共建共享,以旅游业带动和促进经济社会协调发展的一种新的区域协调发展理念和模式。"全域旅游"所追求的,不再停留在旅游人次的增长上,而是旅游质量的提升,追求的是旅游对人们生活品质提升的意义,追求的是旅游在物质生活满足之后人们日益增长的精神和审美需求的价值。

推进全域旅游是我国新阶段旅游发展战略的再定位,是一场具有深远意义的变革。是从景点旅游模式走向全域旅游模式的转变。全域旅游是一种区域旅游发展理念,更是一种旅游发展价值追求。要以质量价值目标、治理价值目标和共享价值目标作为我国全域旅游发展的价值追求,以增强我国旅游业的可持续发展能力。

推进全域旅游并不是到处建景点景区、到处建宾馆酒店,恰恰相反,全域旅游更加关注景点景区、宾馆酒店等建设的系统性和规划布局的合理性。景点景区、宾馆酒店建设和管理仍然是必要的,而且要提高质量、层次,但这不是工作的全部。在全域旅游格局中,到处都是风景而非到处都是景点景区,到处都有接待服务而非到处都是宾馆饭店。千万不能把增加景点景区和宾馆饭店数量、扩大规模等同于发展全域旅游。要防止出现景点景区、宾馆饭店"遍地开花"，四处泛滥。只有准确把握、搞清全域旅游的概念和特征，并且把全域旅游放在乡村振兴的新时代背景下，才能结合宁夏的村落旅游提出切合实际的发展路径。

宁夏传统村落稀少，知名度不高。宁夏 720 万人口，南北长 600 多公里，虽然文化资源丰富，形成了农耕文化、少数民族文化、边塞文化、红色文化、西夏文化等多元文化，也有高山、沙漠、平原、草原等多样性地形地貌。但是人口稀少，生活条件艰苦，历史上长期战乱，因此保留下来的传统村落很少。很多村庄都是名不见经传。2012 年，在国家公布的首批 646 个中国传统村落名录中，宁夏只有 4 个村跻身其中，分别是：中卫市沙坡头区香山乡南长滩村、中卫市沙坡头区迎水桥镇北长滩村、隆德县城关镇红崖村一组、隆德县奠安乡梁堡村一组。

在 2010 年、2011 年、2015 年三次公布的全国特色景观旅游名镇示范名单中，宁夏有 11 个村镇入选：银川市兴庆区掌政镇、银川西夏区镇北堡、吴忠市青铜峡镇、吴忠市峡口镇、固原市泾源县泾河源镇、固原市泾源县六盘山镇、中卫市沙坡头区迎水桥镇、吴忠市利通区东塔寺乡穆民新村、固原市隆德县城关镇杨店村、中卫市沙坡头区迎水桥镇北长滩村、中卫市沙坡头区香山乡南长滩村。在这个文件里，宁夏的名村镇数量上有了大的突破。

从目前的旅游综合影响力上看，以上的传统村落数量少，知名度不高。作为乡村旅游地的村落，宁夏的人知道的少，在周边地区旅游知名度更低。不像陕西的韩城和袁家村那么成熟和典型，而且远近闻名。除了中卫的北长滩、南长滩，宁夏的传统村落旅游目前主要集中在六盘山所在的南部山区，时间则集中在春天的山花烂漫和夏季的清凉消暑两季。

（三）打造六盘山山花节品牌

宁夏六盘山山花旅游节，已经成为一个自治区级的乡村旅游品牌，在宁夏南部山区已经产生了品牌效应。每年 3 月到 5 月，山花烂漫，正是人们出门踏青赏花的季节。宁夏南部山区春意迟迟,气温变化不定。但到了 3 月下旬,南部山区还没有多少绿意的山川荒原上就会山花烂漫,桃花、杏花、梨花,粉的、红的、白的,一簇簇、一片片、一堆堆,满山遍野就绽放出了美丽的花儿。这段时间,空气中弥漫着一种诗意。五一过后,天气才渐渐转暖。诗意的春天才真正到来。因此,对一贯艰苦缺水的南部山区的人民来说,在相对荒凉的生存环境里发现美好、创造美好、打造地域文化特色旅游景观,超越苦土背景,追求美好生活,创造更加美丽的未来,的确是一种难得的精神信仰。为了打造好宁夏的全域旅游,为了更好的发展宁夏的传统村落旅游,进一步打造好宁夏六盘山山花节的旅游品牌,必须要有切实可行的对策建议。

(四)对发展宁夏村落旅游的建议

第一,必须树立全域旅游的大概念。全区的特色村落要和乡村振兴战略、美丽乡村建设相统一,整体定位,个性规划,分类建设,彰显特色。

第二,保护好山、川、水、土是关键。青山绿水就是金山银山,村落旅游的可持续发展也正取决于此。天蓝地绿水净的自然生态是最长久的长效机制。其次才是民风民俗民居,有特色的地域文化及其他相关的生活、旅游配套设施。将真实的自然之景和人造的使用景观相结合,打造"天人合一"的村落旅游文化。

第三,精心提炼村落特色文化。如宁夏山花节旅游项目,主要集中在宁夏南部山区,是依托于南部个性鲜明的自然村落和六盘山红色基地的品牌效应。从 2005 年到 2021 年举办的十几次山花节来看,多是选择在须弥山、火石寨、隆德、西吉、彭阳等地山花烂漫时节。但是随着宁夏六盘山山花旅游节成为一个全区的旅游品牌,显然还需要进一步拓展旅游内涵。要将旅游资源和各地的文化内涵结合起来,拓展和延伸山花节的精神文化需求,满足游客日益增长的精神需求。例如在彭阳举办山花节,可以和小流域治理的彭阳精神、彭阳的皇甫谧文化、彭阳 2017 年的全国十大考古、彭阳博物馆的落成等重大文化事件结合起来，把"人间四月芳菲尽，山寺桃花始盛开"人间美景变为大背景，把地域文化研究的发布、研讨、布展、呈现等当做旅游的具体场景，向着有重点、深层次开发和延伸。同时还可以搞系列活动增加旅游多元化体验，满足不同游客的需求，也引领游客的审美情趣和审美风尚。

第四，打造地域特色美食。六盘山地区回汉杂居，地方美食丰富多彩。例如固原地区美食：百灵擀面皮、泾源蒸鸡、马玲麻花、马家羊羔头、米家糕点、燕面揉揉、羊肉炒面片、老白师羊肉泡馍、洋芋擦擦、豆面散饭等等，这些地方特色美食，在传统村落的旅游文化中，是不可抗拒的舌尖诱惑。

传统村落旅游根本异于城市旅游。宁夏的传统村落旅游还在起步阶段，宁夏有名的村落旅游无论是每年的六盘山山花节也好，还是西吉打造的龙王坝、彭阳的金鸡坪、隆德的盘龙山、固原的牡丹山庄等乡村旅游，都要在"城市与乡村"的不同文化体验上下功夫。村落旅游，地域特色的文化是根本，文化是旅游的"魂"。村落旅游不能走城市旅游的模式。有别于城市化的差异化的新鲜体验才是根本。目前宁夏的传统村落旅游模式，难以体现地域特色文化。还没有融入旅游交通、智慧旅游的全域旅游概念。没有融合区域农业、科技、文化等资源优势，在创意设计与优势资源整合基础上，还没有利用"互联网+"与"旅游+"概念提升休闲游憩交互体验，形成人性化、便捷化、生活化、体验化、轻松化的自主旅游生态圈。

党的十九大报告中指出："中国特色社会主义进入新时代，我国社会主要矛盾已经转化为人民日益增长的美好生活需要和不平衡不充分的发展之间的矛盾。"这一重大判断，不仅为新时代的经济建设、政治建设、文化建设、社会建设和生态文明建设指明了新的发展方向，也为树立全域旅游的新理念,实施振兴乡村战略,发展宁夏传统村落的旅游文化指出了内涵建设的发展路径。

四、结语

六盘山作为黄土高原上的绿岛和水塔,其生态建设关系到黄土高原上千家万户,从中央到地方对其重视程度有目共睹,怎样建设和保护好高原绿岛及生态屏障,这不仅是一个政策问题,而且也是生态文明现代化的问题。建设六盘山安全生态屏障,不但要有配套完善的政策和制度,而且要有具体的生态定位和生态旅游的对策。对六盘山的生态,不但要保护,而且要建设和利用,只有在保护和建设基础上,合理开发利用六盘山的生态,才能达到六盘山生态可持续发展,才能构筑好六盘山的生态安全屏障,进一步促进黄河流域生态保护和高质量发展先行区的建设。

在历史的真实与合理的想象之间

——落下闳研究行与思

张存良①

摘　要：由于史料的限制,落下闳研究一直未有大的突破,没有取得比较有学术影响力的研究成果。虽然表面上看起来比较热闹,但明显存在着背离史实、凭空臆造的研究方法和结论,越来越呈现出一种平面化、简单化和概念化的倾向,使历史人物和历史事件变成了一种抽象的概念和空洞的言说。这不但无益于落下闳研究,也有悖于历史研究应有的求真求实和宁缺毋滥的史学精神。我们一方面要自觉避免那种无米之炊式的凭虚臆造和概念化的虚辞溢美,同时要对基本史料进行全面梳理和深入了解,对基本史实有着同情式理解,在此基础上进行客观深入的分析探究。《太初历》是落下闳研究的切入点和落脚点,没有太初改历就不会有落下闳这个历史人物。真正深入的研究要从《太初历》入手,褐橥改历的社会历史背景,揭示改历的复杂过程,研究秦汉时期的天文历法,联系改历过程中出现的众多历史人物,进而分析秦汉时期的方士及其术数。落下闳研究并非前路迷茫,仍然有为可作,依然任重道远。

关键词：落下闳　太初历　研究现状　反思

---

① 张存良(1969—),男,甘肃会宁人,历史学博士,西华师范大学文学院副研究员。
基金项目：四川省落下闳研究中心 2019 年度重点项目"落下闳与《太初历》研究"(项目编号：LXHYJA1901)。

一、弁言

历史著述的首要任务是求真求实,既与崇高的史官传统攸关,也是庄严的职责使命所系。中国史官向来有"秉笔直书"的精神传统,现存最早的编年体史书《春秋》一书,经孔子编订后,更是确立了"笔则笔,削则削"的微言大义、暗寓褒贬、书法不隐的"春秋笔法"。鲁襄公二十五年(前548),齐国执政大夫崔杼伏击射杀其主齐庄公,起因是庄公私通其妻棠姜。《春秋》于本年记曰:"夏五月乙亥,齐崔杼弑其君光。"齐国太史因为直书其事而付出了惨痛代价,《左传》记其事曰:

> 太史书曰:"崔杼弑其君。"崔子杀之。其弟嗣书,而死者二人。其弟又书,乃舍之。南史氏闻太史尽死,执简以往。闻既书矣,乃还。①

无独有偶,晋灵公十四年(前607),残暴荒淫的晋灵公欲伏杀执政大夫赵盾而不得,反被赵盾之弟赵穿袭杀于桃园。晋太史董狐书其事曰:"赵盾弑其君。"孔子赞扬董狐:"古之良史也,书法不隐。"②

不仅历史著述要求真求实,历史研究也同样要求真务实。一切从历史真实出发,是史学研究的基本原则,"求真"是史学的永恒主题和追求。研究历史必须实事求是,不虚美,不掩恶,不骋辞腾说,不悬想臆造,此之谓"史德"。清代史学家章学诚(1738—1801)曾论"史德"曰:

> 才、学、识三者,得一不易,而兼三尤难,千古多文人而少良史者,职是故也。昔者刘氏子玄,盖以是说谓足尽其理矣。虽然,史所贵者义也,而所具者事也,所凭者文也。……非识无以断其义,非才无以善其文,非学无以练其事,三者固各有所近也,其中固有似之而非者也。记诵以为学也,辞采以为才也,击断以为识也,非

---

① 孔颖达.春秋左传正义[M]//十三经注疏(下册)[M].北京:中华书局,1980:1983.
② 司马迁.史记[M].北京:中华书局,1959:1675.

良史之才、学、识也。……能具史识者，必知史德。德者何？谓著书者之心术也。……盖欲为良史者，当慎辨于天人之际，尽其天而不益以人也。尽其天而不益以人，虽未能至，苟允知之，亦足以称著述者之心术矣。①

有"史德"的史学研究者，就要"尽其天而不益以人"，要"持之有故，言之成理"②，就像胡适曾经说过的那样："有几分证据，说几分话。有一分证据只可说一分话。有三分证据，然后可说三分话。治史者可以作大胆的假设，然而决不可作无证据的概论也。"③

二、落下闳研究史料辨析

《文心雕龙·史传》开篇即曰："开辟草昧，岁纪绵邈，居今识古，其载籍乎?"④文献搜集与史料辨析，是研究历史的首要任务和基础功夫。也就是说："不钻进史料中去，不能研究历史。"⑤

制约和影响落下闳研究的首要问题，是史料的缺乏，尤其是第一手史料的匮乏。本人曾对两《唐书》之前史籍中有关落下闳的记载做过一个初步调查，勉强得到 10 条记录。⑥ 其中以《史记》的记载最为可靠，因为落下闳与司马迁是同时代人，又同为天文历算家，且共同亲历了"太初改历"这一历史事件。但是《史记》的记载非常简略，只有一句话："至今上即位，招致方士唐都，分其天部；而巴落下闳运算转历，然后日辰之度与夏正同。"唐司马贞《索隐》转引《益部耆旧传》云："闳字长公，明晓天文，隐于落下，武帝征

---

① 章学诚著，叶瑛校注.文史通义校注［M］.北京：中华书局，1985：219－220.
② 王先谦撰，沈啸寰，王星贤点校.荀子集解［M］.北京：中华书局，1988：91.
③ 罗尔纲.师门五年记·胡适琐记（增补本）［M］.北京：生活·读书·新知三联书店，1998：47.
④ 刘勰著，黄霖编.文心雕龙汇评［M］.上海：上海古籍出版社，2005：58.
⑤ 翦伯赞.史料与史料学［M］.北京：北京出版社，2005：85.
⑥ 参见拙作.略说《太初历》及其历史影响——兼谈落下闳其人其事［J］.西华师范大学学报，2018，（6）.

待诏太史,于地中转浑天,改《颛顼历》作《太初历》,拜侍中不受。"①

《益部耆旧传》其书已佚,《晋书·陈寿传》记载"(寿)又撰《古国志》五十篇,《益都耆旧传》十篇"②,都、部两字形近致讹。《益部耆旧传》实际上是陈寿在其乡贤郑伯邑、赵彦信、陈申伯、祝元灵、王文表等人所著《巴蜀耆旧传》的基础上整理编纂而成的,并非成于一人之手。该书专记古益州(今西南地区)的"士女英彦",是当地人记本土事,书中所记落下闳有姓字,有籍贯,甚至还有简单的履历和行事,已显得比较丰满了。继陈寿之后,东晋蜀郡江原(今成都崇州)人常璩撰有《华阳国志》一书,其中《巴志》部分著录"播名立事,言行表世者"洛下闳、任文公、冯鸿卿等八人,在《益梁宁三州先汉以来士女目录》中将落下闳作为"文学聘士"加以著录,并未提及太初改历之事。对于落下闳研究来说,《华阳国志》似乎不能提供任何有益于考证的文献价值。

《汉书》对落下闳的记载依然简略:"方士唐都、巴郡落下闳与焉。都分天部,而闳运算转历。"但是班固比较详细地记载了落下闳"运算转历"的方法和依据:"其法以律起历,曰:'律容一龠,积八十一寸,则一日之分也。与长相终。律长九寸,百七十一分而终复,三复而得甲子。夫律阴阳九六,爻象所从出也。故黄钟纪元气之谓律。律,法也,莫不取法焉。'与邓平所治同。"③

---

① 《史记》卷二十六《历书》,页1260—1261。《益部耆旧传》中的这段文字互见于李善《文选注》以及《北堂书抄》等唐宋类书。《文选》卷四十九《史论上·公孙弘传赞》李善注引《益部耆旧传》曰:"闳字长公,巴郡阆中人也,明晓天文地理,隐于落亭。武帝时,友人同县谯隆荐闳,待诏太史,更作《太初历》。拜侍中,辞不受。"《北堂书抄》卷一三〇《浑仪》引《益部耆旧传》曰:"洛下闳,明晓天文,于地中转浑仪,以定时节。"《艺文类聚》卷五《岁时下》引文曰:"巴郡落下闳,武帝时改《颛顼历》,更作《太初历》。曰:后八百岁,此历差一日,当有圣人定之。"《太平御览》卷二《天部二》引文曰:"汉武帝时洛下闳,明晓天文,于地中转浑天,定时节。"该书卷一六《时序部一》:"巴郡落下闳,汉武帝时改《颛顼历》,更作《太初历》。曰:后八百岁,此历差一日,当有圣人定之。"
② 房玄龄等.晋书[M].北京:中华书局,1974:2138.
③ 班固.汉书[M].北京:中华书局,1962:975—976.

班固记载的这个"运算转历"之法,极有可能是根据落下闳与邓平等人制定的历法而来。这些数据保存在刘歆的《三统历》之中,而且刘歆还做了进一步的历理阐释,主要依据的是象数《易》学思想。"八十一分"是《太初历》的日法,即黄钟律管九寸的自乘。闰法为十九,刘歆的解释是:"天九地十,……并终数为十九,《易》穷则变,故为闰法。"[1]即九加十。统法一千五百三十九,即律长九寸与百七十一分的乘积,而"百七十一"又是律长与闰法的乘积。刘歆解释为"以闰法乘日法,得统法",更为简洁。经过一统之年,冬至与合朔再次相会在同一日的夜半时刻。"三复而得甲子"即元法,亦即统法的三倍。经过一元之年,冬至与合朔再次相会在某个甲子日的夜半时刻。

《太初历》的月法是二千三百九十二,刘歆的解释是:"是故元始有象一也,春秋二也,三统三也,四时四也,合而为十,成五体。以五乘十,大衍之数也。而道据其一,其余四十九,所当用也,故著以为数。以象两两之,又以象三三之,又以象四四之。又归奇象闰十九,及所据一加之。因以再扐两之,是为月法之实。"译成算式就是:$[49\times2\times3\times4+19+1]\times2=2\,392$,再以日法81除之,则得 $29\frac{43}{81}$,这就是《太初历》和《三统历》的朔望月平均长度,亦即朔策。

确定了闰法和朔策,则岁实(一个回归年的长度)即等于十九年中的月数乘以朔策,再除以十九,即 $29\frac{43}{81}\times(12\times19+7)\div19=365\frac{385}{1\,539}$。有了这些基本常数,则其他历数可以通过推步法术逐一求得。

除了对"运算转历"的记载之外,班固还在《公孙弘传赞》[2]一文中,将唐

① 班固.汉书[M].北京:中华书局,1962:983.
② 班固此《赞》本系于《史记·平津侯主父列传》之后,梁昭明太子选入《文选》,题作《公孙弘传赞》〔萧统编,李善注.文选(卷四十九《史论上》)[M].北京:中华书局,1977〕。

都、落下闳作为汉兴以来律历方面的代表人物加以肯定和褒赞。在这篇赞文中,班固历数自汉武帝以来在国家制度建设和文韬武略等方面"兴造功业"的代表性人物五十余人,这些汉世名臣都是彪炳史册、名垂千载的卓绝之士。班固其文略曰:

> 上方欲用文武,求之如弗及。……汉之得人,于兹为盛。儒雅则公孙弘、董仲舒、兒宽,笃行则石建、石庆,质直则汲黯、卜式,推贤则韩安国、郑当时,定令则赵禹、张汤,文章则司马迁、相如,滑稽则东方朔、枚皋,应对则严助、朱买臣,历数则唐都、落下闳,协律则李延年,运筹则桑弘羊,奉使则张骞、苏武,将帅则卫青、霍去病,受遗则霍光、金日磾。其余不可胜纪。……孝宣承统,……招选茂异,而萧望之、梁丘贺、夏侯胜、韦玄成、严彭祖、尹更始以儒术进,刘向、王褒以文章显。将相则张安世、赵充国、魏相、邴吉、于定国、杜延年,治民则黄霸、王成、龚遂、郑弘、邵信臣、韩延寿、尹翁归、赵广汉之属,皆有功迹,见述于后。①

孔子曾说:"君子疾没世而名不称焉",康有为《论语注》曰:

> 名者,身之代数也。有是身乃有是名,有其实乃有其华,然身不过数十年,名可以千载。有身之时,人尚有待,无名犹可,至没世之后,草木同腐,魂魄并逝,则顾念生前,淹忽随化,未有不以荣名为实者。名在则其人如在,虽隔亿万里亿万年而丰采如生,车服为之流连,居游为之慨慕,辑其年谱,考其起居,荐其馨香,颂其功德,称其姓号,爱其草木,其光荣过于有身时万万。故没世无称,君子以为疾也。②

---

① 司马迁.史记[M].北京:中华书局,1959:2964-2965.
② 程树德撰,程俊英,蒋见元点校.论语集解[M].北京:中华书局,1990:1103.

司马迁也曾说:"伯夷、叔齐虽贤,得夫子而名益彰;颜渊虽笃学,附骥尾而行益显。"①唐都、落下闳,本为方士,迹在岩穴之间,因为观星考历而被史家笔之于书,比肩于儒雅文章的公孙弘、董仲舒、司马迁、司马相如之俦,抗名于定令将帅的越禹、张汤、卫青、霍去病之列,真是具有无上的荣光! 这应该是值得大书特书的历史功绩与地位!

被誉为"西道孔子"的扬雄,在其《法言》一书中也论及落下闳:

> 或问"浑天"。曰:"落下闳营之,鲜于妄人度之,耿中丞象之。几乎! 几乎! 莫之能违也。"②

扬雄比司马迁晚出近一百年,落下闳对他来说自是巴蜀前贤。此处提及的三人皆于史有征,鲜于妄人为汉昭帝时主历使者,曾于元凤三年(前78)奉诏校验《太初历》,事具《汉书·律历志上》。耿中丞即耿寿昌,精于算学,西汉宣帝时"以善为算、能商功利得幸于上",创"常平仓",爵封关内侯。③ 他同时也是一位天文历算家,《汉书·艺文志》在"数术略·历谱"中载有《耿昌月行帛图》二百三十二卷、《耿昌月行度》二卷,④此"耿昌"即耿寿昌。东汉贾逵《论历》中道及甘露二年(前52)耿寿昌奏议"以圆仪度日月行,考验天运状"之事,⑤《晋书·天文志》说:"暨汉太初,落下闳、鲜于妄人、耿寿昌等造员(圆)仪以考历度。"⑥将三人行事都系于太初年间,混淆了他们之间前后相承的时代次序。

扬雄所谓"浑天"者,既是一种古人认识天地宇宙的天体理论,也指观测天地日月星辰的一种仪器。刘昭为司马彪的《续后汉书·天文志》作注

---

① 司马迁.史记[M].北京:中华书局,1959:2127.
② 汪荣宝撰,陈仲夫点校.法言义疏[M].北京:中华书局,1987:320.
③ 班固.汉书[M].北京:中华书局,1962:1141.
④ 班固.汉书[M].北京:中华书局,1962:1766.
⑤ 范晔.后汉书[M].北京:中华书局,1965:3029.
⑥ 房玄龄等.晋书[M].北京:中华书局,1974:284.

时曾引蔡邕《表志》曰：

> 言天体者有三家：一曰《周髀》，二曰《宣夜》，三曰《浑天》。《宣夜》之学绝无师法。《周髀》数术具存，考验天状，多所违失，故史官不用。唯《浑天》者近得其情，今史官所用候台铜仪，则其法也。立八尺圆体之度，而具天地之象，以正黄道，以察发敛，以行日月，以步五纬。精微深妙，万世不易之道也。官有其器而无本书，《前志》亦阙而不论。[1]

"落下闳营之"者，谓经营浑仪也，即操作演示之谓，非发意造端、创立"浑天"之说或首创浑仪者也。《隋书·天文志》引虞喜说"落下闳为汉武帝于地中转浑天"，据此认为浑仪"或为落下闳所制"，失之不察。《隋志》又引王蕃《浑天象说》曰："浑天仪者，羲、和之旧器，积代相传，谓之玑衡。其为用也，以察三光，以分宿度者也。又有浑天象者，以著天体，以布星辰。"[2]《隋书·天文志》分"浑天"为浑天仪和浑天象，二者皆为测量天体之仪器，区别只在是否有衡。实际上，仪、象古训相通，初无所别。汪荣宝说："《隋志》所云羲、和浑天仪，相传谓之玑衡者，后代久无其器。而前汉以来，候台所存周七尺三寸半分之浑象，亦谓之浑仪。"[3]

所谓"鲜于妄人度之"者，谓测量案验也，此乃身为主历使者鲜于氏的职责所系。"耿中丞象之"，谓测算而绘以图形也。这里的"象"不是仪象之象，而是图像之像，将日月五星二十八宿等天象运行情况绘成图像，正如《隋志》所引王蕃所说"以著天体，以布星辰"。

自《晋书》《隋志》以下，虽史志中时有提及落下闳及《太初历》者，然皆祖述陈说，敷衍旧文，不会也不可能有更多的史料出现。所以，有关落下闳

---

① 范晔.后汉书[M].北京：中华书局，1965：3217.
② 魏徵等.隋书[M].北京：中华书局，1973：516.
③ 汪荣宝撰，陈仲夫点校.法言义疏[M].北京：中华书局，1987：323.

研究的史料梳理,始于《史记》《汉书》,迄于《晋书》《隋书》,谅也不会沧海遗珠,旷野失鹿。

三、落下闳研究中的无米之炊

因为文献载籍的缺佚靡传和历史年代的绵邈久远,今人研究历史,免不了要大胆假设,进行合理的历史想象。否则,即使充分占有史料,也是两脚书橱,"而其无益于文理考校,与彼目不识丁之人无以异也"①。但是也有过度解读史料的骋辞臆想和穿凿附会的谬幽之说,迹近街谈巷议和道听途说的小说家言,背离了历史研究的正常轨迹。针对治史中存在的这两种倾向,唐代史学家刘知幾曾作过精辟的批评:

> 夫有学而无才,亦犹有良田百顷,黄金满籯,而使愚者营生,终不能致于货殖者矣。如有才而无学,亦犹思兼匠石,巧若公输,而家无楩楠斧斤,终不果成其宫室者矣。②

反观落下闳研究的已有成果,明显存在着"家无楩楠斧斤",而要成其宫室之美的悬想和臆造,离开史料和基本史实,仅凭个人想象去构造所谓的历史事件和人物情节。总括起来,在以下几个方面表现尤为突出:

(一)有关落下闳的生平事迹

如前揭,《史记》《汉书》和《益部耆旧传》所载落下闳行事,都着重在他参与制定《太初历》一事,其他事迹基本付诸阙如。但是有些研究者却要凭空构想出他的一些行事来,比如说少年落下闳非常聪颖,"对周围事物的观察异于常人。常常到屋后的高阳山看日出日落,用竹竿测日影,晚上看星星,用铜壶制漏仪。在父祖的循循教导下,初习一些朴素的天文知识与农时

---

① 张岱著,冉云飞校点.夜航船[M].成都:四川文艺出版社,1996.
② 刘昫等.旧唐书[M].北京:中华书局,1975:3173.

经验,并渐渐养成观测星辰、日月、物候的习惯"①;"进入学校后,落下闳不但系统学习了科学文化,在观测天象上也逐渐小有名气。"②这种毫无依据、凭空臆造的想象之辞,是何等的庸俗和幼稚!看起来内容很多,实际上空话连篇,毫无意义。在竭力塑造一个完美无缺、无所不通的落下闳这样一种心理驱使下,将一位历史人物变成了"毫无内容的、抽象的、荒诞无稽的空话"③。

有人还试图复原落下闳从阆中至长安的行走路线,"沿嘉陵江谷地上溯至剑门,进入金牛道,至汉中,接褒斜道抵达长安"④,这种一厢情愿式的想当然,毫无根据,几近无聊,只能成为落下闳研究的笑柄。

有的学者出于对落下闳的挚爱,还为他构拟了生卒年:前 156 至前 87 年⑤——与汉武帝同年生,与汉武帝同年死。这真是历史上莫须有的巧合,有几个严肃的历史学家会认同这种巧合呢?

《益部耆旧传》说落下闳参与制定《太初历》之后,"拜侍中,辞不受",有的学者据此推断落下闳就此归隐于阆中,"继续观天测地,传法于后生"⑥,"为四川阆中培养了不少天文学家"⑦,使阆中成为古代天文研究中心。根据现有史料,我们认为,落下闳是方士或聘士,于史有征。说他是隐士,则完全是猜测;说他有"道家学者风范"⑧,也是凭空悬想。精通天文历算的方士(或聘士)与隐士或道家学者之间并不存在必然的内在联系。

(二)有关落下闳的成就与影响

落下闳的成就,集中体现在参与制定《太初历》这一重要的历史事件之

---

① 《落下闳博物馆展陈方案》(送审稿),页 26.
② 查有梁."通天彻地"落下闳[N].光明日报,2018-02-25(7).
③ 恩格斯.致约·布洛赫[A]//马克思恩格斯选集(第4卷)[M].北京:人民出版社,1995:696.
④ 《落下闳博物馆展陈方案》(送审稿),页 30.
⑤ 查有梁.世界杰出天文学家落下闳(修订版)[M].成都:四川辞书出版社,2009:33.
⑥ 查有梁.世界杰出天文学家落下闳(修订版)[M].成都:四川辞书出版社,2009:33.
⑦ 查有梁.世界杰出天文学家落下闳(修订版)[M].成都:四川辞书出版社,2009:13.
⑧ 查有梁.世界杰出天文学家落下闳(修订版)[M].成都:四川辞书出版社,2009:13.

中,尤其是"运算转历"这一关键环节。如何客观真实地评价这一历史功绩,则关乎历史研究者的史识与史德。

太初改历,本是一件复杂的系统工程,是汉武帝"改正朔,易服色"等建立"汉家制度"的政治文化构建活动的重要组成部分,事关国体,既不可能一蹴而就,也绝非个人能力所能蒇事。它涉及天文、历法、算数以及地面观测和历史记录等诸多领域,需要分工协作才能完成。根据《史记》《汉书》的记载,有兒宽与博士赐等人的改历建议,有公孙卿、壶遂、司马迁与侍郎尊、大典星射姓等人的"议造汉历"。当改历陷入困境时,又招募邓平及长乐司马可、酒泉候宜君、侍郎尊与民间治历者二十余人,"方士唐都、巴郡落下闳与焉。都分天部,而闳运算转历"①。这其中还不包括那些"定东西,立晷仪,下漏刻,以追二十八宿相距于四方,举终以定朔晦分至,躔离弦望"②的测量者,还有淳于陵渠等人的观测校验。

从动议改历到最后举行颁历大典、诏告天下改行新历并启用新元(太初年号),这个过程没有积年累月的功夫是无法完成的。单是从多达十八家之多的历法中钦定使用《太初历》,从太初元年冬十月封泰山到夏五月颁历,就耗时七个月③。"自汉历初起,尽元凤六年,三十六岁,而是非坚定。"④

已有研究成果显然忽略了"太初改历"的复杂性和艰巨性,或轻描淡写地说:"落下闳从故乡巴郡阆中来到京城长安,与邓平、唐都合作,编制《太初历》。"⑤或干脆将《太初历》的制定系于落下闳一人名下,为其独专,将集体智慧的结晶说成是个人独立成果,完全忽略了其他分工合作者的功绩。

① 班固.汉书[M].北京:中华书局,1962:975.
② 班固.汉书[M].北京:中华书局,1962:975.
③ 太初改历之前行用的《颛顼历》以冬十月为岁首,太初元年夏五月颁历,以正月为岁首,此时本年度实际已过去七个月之久(不含五月)。因为调整岁首,太初元年的月份就多达十五个月。
④ 班固.汉书[M].北京:中华书局,1962:978.
⑤ 查有梁.世界杰出天文学家落下闳(修订版)[M].成都:四川辞书出版社,2009:13.

如何客观评价《太初历》的成就与不足,现有成果显然有罔顾事实、过度拔高的嫌疑。相较于包括《颛顼历》在内的"古六历"而言,《太初历》确实有较大的改变,在历元、法术、置闰、建正、交食周期等方面均有创获,但是这些成就都建立在充分吸收前代历法的科学性与合理性基础上,不是落下闳等人一夜之间"通天彻地"突发异想所得。尤其是为了迎合上意,为新历取得"受命于天"的神圣合法性,将客观的天文数据与毫不相干的音律数值联系在一起,创造了所谓"以律起历"的方法,定日分为八十一,朔望月长度为 $29\frac{43}{81}=29.530\ 864\ 2$ 日,回归年长度为 $365\frac{385}{1539}=365.250\ 162\ 44$ 天。这几个历法上最基本的数据都比此前行用的《颛顼历》要粗疏,[①]所以也遭到反对者的批评,甚至有人"贬斥为我国所有历法中最不好的一部"[②]。我们不必因为它有缺点,就以"最不好"目之,毕竟它具备广泛的内容,为其后的历法建立了体系格局。但也不必盲目吹捧而无视缺陷,将它说成是"中国特色的天文历法的'楷模'",并"为以后的 100 多种天文历法提供'样板'"[③]。刘操南对《太初历》的基本数据就有过一番很中肯的评介:

> 就太初历所采的岁实、朔策的数据而论,除三统历沿袭于太初历的数据外,在中国历法史上 102 种历法中是没有一历采用这样疏阔的岁实朔策的数据的。这和传统的六历相提并论,也是一种倒退的现象。[④]

根据《法言》和《益部耆旧传》等史籍的记载,落下闳有过"营浑天"和"于地中转浑天"的事迹,有的学者据此认为浑仪为落下闳所研制,而"浑天

---

① 根据现代天文学的精密测算,1 朔望月 = 29.530 59 日,1 回归年 = 365.242 198 79 天。《颛顼历》的日分为 940,朔望月为 $29\frac{499}{940}=29.530\ 851\ 1$ 日,回归年为 $365\frac{1}{4}=365.25$ 天,都比《太初历》要精确。
② 吕子方.中国科学技术史论文集(上册)[C].成都:四川人民出版社,1984:238.
③ 查有梁.世界杰出天文学家落下闳(修订版)[M].成都:四川辞书出版社,2009:3.
④ 刘操南.古代天文历法释证[M].杭州:浙江大学出版社,2009:78.

说"亦为落下闳所开创。① 刘尧汉等人的《彝族天文学史》特设专章《巴人历法家落下闳》,认为落下闳是賨人,其所传天文历法之学为古氏羌所世传之学,甚至还认为浑仪是由落下闳从民间带入宫廷的。②

如果能对历史加以稍微深入的研究,揆诸史实,验之于人情,就不会做出这种天真意象的结论。众所周知,古代中国以农业立国,农业与天象历日的关系至为密切。从观象授时(远古以至殷商)到推步制历(西周以后),有一个漫长的演进过程。即以推步制历来说,也是从最初的颁朔即四时八节朔闰历日向中朔、发敛、日躔、月离、晷漏、日月食和五星运动等内容逐步发展。就观测仪器来说,由早期单一的"表"(八尺标杆)到后来的"圭表"(标杆立在有刻度的石座之上),再到比较精准的漏刻,再到浑仪的创制,都有一个发生发展的过程。《隋书·天文志》引王蕃云:"浑天仪者,羲、和之旧器,积代相传,谓之玑衡。"又云:"古旧浑象,以二分为一度,周七尺三寸半,而莫知何代所造。"③王蕃的这个说法还是比较客观谨慎的。扬雄《法言》提到的落下闳、鲜于妄人和耿寿昌,或营之、或度之、或象之,都在浑仪的制造、使用和改进等方面有所贡献,一直到张衡发明水动浑天仪、贾逵给浑仪增加黄道等等,才有了比较完备的浑天仪。吕子方虽然坚信浑仪最早为落下闳所造,但他同时也认为:

> 我国古代对测天的一套东西,历来重视。在落下闳以前,是否有浑天象无可稽考。我认为一个东西的创造发明,绝不是孤立的。总有它的渊源。落下闳接受了古代流传下来的天文知识及未成套的仪器,经过他一番精心研究,使之成龙配套,成为一套完整的仪器,这也是完全可能的。④

① 查有梁.世界杰出天文学家落下闳(修订版)[M].成都:四川辞书出版社,2009:12-24.
② 庞光华.论落下闳与浑天说[J].五邑大学学报,2014,(1).
③ 魏徵等.隋书[M].北京:中华书局,1973:516.
④ 吕子方.中国科学技术史论文集(上册)[C].成都:四川人民出版社,1984:211.

虽然也是推测,但合乎情理,比较可信。至于浑仪与浑象是不是两套仪器,落下闳是不是巴寶后裔等问题,我们别作讨论,此不辞费。

至于"浑天说"理论,至少在战国时期就已出现了。从老子的"有物混成"①到庄子的"天其运乎？地其处乎"②,从屈原的"圜则九重,孰营度之"③到《吕氏春秋》的"天地车轮,终则复始"④,都含有"浑天"的思想萌芽。慎到说:"天形如弹丸,半覆地上,半隐地下,其势斜倚。"⑤惠施曾说:"我知天下之中央,燕之北、越之南是也。"⑥"燕之北、越之南"就是地之两极。惠施还有"天与地卑"之说,也即天地俱为圆球,附丽于天球内壁的星辰,每天周而复始地运转,有一半时间转到地平线以下,这时候就不是"天尊地卑"了,而是"天与地卑"。⑦ 所以,有学者主张惠施是浑天说思想的先驱。⑧ 至西汉前期成书的《淮南子》一书,在浑天说的学理方面,"已建立了一套初步的,但却比较完整、系统的理论"⑨。

所以,根据现有史料,我们只能说落下闳继承发展了浑天说理论,并付诸实践,制造浑仪来观测天文,似乎不必上升到"落下闳研制了浑天仪与浑天象,开创'浑天说',制订《太初历》,构建了中国古代关天'宇宙图象'的'代数结构'"⑩这样的高度。

因为天文学家本身就是数学家,不晓算学就不足以与闻天文学。这是

① 冯达甫.老子译注[M].上海：上海古籍出版社,1991：58.
② 郭庆藩.庄子集释[M].北京：中华书局,1961：493.
③ 洪兴祖.楚辞补注[M].北京：中华书局,1983：86.
④ 陈奇猷.吕氏春秋校释[M].上海：学林出版社,1984：255.
⑤《慎子·外篇》,[明]慎懋赏辑校本,[清]缪荃孙"藕香簃"写刻本,四部丛刊初编影印本.慎懋赏辑本中的这句话及相关文字,不见于《慎子》一书的其他辑本,如"四库"本和"守山阁"本等,故有学者疑其为伪托,详参：陈兴伟.慎到浑天说真伪考[J].文献,1996,(2).
⑥ 郭庆藩.庄子集释[M].北京：中华书局,1961：1102.
⑦ 郑文光.试论浑天说[A]//《中国天文学史文集》编辑组.中国天文学史文集[C].北京：科学出版社,1978：127.
⑧ 郑文光,席泽宗.中国历史上的宇宙理论[M].北京：人民出版社,1975：67.
⑨ 吕子方.中国科学技术史论文集(上册)[C].成都：四川人民出版社,1983：211.
⑩ 查有梁.世界杰出天文学家落下闳(修订版)[M].成都：四川辞书出版社,2009：24.

因为最初的天文学,其实只是历学,"它研究观象授时的方法,即所谓编制历法;而编制历法,不仅需要实地观测,更需要借助于数学,进行大量计算,因而天文学与数学自诞生以来,就有着密切联系"①。《汉书·艺文志》在划分当时的知识体系时,将天文与历算作为数术的主要内容而加以归纳,其中"历谱类"就包括《律历数法》《许商算术》和《杜忠算术》等算学著作。现在有些研究者为了表彰落下闳的历史贡献,从天文学家落下闳那里,又分出数学家落下闳、科学家落下闳、历算家落下闳以及气象学家落下闳,将一位浑然一体、元气充沛的"浑沌"非得"日凿一窍"②,以致瓜剖豆分,支离破碎。

有的学者为了突出所谓落下闳的数学成就,竟说落下闳发明了"连分数"即辗转相除求渐进分数的方法,定名"通其率",现代学者称之为"落下闳算法"。而且这个"落下闳算法","比采用类似方法的印度数学家爱雅哈塔早 600 年,比提出连分数理论的意大利数学家朋柏里早 1 600 年,它影响中国天文数学 2 000 年"③。

实际上,中国自先秦至汉初,尚无"连分数"的思想产生。这一时期的算数成就,集中体现在《周髀算经》《九章算术》等书之中,当时用以推算日月行度的主要方法是利用表、圭测量和勾股计算之法。《晋书》载虞喜之说曰:"用勾股重差,推晷影极游,以为远近之数,皆得于表股者也。"④早于《太初历》的《颛顼历》,其日分、朔策和岁实等基本数据,都比《太初历》更为精准,所用的测量推算方法也无非是表、圭和周髀之法。至于落下闳"运算转历"的方法,主要是与音律的结合,取黄钟律管的长度 9 寸,和它的围 9 分相乘,得日法 81,将其附会于黄钟之律,取悦于"受命于天"之意。不但与严密的"连分数"计算方法无涉,反而是以牺牲天文历法的准确推算为代价的。

---

① 陈遵妫.中国天文学史(第一册)[M].上海:上海人民出版社,1980:102.
② 郭庆藩.庄子集释[M].北京:中华书局,1961:309.
③ 查有梁.世界杰出天文学家落下闳(修订版)[M].成都:四川辞书出版社,2009:12-46.
④ 房玄龄等.晋书[M].北京:中华书局,1974:279.

至于连分数,美国人奥尔德斯(C. D. Olds)在其《连分数》一书早已指出:

> 连分数思想的最早线索是不甚了然的,因为许多古代的数学结果只是对这种分数的一种启发,当时并不存在这一课题的系统发展。……欧几里得算法在本质上就是把一个分数化为连分数的方法。这或许是连分数的概念发展的最早的(公元 300 年前)重要一步。连分数的文献出现在印度数学家阿利亚伯哈塔(Aryabhata)的著作中,他大约死于公元 550 年。他的著作中包含了最早用连分数去求线性不定方程的一般解的一个尝试,连分数的一般概念的进一步线索是偶然地在阿拉伯和希腊的著作中发现的。大多数权威认为连分数的近代理论开始于 R. 蓬贝利(Rafael Bombelli,生于 1530 年),……他的关于代数方面的论文(1572)包括一章平方根。……欧拉(Euler, 1707—1783)的重要论文《连分数》(De Fractionibus Continius)(1737)为连分数的现代理论奠定了基础。[①]

总之,《太初历》既不是落下闳一人所独立完成,浑天仪也很难说是由落下闳所研制,"浑天说"更不是落下闳所开创。至于落下闳发明"通其率"算法(连分数),以及包括浑天说、二十四节气和二十八宿在内的所谓"落下闳系统"[②],更是一厢情愿的臆想,与史籍无征,与史实不侔,与实事求是的史学精神相悖。

至于将落下闳称之为"中国天文历算的奠基人"[③],又岂止是与史无征、与史相悖!我国天文历法发展至西汉太初年间时,已积累了极为丰富的观测经验和推步法术,达到了相对比较先进的地步,回归年、朔望月、闰周等数

---

① [美]C.D.奥尔德斯著,张顺燕译.连分数[M].北京:北京大学出版社,1985:30-32.
② 查有梁.世界杰出天文学家落下闳(修订版)[M].成都:四川辞书出版社,2009:32.
③ 查有梁.世界杰出天文学家落下闳(修订版)[M].成都:四川辞书出版社,2009:25-46.

据都达到了相当精准的程度,二十四节气、二十八宿以及五星位置等天体物候的测量,已渐成系统。所有这些,都是太初改历的基础基石和出发点。若是等到落下闳出现才奠定我国天文历算的基础,哪数千年的古人岂不是一直生活在漫漫长夜之中? 中国的五千年文明又将从何写起?

(三) 其他有关重要史实

在现有的落下闳研究者之中,吕子方之后,查有梁一直以来高调宣扬落下闳诸多方面贡献,有许多过誉之辞,也虚构了落下闳的诸多发明创造。最近他又发文称:

> 落下闳使用自创的"赤道式浑仪"实际测定了二十八宿的"赤经差",在"浑天说"的基础上,将"二十四节气"完整纳入历法系统;经过大量计算,落下闳还第一次提出交食周期,以 135 个月为"朔望之会",即认为 11 年应发生 23 次日食,这也是应用统计方法的新发现。[1]

根据现有史料,我国古代对于二十八宿赤道宿度的测量至迟可以追溯到公元前 6 世纪初。[2] 据《史记》所载,古之传天数者,高辛之前有重、黎;唐虞之世有羲、和;夏代有昆吾;殷商则为巫咸;西周时有史佚、苌弘;春秋战国时则有宋国的子韦、郑国的裨灶、齐国的甘公、楚国的唐昧、赵国的尹皋和魏国的石申。[3] 甘公名德,著有《天文星占》八卷,石申又作石申甫,著有《天文》八卷,均被告后世尊为"星经",部分内容保存在唐人瞿昙悉达的《开元占经》之中。《石氏星经》中就载有二十八宿距星的距度、去极度和其他 115 颗恒星的入宿度和去极度,是后世天体测量的基础,"又是从战国到秦汉时期天文历法发展的一个重要基础"[4]。落下闳等《太初历》的编制者采

---

① 查有梁."通天彻地"落下闳[N].光明日报,2018 - 02 - 25(7).

② 潘鼐.中国恒星观测史[M].北京: 学林出版社,1989: 38.

③ 司马迁.史记[M].北京: 中华书局,1959: 1343.

④ 陈遵妫.中国天文学史(第一册)[M].上海: 上海人民出版社,1980: 214.

用了石氏所测的二十八宿赤道宿度坐标系统,并由刘歆记录在《三统历》之中,长期为历家所用,直到唐代才由僧一行重新测定,历史上并不存在由落下闳测定的二十八宿"赤经差"。

二十四节气是中国历法的独创,是中国历法具有"阴阳合历"特征的最根本因素。它是中历确定月名、月序和置闰的依据,也是农事活动的主要依据。节气由太阳的运行位置决定,反映着太阳的视运动,它是在四时八节的基础上发展完善而成的。殷周之交已分四时,春秋时代已有分至启闭八节,战国时期已出现一个回归年度十二月太阳所在赤道宿度的完整记录(《石氏星经》),至《淮南子》一书告成(前139),则有二十四节气的完整记录,与现今通的名称及次序完全相同。①

《太初历》的制定者采二十四节气以入历法,将一回归年平分为二十四气,②每一气长为 $15\dfrac{1\,010}{4\,617}$。规定从冬至起算,凡奇数次者谓之中气,如大寒、雨水等;凡偶数次者谓之节气,如小寒、立春等。这样,就实现了中气一周(谓之一岁)与朔望十二周(谓之一年)的协调统一,是历法史上的一大突破。这一突破性进展,应该是古人集体智慧的结晶,很难说是某一个人的发明创造。

历法疏密,验在交食。"历代历家莫不潜心研究这个历法推步中最困难的问题,企使交食合天。"③根据刘歆《三统历》的记载,《太初历》定135月为朔望之会,即月食周期:在135个朔望月之内,会发生23次月食,平均间隔为 $5\dfrac{20}{23}$ 个朔望月。47个朔望之会为会月(135×47 = 6 345),合513年,谓之

---

① 刘文典.淮南鸿烈集解[M].北京:中华书局,1989:98 - 102.
② 刘歆《三统历》所载二十四节气的次序与《淮南子》所载略有不同,《三统历》以惊蛰为正月中,雨水为二月节,谷雨为三月节,清明为三月中。这个次序与《礼记·月令》所载同。
③ 张培瑜,陈美东,薄树人,胡铁珠.中国古代历法[M].北京:中国科学技术出版社,2013:555.

会岁。经过一轮会月或会岁，交食复从朔旦冬至起算。这是根据实测并加以推算而确定的，并不是某一个人的发明成果。《史记·天官书》就有月食周期的记载："凡百一十三月而复始"①，不过这个周期数字有错讹。

《太初历》以太初元年前十一月甲子朔旦冬至为历元，并不是十分理想的月食周期起算点。根据现代学者的研究，用它推算前104年到前18年之间的月食，竟无一例正确，在其后的几十年中，只能报出10%~20%，直到四分历行用的东汉元和、章和年间，也仅能报准约1/3的月食。② 交食的推算与预报，一直在不断探索完善之中，直到元世祖至元十八年（1281），由许衡、王恂、郭守敬等人编撰的《授时历》颁行天下，中国人对于交食周期的测量、推步和预报，才达到了自西历传入之前的最高水平，"上考下求若应准绳"，"自《三统》以来，为术者七十余家莫之伦比也"③。

另外，《三统历》中所载交食周期及其推步法术，仅指月食，并未推及日食。日月合璧在望就发生月食，在朔就发生日食，能够发现月食周期，也应能发现日食周期。我国古代关于日食的推步，是从东汉人刘洪（约129—210）编制《乾象历》开始的。④

有人说落下闳"深知'春节'在民间的重要性"，于是将他和春节联系了起来，而春节"在中国人民的生活中是最重要的节日，是'中华民族第一大节'"，"落下闳也被称为'春节老人'"⑤。我们无从知道这种说法的凭依和理据，只能理解为一厢情愿式的美好情感，因为这既无历史记载，更无踪迹

① 司马迁.史记[M].北京：中华书局，1959：1332.
② 张培瑜，陈美东，薄树人，胡铁珠.中国古代历法[M].北京：中国科学技术出版社，2013：337.
③ 阮元.畴人传（卷二十五：郭守敬）[M]//阮亨辑.文选楼丛书.扬州：广陵书社，2011.
④ 《晋书·律历志中》载魏文帝时徐岳之议曰："效历之要，要在日蚀。熹平之际，时（刘）洪为郎，欲改《四分》，先上验日食：日食在晏，加时在辰；食从下上，三分侵二。事御之后如洪言，海内识真，莫不闻见。刘歆以来，未有洪比。"（房玄龄等.晋书[M].北京：中华书局，1974：498.）
⑤ 查有梁."通天彻地"落下闳[N].光明日报，2018-02-25（7）.

可考。中国人过春节的习俗起于何时,目前还无确考。至少在唐以前,元旦(即正月朔旦)还不是一年中最为重要的节庆。"三代不同礼而王,五伯不同法而霸"①,正朔不同,正月互差,夏建寅,殷建丑,周建子,岁首各不相同。秦并天下,"改年始,朝贺皆自十月朔"②。汉初承秦之正朔,仍以十月为岁首,九月(或后九月)是岁计大考之月,各种朝会大典也要在这时举行。

相较于贺新庆元之举,古人更重视每年的岁终之祭,所谓蜡、腊之祭。《礼记》有"天子大蜡八"之祭,主祭与农事有关的"八神",如神农氏、后稷、田神、畍神、堤防神、沟渠神以及捕鼠的猫和食野猪的虎。伊耆氏《蜡辞》:"土反其宅,水归其壑,昆虫勿作,草木归其泽。"就是蜡祭典礼上的祝辞。此犹晋人所谓"岁事告成,八蜡报勤,告成伊何,年丰物阜"一样,都是告蜡之辞。

上古还有腊祭,属于家族祭祖行为,也在岁终。《太平御览》所引《玉烛宝典》说:"腊者祭先祖,蜡者报百神,同日异祭也。"大致在秦汉之际,蜡、腊合一,统称为"腊"。周代以十月为岁终,故腊日在孟冬。太初改历之后,以十二月为岁终,腊日就改在十二月,并将此月惯称为腊月,一直沿袭至今。

蜡(腊)日的具体时间在冬至后的第三个戌日,既是一年之中的重大祭祀活动,也是隆重的节日。《礼记》记载,腊日"一国之人皆若狂",东汉蔡邕《独断》说:"腊(蜡)者,岁终大祭,纵吏民宴欢。"西晋裴秀的《大蜡》诗更是描写了蜡节之盛:"有肉如丘,有酒如泉,有肴如林,有货如山,率土同欢,和气来臻。"近代以来西域出土的魏晋简牍及残纸文书中,发现多件写有"贺大蜡"或与蜡节有关的内容,可见魏晋时期"贺蜡"风气之盛。③

从天文与历法来看,古人认为冬至乃一岁之始。"岁始或冬至日,

① 司马迁.史记[M].北京:中华书局,1959:2229.
② 司马迁.史记[M].北京:中华书局,1959:237.
③ 刘涛.字里书外[M].北京:生活·读书·新知三联书店,2017:45-51.

产气始萌"①,"历始冬至"②,冬至是太阳历中一个非常重要的时间节点。一日之晨谓之旦,一月之首谓之朔,一年肇始谓之元,岁起于冬至,四时始于立春。"岁"的天文历法意义远甚于"年",对冬至的重视程度也远在元旦之上,如果朔旦与冬至齐同,则意味着月首与岁首天文弥合的开端,象征着"天地易纪,日月更始"③,需要十九年才得一遇,被赋予强烈的"初始更新"之义。在四分历中将这个周期称之为"章"④,经过四章,不仅朔旦与冬至重逢于同一日,还相会于同一时刻,这个周期就谓之"蔀"。蔀者,簿也,即簿牒、簿历之谓。四分历的"统法""元法"等基本法数,都与这个最基本的"章岁"攸关。一统之年1 539(19×81),此时冬至与合朔再次相会于同一日之夜半时分。一元之年4 617(1 539×3),冬至与合朔再次相会于同一甲子日的夜半时分。如果没有对冬至合朔时刻的精确观测和周密计算,这一切都无从说起。《太初历》以太初元年前十一月甲子朔旦冬至为历元,此后的历法大都遵其旧制,以冬至为"天历"的开端,要举行颁历仪式及朝会大典。

总之,在唐以前,腊(蜡)节和冬至都是比元旦隆重的节庆。大致宋明以降,元旦(也即春节)才逐渐取代腊节和冬至,成为一年中最重要的节庆。明清时期,元旦期间(自腊月二十至正月二十)官府封印闭户,皇帝要在紫禁城举行百官朝贺大典,民间也要迎神敬神,洁祀祖祢,进行各种庆祝活动。冬至由重要的节庆也变成一个只具有时令性质的节气了。

四、落下闳研究仍有可为

如上所述,由于史料缺乏,落下闳研究显得先天不足,也导致部分研究

① 司马迁.史记[M].北京:中华书局,1959:1340.
② 范晔.后汉书[M].北京:中华书局,1965:3057.
③ 崔篆.易林[M]//续修四库全书术数类丛书影印本.上海:上海古籍出版社,2006:353.
④ 许慎《说文解字》卷三"音部":"章,乐竟为一章。从音从十。十,数之终也。"(中华书局缩印清陈昌治刻本,1963年)

者"离经辨志",背离基本史实敷陈新说,提出诸多有违历史及情理的悬空臆想,使落下闳研究显得简单、抽象甚至概念化,既不深入也不丰富,而且有庸俗化的倾向。

那么,落下闳研究是不是就"无能为也已"? 在现有史料和已有研究成果的基础上,我们能不能就相关问题展开进一步研究,脚踏实地,客观地分析史料,深入地研究相关问题,使落下闳研究达到一个新的高度并使相关问题丰富充实起来呢?

个人识为,至少在以下几个方面还有进一步探求研讨的余地:

(一) 太初改历及《太初历》

没有太初改历及《太初历》,就不会出现落下闳这位历史人物。《太初历》是研究落下闳的切入点和落脚点,犹如毛必附皮、皮不离肉一样。离开《太初历》而侈谈落下闳的生平与贡献,就好比缘木求鱼、井中求火一样,是舍本而逐末,买椟而还珠。

从科技史与历法推步等角度对《太初历》的研究,已经非常深入。然而对于太初改历的历史背景以及起因经过的研究,目前还比较薄弱。汉武帝是继秦始皇之后中国历史上又一位雄才大略的封建帝王,他对儒术的推崇影响深远,然而他又笃信阴阳方术,大搞封禅祭天、天祚符瑞等"受命于天"的靡费活动,问计于灵龟蓍占,"尤敬鬼神之祀"[1],"事事刻意讲求阴阳数术以树立其神圣权威"[2]。他在位五十四年,不但创立了帝王以年号纪年的制度,而且频繁变更年号,多至十余个,[3]每一年号无不寄寓着除旧布新、延年益寿的美好愿望。不仅希求他本人万寿无疆,生命长驻,同时还企望国祚永

---

① 司马迁.史记[M].北京:中华书局,1959:1384.

② 辛德勇.建元与改元——西汉新莽年号研究[M].北京:中华书局,2013:16.

③ 汉武帝行用年号,依次有建元、元光、元朔、元狩、元鼎、元封、太初、天汉、太始、征和(延和)十个,征和四年(前89)之后,未建年号,史家谓之"后元"。

续,皇图永固,亿万斯年。①

太初改历是太初改制的一部分。到汉武帝元封年间(前 110—前 105),汉朝立国已近百年,而武帝在位也已经三十多年,"海内艾安,府库充实"②。汉武帝再也不能安于奉秦之正朔而行秦之制度了,于是他要创立"汉家制度",包括"正历,以正月为岁首,色尚黄,数用五,定官名,协音律"③等一系列重大举措。这些举措大都施行于元封七年(即太初元年)夏五月,因为新历初定,所以颁历的同时进行改元;因为"元益以天瑞命"④,太初元年前十一月冬至朔旦齐同,被确定为新历的历元,又由此上溯 143 127 年得太初上元,上溯 2 626 560 年得太极上元,作为推算历日最初始的起算点,⑤"五星如连珠,日月若合璧"⑥,故谓之"太初";因为改元为太初——太初者,气之始也,⑦故定汉历名曰《太初历》。

《太初历》是汉代第一部完整而成文的历法。改历的原因,客观上来讲,是因为此前行用的秦《颛顼历》到这时已出现"朔晦月见,弦望满亏,多非是"⑧的历面后天现象,公孙卿、壶遂、司马迁等人指出:"历纪坏废,宜改正朔"⑨。于是汉武帝下诏由兒宽与博士赐等人共同商议,以为宜用夏正,由卿、遂、迁等人议造汉历。

从主观方面来讲,当时社会上盛行"受命于天""圣王改制"的思想,恰与汉武帝"兴造功业""比德三王"的宏大构想正相契合。《史记》说:"王者

---

① 辛德勇.建元与改元——西汉新莽年号研究[M].北京：中华书局,2013：6.
② 班固.汉书[M].北京：中华书局,1962：668.
③ 班固.汉书[M].北京：中华书局,1962：199.
④ 司马迁.史记[M].北京：中华书局,1959：460.
⑤ 班固.汉书[M].北京：中华书局,1962：985.
⑥ 范晔.后汉书[M].北京：中华书局,1965：3214.
⑦ 安居香山,中村璋八辑.纬书集成(上册)[M].石家庄：河北人民出版社,1994：11.
⑧ 班固.汉书[M].北京：中华书局,1962：974-975.
⑨ 班固.汉书[M].北京：中华书局,1962：974-975.

易姓受命,必慎始初,改正朔,易服色,推本天元,顺承厥意。"①《白虎通义·三正》引《尚书大传》曰:"王者始起,改正朔,易服色,殊徽号,异器械,别衣服。"②《汉书》也有类似说法:"圣王必正历数,以定三统服色之制。"③可是汉朝自立国以来,"运接燔书,高祖尚武,戏儒简学,虽礼律草创,诗书未遑"(刘勰《文心雕龙·时序》),制度建设,未暇修治,一直袭用嬴秦之典章制度与历法服色。从汉文帝时开始,朝野上下虽然屡次酝酿改革,却始终未能真正付诸实施。汉武帝将改历作为"太初改制"这一重大制度建设的重要组成部分,是因为"改正朔,若云天时之改也"④。司马迁在《孝武本纪》中将"太初改历"作为武帝一朝的治国大政而加以记述,在《太史公自序》中又复言"天历始改,建于明堂,诸神受纪"⑤,并概括"今上"的主要历史功绩即是:"汉兴五世,隆在建元,外攘夷狄,内修法度,封禅,改正朔,易服色。"⑥足见这次改历的重大意义及深远影响。

伴随着新历的颁行,汉武帝对当时行用的整个纪年体系及"宗庙百官之仪"都做了一系列重大改革,"以为典常,垂之于后云"⑦。这一系列制度改革相互之间是密切关联的。即以改元与改历而论,两者都用于纪年记事,但侧重点有所不同。年号重在彰显"与民更始",而历法更属意于"为万世法"。汉武帝在"太初"之前所用年号,全是事后追改,六年一元,共六元,"太初"之后则正式启用年号纪年,四年一改,整饬有序。自太初改制之后,以年号纪年和以正月为岁首,作为二千多年来帝制王朝的成例,承用不替,

① 司马迁.史记[M].北京:中华书局,1959:1256.
② 陈立.白虎通疏证[M].北京:中华书局,1994:360.
③ 班固.汉书[M].北京:中华书局,1962:1767.
④ 凌曙.春秋公羊礼疏[M].上海:商务印书馆,1937:178.
⑤ 司马迁.史记[M].北京:中华书局,1959:3296.
⑥ 司马迁.史记[M].北京:中华书局,1959:3303.
⑦ 司马迁.史记[M].北京:中华书局,1959:1161.

"朝野上下俱便于记载,实为万世不易之良法"①。

太初改历也并非一帆风顺,其间经历诸多曲折,《史记》《汉书》的记载详略不同,又互有牴牾。② 凡此,都需要研究者进一步辨析史料,梳理史实。改历过程中存在着以司马迁为首的"太史派"与以唐都为代表的"方士派"的不同,最终汉武帝舍太史而从方士,采用了一种在历法数据上并不是十分严谨的历法。落下闳"以律起历",开启了音律与历法的结合,神秘玄妙,使本来就不被一般人所了解掌握的天文历法披上了更加神圣玄惑的外衣,成为沟通人神的特异法术,影响深远。刘歆的《三统历》,又将象数易学与天文历法融合,专以易数解历理,将天算、历学和音律、易数杂糅融合,成为后世天文律历的主流,是中国天文历算之学最为显著的特征。

由此看来,目前《太初历》研究的成果虽然很多,成就也高下互见,但总体上仍远远不够,还很够深入,有待进一步深入探讨。

（二）落下闳与太初改历相关人物

太初改历,涉及众多历史人物,如汉武帝、兒宽、公孙卿、壶遂、射姓、司马迁、邓平、唐都、落下闳、淳于陵渠、张寿王、鲜于妄人等等。其中尤以汉武帝、司马迁、邓平、唐都、落下闳等人与《太初历》关系密切,尤需研究者多所措意。唐都是司马谈的老师,③《史记·天官书》又载:"夫自汉之为天数者,星则唐都,气则王朔,占岁则魏鲜。"④不言落下闳。《史记》将太初改历作为武帝一朝重要的文治建设加以记载肯定,然而《历书》篇中所载的历法,并不是"天历始改"的《太初历》,而是名曰《历术甲子篇》的一种古四分历。作为世掌天文历算的太史公,司马迁如此取舍,用意何在呢? 值得治史者探赜

---

① 赵翼著,王树民校证.廿二史札记校证[M].北京:中华书局,1984:38.
② 张存良.略说《太初历》及其历史影响——兼谈落下闳其人其事[J].西华师范大学学报,2018,(6).
③《史记》卷一三〇《太史公自叙》:"太史公学天官于唐都,受易于杨何,习道论于黄子."
④ 司马迁.史记[M].北京:中华书局,1959:1349.

索隐。

与司马迁一同"议造汉历"的公孙卿、壶遂、大典星射姓等人之中,公孙卿就是一位来自齐地的狡诈多谋的方士。因言宝鼎成仙登天事,得幸汉武帝,发出"吾诚得如黄帝,吾视去妻子如脱躧耳"①的慨叹,遂拜为郎,"东使候神于太室"。其后以所谓"仙人迹"蒙骗诱导武帝,大肆鼓噪祷祠、求仙、封禅等"问诸鬼神"的活动,影响所及,"齐人之上疏言神怪奇方者以万数,然无验者"②。武帝执迷不悟,数十年间,被公孙卿、丁公等方士瞒哄欺骗,牵鼻钩魂,幸缑氏,巡海上,"与方士传车及间使求仙人以千数"③,"复遣方士求神怪采芝药以千数"④,又兴建通天台,靡费无算,而公孙卿竟以其媚惑之道官拜太中大夫。

《史记》的《孝武本纪》所记,几乎全是汉武帝求神问鬼之事,足见当时方士之宠及方术之盛。落下闳以方士应征,而最终却"拜侍中不受",真的是因为他"淡薄名利"而"辞官隐居"⑤吗?持此论者,显然对汉代的方士缺乏应有的了解。落下闳既然能"以律起历",为了迎合上意,不惜牺牲历法的精准,足以见出他的方士本色。方士与隐士决然两途,泾渭自相分明,不能混同而论。落下闳的辞官不受,或许别有一番隐情,需要治史者探隐抉幽,烛照原委。

又,《益部耆旧传》记载,落下闳进京议造汉历,缘于其同乡友人谯隆的举荐。这位谯隆,武帝时曾任上林令,"武帝欲广上林苑,隆言:'尧舜至治,广德不务林苑。'帝初不悦,后思其言,征为侍中"⑥。这位上林令与举荐司

① 司马迁.史记[M].北京:中华书局,1959:468.
② 司马迁.史记[M].北京:中华书局,1959:474.
③ 司马迁.史记[M].北京:中华书局,1959:475.
④ 司马迁.史记[M].北京:中华书局,1959:477.
⑤ 查有梁.世界杰出天文学家落下闳(修订版)[M].成都:四川辞书出版社,2009:3.
⑥ 《太平御览》卷一百七十三《居处部一·宫》引《汉书·郡国志》,又见同书卷二百一十九《职官部十七·侍中》引《华阳国志》,文字略有出入(嘉庆十七年歙县鲍崇城校刻本)。

马相如的狗监蜀人杨得意,不但同为巴蜀同乡,而且职司也有交集,他们之间是否有过个人交往呢? 这是有待探讨的问题。落下闳与司马相如这位他的巴蜀前辈之间,是否存在某种内在联系,也需要我们进一步探究。

(三) 古代的天文观测及仪器

根据《史记·天官书》所载,当时的星象观测者已把星空分为五官即五大区,所记星官86个,包括恒星五百多颗,这是现存最早的星表文献。《史记·历书》说:"至今上即位,招致方士唐都,分其天部。"裴骃《集解》云:"谓分部二十八宿为距度。"可见当时有关天文与恒星的观测工作,主要由唐都担任。《史记》中的天文学,是汉初星学权威唐都传承下来的天文之学。[1]

《汉书·五行志》共载太初改历之前日食21次,皆有宿度。如"高帝三年十月甲戌晦,日有食之,在斗二十度",说明二十八宿距度的测定,绝不自太初改历始。根据《吕氏春秋》及《淮南子》等书所载,测量二十八宿距度的工作,至迟也不会晚于战国时代。太初改历,有重新测定的必要,所以落下闳"于地中转浑天"者,目的还是为了测定宿度。

古人观天测地,由表到圭,由日晷到漏刻,由赤道式浑仪到黄道式浑仪,都有一个发展完善的过程。落下闳"营浑仪"或"转浑天",说明他对浑仪的使用的确有过贡献,但是这个贡献要放到整个天文观测的历史进程中去考察,方能从整体上把握古代科技的水平和古人的智慧,避免割裂历史。《太平御览》引桓谭《新论》云:

扬子云好天文,问之于洛下黄闳以浑天之说。闳曰:我少能作其事,但随尺寸法度,殊不晓达其意。其后稍稍益愈,到今七十,乃甫适知已,又老且死矣。今我儿子爱学作之,亦当复年如我,乃晓知已,又且死焉。其言可悲可笑也。[2]

---

[1] 潘鼐.中国恒星观测史[M].上海:学林出版社,1989:73.
[2]《太平御览》卷二"天部二·浑仪"(嘉庆十七年歙县鲍崇城校刻本)。

这段文字又见于《北堂书钞》的"仪饰部",详略有异。桓谭此说颇为不经,扬雄生年上距太初改历五十余年,悬隔较远,问道于落下闳的概率不大。但是这段话又颇具神仙方士本色,说明它并非完全臆造,有一定的事实依据。从中可以看出,落下闳能作浑仪,但是对其原理则"殊不晓达",其后才慢慢有所理解,至七十岁时才通晓其意。虽然颇类小说家言,但又非常生活化,很具体,可以为"落下闳研制浑仪"说者提供借鉴。

当然,历史由落下闳来营、转浑仪,并不是一种简单的历史巧合,应该有它的合理因素。这需要从落下闳的家庭出身、成长环境等方面去考察,这将是落下闳研究者的又一艰巨任务。

(四)秦汉时的天文与算学

古代天文学与算学都源于农牧业生产的需要。观象授时阶段的天文学,主要的目的还在于编制历法,不仅需要观测,还需要大量计算。天文学离不开算学,算学而因为天文学得到发展提高。现存最早的算学著作《周髀算经》,既是一部算学著作,又是一部讨论天文测量和历法运算的著作。

《九章算书》是秦汉时期又一部非常重要的算学著作,诸多天文历算家都对其进行过研究注解,如张苍、耿寿昌、许商、杜忠,以至刘歆、张衡等等。近年来出土的张家山汉简《算术书》,被认为成书于西汉早期,比《九章算书》的时代还要早一些,是研究秦汉算学的重要文献。

上举秦汉时期算学著作,均未提及"通其率"及连分数,而且自来算学史著作,均未道及落下闳其人。《太初历》的天文历法数据,究竟是运用什么数学方法计算出来的,还有待我们对秦汉算学的深入了解,方能烛照源流,洞见真妄。

(五)二十四节气及时令节庆

从日、夜到四时,从四时到八节,从八节到二十四气,再到七十二候;从朔、晦到弦、望,从朏、魄到才生霸、既生霸,再到才死霸、既死霸,等等,反映了人们对太阳和月亮视运动观察的逐步深入与准确。从立春到立春,物候为之再现;从元旦到元旦,一年为之更新;从冬至到冬至,一岁为之更始。凡此等等,都是人们长期观察积累与总结分析的结果,既是人们认识自然的进化史,也凝结着祭祀庆祝等风俗习惯。

整理研究古人观测天文宇宙的认识史,既是科技史的重要内容,同是也是民俗研究的重要内容。科技史方面的研究已经非常成熟,然而民俗史的研究则相对薄弱,以至于人们对春节的历史演变都显得模糊不清。落下闳研究离不开民俗研究,这方面还有许多工作需要深入研究,而不是简单的重复。

五、结语

落下闳研究,首先要辨析史料。史料有先后之分,也有直接间接之别,更有真伪之辨。在此基础上,有几分史料,说几分话,不能脱离基本史料而缪悠遐想,切忌违背史实而兴造新说,避免那种简单化、平面化、概念化和抽象性的研究:表面上看起来似乎是在肯定赞扬历史人物,实际上却走向了扁平化和庸俗化,使立体多元的历史和丰富多彩的历史人物,变成了抽象的概念、空洞的教条和乏味的言说。

孔子说:"夏礼,吾能言之,杞不足征也;殷礼,吾能言之,宋不足征也。文献不足故也。足,则吾能征之矣。"[1]为我们树立了宁缺毋滥的典范。司马迁在撰写《史记》的过程中,也每每遇到史料不足的困境,"学者多称五帝,尚矣。然《尚书》独载尧以来,而百家言黄帝,其文不雅驯,荐(缙)绅先生难言之。……书缺有间矣,其轶乃时时见于他说。非好学深思,心知其意,固难为浅见寡闻道也"[2],可见史料辨析之难。

---

① 程树德撰,程俊英、蒋见元点校.论语集解[M].北京:中华书局,1990:160.
② 司马迁.史记[M].北京:中华书局,1959:46.

在历史的真实与合理的想象之间

在辨析史料的基础上,落下闳研究要以《太初历》的研究为切入点和落脚点,是重中之重。没有太初改历就不会有落下闳这个历史人物,太初改历是太初改制的重要组成部分。我们要从太初改制入手,揭橥太初改历的社会历史背景,揭示改历的曲折复杂过程,同时要深入研究秦汉天文历法,分析秦汉时期的方士与方术,联系改历过程中出现的众多历史人物,对太初改历这一重大历史事件进行全方位、立体式的研究,这样才能丰富落下闳研究,才能促进落下闳研究。

落下闳研究,一方面要避免那种无米之炊式的凭虚臆造和概念化的虚辞溢美,另一方面,前路依然柳暗花明,仍然有为可作,当然也依旧任重道远。

曲 端 年 谱

曹芳红①

摘　要：曲端(1091—1131)为宋代镇戎军(今宁夏固原)人,与德顺军(今宁夏隆德县)吴玠、吴璘兄弟都为宋代西北著名将领。因史书对曲端的记述重后期略前期,故学界对其未有全面的了解。目前对曲端的研究主要以曲端的军事才能和冤死原因为主。曲端在高宗建炎初年,任泾原路经略司统制官,屯兵泾州,多次击败金兵。建炎二年,任延安府知府。后迁康州防御使、泾原路经略安抚使,拜威武大将军,统率西军。后因布阵问题,与张浚争执,被贬为团练副使。富平之战,宋军失利,张浚接受吴玠密谋,以谋反的罪名将曲端交由康随审问。绍兴元年,因酷刑死于恭州,年仅四十一岁。后追复曲端宣州观察使,谥号壮愍。本年谱旨在搜集、梳理、考证相关史料,对曲端事迹进行系统编年,理清其生平行事与生活的时代大背景,还原固原历史文化名人曲端短暂、传奇而悲壮的一生。

关键词：曲端　年谱　生平事迹

曲端(1091—1131),字正甫(又作平甫),镇戎军(今宁夏固原)人。他

---

① 曹芳红(1990—　),女,宁夏彭阳人,红寺堡区第四中学教师。

"警敏知书,善属文,长于兵略"①,在与敌人的角逐中屡建奇功,逐步成长为一名为百姓所爱戴、敬仰的著名将领。他同另一抗金将领吴阶被当地陕西人称赞为:"有文有武是曲大,有谋有勇是吴大。"②

曲端在南宋的爱国将领中,可以称得上文武全才。他曾在四川作诗曰:"破碎山河不足论,几时重到渭南村;一声长啸风波里,多少人归未断魂。"③他的才华主要表现在军事方面。其一是他善于训练军队。曲端对军队纪律要求极为严格,"所过人供粮秸,道不拾遗"④。深受陕西地区百姓的爱戴。他所带领的军队在与金军的屡次角逐中打过不少胜仗,其中以彭原店之战最为著名。曲端的军队能在战败的情况下,依然迅速主动归队。如富平之战中"泾原军马,既却退之后,先自聚集"⑤。其二是曲端"长于兵略"⑥。他能根据敌我双方的具体情况,推断出战争的胜利与否,如他对"富平之战"的预估。

曲端在南宋可以称得上是一位举足轻重的人物,但是关于曲端的详细记载却少之又少。北宋时期曲端的记载在《宋史》中只是略有提及,描述大多是南宋时期的事迹,而曲端在南宋仅仅只生活了四年而已。目前对曲端的研究并不是很多,但还是出现了一些具有学术价值的研究成果,其中又以研究曲端的军事才能和冤死狱中为主。相对于一位著名的爱国将领来说,没有生平事迹的系统梳理就没有对其军事才能更好地认识与了解。因此,笔者对各类文献资料进行阅读整理的同时,对曲端的生平做一简要的归纳总结。

---

① 脱脱等.宋史[M].北京:中华书局,1977:11489.
② 丁传靖.宋人轶事汇编[M].北京:中华书局,1981:873-875.
③ 周密.齐东野语[M].北京:学苑出版社,1998:155.
④ 王学伊.嘉靖固原州志[M].台北:成文出版社,1970:52.
⑤ 周密.齐东野语[M].北京:学苑出版社,1998:154.
⑥ 脱脱等.宋史[M].北京:中华书局,1977:11489.

本文主要以脱脱等人的《宋史·曲端传》、王学伊的《嘉靖固原州志》以及周密的《齐东野语》为主要研究资料,为其撰写一部较为翔实的年谱,以展现一代抗金名将曲端的生命轨迹和军事成就。

谱　　文

元祐六年(1091),1 岁

《宋史》卷三百六十九《曲端传》:"曲端字正甫,镇戎人。"①

《齐东野语·曲壮闵本末》:"曲端,字平甫,镇戎军人。知书,善属文,作字奇伟。"②

《建炎以来朝野杂记·建炎以来三大战》:"曲端者,本王子尚部曲。"③

按:《宋史·曲端传》记载:"……端干渴求饮,予之酒,九窍流血而死,年四十一。"④《齐东野语·曲壮闵本末》亦云:"……是晚即进械,坐之铁笼,炽火逼之,殊极惨恶。端渴甚,求饮。与之酒,九窍流血而死,年四十一。"⑤可推知,曲端生于公元 1091 年。

元祐七年(1092),2 岁

(时事)"二月丁卯,诏陕西、河东边要进筑守御城砦。九月己酉,永兴军、兰州、镇戎军地震。"⑥

元祐八年(1093),3 岁

曲端袭授三班借职。

《宋史》卷三百六十九《曲端传》:"曲端字正甫,镇戎人。父涣,任左班

---

① 脱脱等.宋史[M].北京:中华书局,1977:11489.
② 周密.齐东野语[M].北京:学苑出版社,1998:153.
③ 李心传.建炎以来朝野杂记[M].北京:中华书局,2000:450.
④ 脱脱等.宋史[M].北京:中华书局,1985:11493.
⑤ 周密.齐东野语[M].北京:学苑出版社,1998:155-156.
⑥ 脱脱等.宋史[M].北京:中华书局,1985:334-335.

殿直,战死。端三岁,授三班借职。"①

吴玠出生。

《宋史·吴玠传》:"吴玠字晋卿,德顺军陇干人。父葬水洛城,因徙焉。"②

绍圣元年(1094),4岁

(时事)"三月壬申朔,日有食之。六月甲戌,苏轼诏谪惠州。是岁,京师疫,洛水溢,太原地震,河北水,发京东粟振之。"③

绍圣二年(1095),5岁

(时事)"二年春正月甲辰,诏国史院赠补先帝御集。丙午立宏词科。"④

绍圣三年(1096),6岁

(时事)"二月丁亥,夏人入寇义合砦。三月癸巳夏人入围塞门砦。八月辛酉,夏人入寇宁顺砦。冬十月壬戌,夏人入寇鄜、延,陷金明砦。"⑤

绍圣四年(1097),7岁

(时事)"四年春正月甲午,泾源路钤辖王文振败夏人于没烟岭。五月壬戌,诏陕西添置蕃落马军十指挥使。六月丁酉,环庆路安疆砦成,诏防托蕃汉官赐帛有差。八月丙戌,鄜延将王愍复宥州。"⑥

张浚出生。

《宋史·张浚传》:"张浚字德还,汉州绵竹人,唐宰相九龄弟九皋之后。父咸,举进士、贤良两科。"⑦

元符元年(1098),8岁

(时事)"元符元年春正月戊申,知兰州王舜臣讨夏人于塞外。筑于平

① 脱脱等.宋史[M].北京:中华书局,1985:11489.
② 脱脱等.宋史[M].北京:中华书局,1985:11408.
③ 脱脱等.宋史[M].北京:中华书局,1985:339-342.
④ 脱脱等.宋史[M].北京:中华书局,1985:342.
⑤ 脱脱等.宋史[M].北京:中华书局,1985:334-345.
⑥ 脱脱等.宋史[M].北京:中华书局,1985:346-348.
⑦ 脱脱等.宋史[M].北京:中华书局,1985:11297.

城。六月丙戌,遣官分诣鄜延、泾源、河东、熙河按验所筑城砦。"①

元符二年(1099),9 岁

(时事)"二月戊子,鄜延钤辖刘安败夏人于神堆。三月丁巳,秦凤经略司言吴名革率部族,挈畜归顺。五月庚戌,筑鄜延路金汤城。六月甲午,赐环庆路之字平日清平关。"②

元符三年(1100),10 岁

(时事)"三年春正月乙卯,帝崩。皇太后谕遗制,立弟端王即为于枢前,皇太后权同处分军国事。"③

"五月癸巳,河北、河东、陕西饥,诏帅臣计度振恤。冬十一月丙申,蔡京出知永兴军,贬章惇为武昌军节度副使。乙卯,升端州为兴庆军。"④

建中靖国元年(1101),11 岁

(时事)"二月己亥,汰秦凤路士兵。甲辰,始听政。是年,辽人来献遗留物。河东地震,京畿蝗,江、淮、两浙、湖南、福建旱。"⑤

张浚四岁。

《宋史·张浚传》:"浚四岁而孤,行直视端,无狂言,识者知为大器。"⑥

崇宁元年(1102),12 岁

(时事)"崇宁元年春正月丁丑,太原等十一郡地震,诏死者家赐钱有差。……是岁,京畿、京东、河北、淮南蝗。江、浙、熙河漳泉潭衡郴州、兴化军旱,辰、沅州傜入寇。"⑦

① 脱脱等.宋史[M].北京:中华书局,1985:349-350.
② 脱脱等.宋史[M].北京:中华书局,1985:351-352.
③ 脱脱等.宋史[M].北京:中华书局,1985:354.
④ 脱脱等.宋史[M].北京:中华书局,1985:359-360.
⑤ 脱脱等.宋史[M].北京:中华书局,1985:361,363.
⑥ 脱脱等.宋史[M].北京:中华书局,1985:11297.
⑦ 脱脱等.宋史[M].北京:中华书局,1985:363,366.

崇宁二年(1103)13 岁

吴玠十岁。

《宋史·吴玠传》:"少沉毅有志节,知兵善骑射,读书能通大义。"①

崇宁三年(1104),14 岁

(时事)"夏四月己巳,曲赦陕西。五月戊寅,改定六曹,以士、户、仪、兵、刑、工为序,增其员数,仿唐六典易胥吏之称。冬十月戊午,夏人入泾源,围平夏城,寇镇戎军。"②

崇宁四年(1105),15 岁

(时事)"四年春正月丁酉,秦凤蕃落献邦、潘、叠三州。以内侍童贯为熙河兰湟、秦凤路经略安抚制置使。夏四月己丑,夏人入寇顺宁砦,鄜延第二副将刘延庆击破之。"③

崇宁五年(1106),16 岁

王庶举进士。

《宋史·王庶传》:"王庶字子尚,庆阳人。崇宁五年,举进士第,改秩,知泾州保定县。"④

大观元年(1107),17 岁

(时事)"九月辛亥,升永兴军为大都督府。是岁,秦凤旱。"⑤

大观二年(1108),18 岁

曲端任秦凤路队将。

顾吉辰《宋代名将曲端事迹考述》:"大观二年,曲端历秦凤路队将。警敏知书,善属文,长于兵略。端能书,今阆中锦屏山壁间有其书,奇伟可爱。"⑥

① 脱脱等.宋史[M].北京:中华书局,1985:11408.
② 脱脱等.宋史[M].北京:中华书局,1985:369-370.
③ 脱脱等.宋史[M].北京:中华书局,1985:373-374.
④ 脱脱等.宋史[M].北京:中华书局,1985:11545.
⑤ 脱脱等.宋史[M].北京:中华书局,1985:378-379.
⑥ 顾吉辰.宋代名将曲端事迹考述[J].固原师专学报,1991,(2):53.

大观三年(1109),19 岁

(时事)"是岁,江、淮、荆、浙、福建旱。秦、凤、阶、成饥,发粟振之。"①

大观四年(1110),20 岁

(时事)"四年春正月丁卯,夏国人入贡。五月甲寅,立词学兼茂科。"②

政和元年(1111),21 岁

(时事)"政和元年正月戊寅,封子棋为定国公。六月甲寅,复蔡京为太子少师。秋七月壬申,以疾愈赦天下。是岁,交趾、夏国入贡。"③

政和二年(1112),22 岁

(时事)"十二月丙戌,以武信军节度使童贯为太尉。"④

吴玠十九岁。

《宋史·吴玠传》:"未冠,以良家子隶泾源军。"⑤

政和三年(1113),23 岁

(时事)"三月,升永安县为永安军。冬十一月,升端州为兴庆府。"⑥

政和四年(1114),24 岁

(时事)"二月丁巳,赐上舍生十七人及第。"⑦

吴玠二十一岁,进义副尉,权任队将。

《宋史·吴玠传》:"政和中,夏人犯边,以功补进义副尉,权任队将。"⑧

政和五年(1115),25 岁

(时事)"二月乙巳,立定王桓为皇太子。甲寅,册皇太子,赦天下。庚

---

① 脱脱等.宋史[M].北京:中华书局,1985:383.
② 脱脱等.宋史[M].北京:中华书局,1985:383-384.
③ 脱脱等.宋史[M].北京:中华书局,1985:385-387.
④ 脱脱等.宋史[M].北京:中华书局,1985:390.
⑤ 脱脱等.宋史[M].北京:中华书局,1985:11408.
⑥ 脱脱等.宋史[M].北京:中华书局,1985:391-392.
⑦ 脱脱等.宋史[M].北京:中华书局,1985:393.
⑧ 脱脱等.宋史[M].北京:中华书局,1985:11408.

午,以童贯领六路边事。"①

政和六年(1116),26 岁

(时事)"六年春正月戊子,以童贯宣抚陕西、河北。"②

政和七年(1117),27 岁

(时事)"秋七月壬辰,熙河、环庆、泾源地震。"③

重和元年(1118),28 岁

张浚二十岁入太学,中进士第。

《宋史·张浚传》:"浚四岁而孤,行直视端,无狂语,识者知为大器。入太学,中进士第。"④

(时事)"六月甲戌,以西边献捷,曲赦陕西、河东路。八月甲寅,以童贯为太保。冬十月己亥,改兴庆军为肇庆府。"⑤

宣和元年(1119),29 岁

(时事)"三月,童贯遣知熙州刘法出师攻统安城,夏人伏兵击之,法败殁,震武军受围。夏四月庚寅,童贯以鄜延、环庆兵大破夏人,平其三城。己亥,曲赦陕西、河东路。"⑥

宣和二年(1120),30 岁

(时事)"冬十月,建德军清溪妖贼方腊反,命谭稹讨之。十一月己未,两浙都监蔡遵、颜坦击方腊,死之。十二月丁亥,改谭稹为两浙制置使,以童贯为江、淮、荆、浙宣抚使,讨方腊。"⑦

吴玠二十七岁,权泾源第十将。

《宋史·吴玠传》:"从讨方腊,破之;及击河北群盗,累功权泾源第

① 脱脱等.宋史[M].北京:中华书局,1985:394.
② 脱脱等.宋史[M].北京:中华书局,1985:395.
③ 脱脱等.宋史[M].北京:中华书局,1985:398.
④ 脱脱等.宋史[M].北京:中华书局,1985:11297.
⑤ 脱脱等.宋史[M].北京:中华书局,1985:400-401.
⑥ 脱脱等.宋史[M].北京:中华书局,1985:403-404.
⑦ 脱脱等.宋史[M].北京:中华书局,1985:406-407.

十将。"①

宣和三年(1121),31岁

(时事)"是月方腊陷婺州,又陷衢州,守臣彭汝方死之。二月甲戌,降诏招方腊。是月,方腊陷处州,淮南盗宋江等犯淮阳军,遣将讨捕,又犯京东、河北,入楚、海州界,命知州张叔夜招降之。夏四月庚寅,忠州防御使辛兴宗擒方腊于青溪。秋七月丙辰,方腊伏诛。冬十月,童贯复领陕西、两河宣抚。"②

宣和四年(1122),32岁

曲端任泾原路通安砦兵马临押,权泾原路第三将。

《宋史》卷三百六十九《曲端传》云:"(曲端)警敏知书,善属文,长于兵略,历秦凤路队将、泾原路通安砦兵马临押,权泾原路第三将。"③

(时事)"三月丙子,辽人立燕王淳为帝。金人来约夹攻,命童贯为河北、河东路宣抚使,屯兵于边以应之,且招谕幽燕。六月,辽燕王淳死,萧干等立其妻萧氏。"④

王庶通判怀德军。

《宋史·王庶传》:"以种师道荐,通判怀德军。契丹为金人所破,举燕云地求援,诏师道受降。庶谓师道曰:'国家与辽人百年之好,今坐视其败亡不能救,乃利其土地,无乃基女直之祸乎?'不听。"⑤

宣和五年(1123),33岁

(时事)"秋七月己未,童贯致仕。起复谭稹为河北、河东、燕山府路宣抚使。八月,萧干破景州、苏州,寇掠燕山,郭药师败之。干寻为其下所杀,

---

① 脱脱等.宋史[M].北京:中华书局,1985:11408.
② 脱脱等.宋史[M].北京:中华书局,1985:407-408.
③ 脱脱等.宋史[M].北京:中华书局,1985:11489.
④ 脱脱等.宋史[M].北京:中华书局,1985:409-410.
⑤ 脱脱等.宋史[M].北京:中华书局,1985:11545.

传首京师。是岁,秦凤旱,河北、京东、淮南饥,遣官振济。"①

宣和六年(1124),34 岁

(时事)"八月壬戌,以复燕云赦天下。是岁,河北、山东盗起,命内侍梁方平讨之。京师、河东、陕西地大震,两河、京东西、浙西水,环庆、邠宁、泾源流徙,令所在振恤。"②

宣和七年(1125),35 岁

(时事)"十一月庚寅,保静军节度使种师道为河东、河北路制置使。十二月庚申,诏内禅,皇太子即皇帝位。尊帝为教主道君太上皇帝,居于龙德宫;尊皇后为太上皇后。"③

王庶为陕西运判兼制置解盐事。

《宋史·王庶传》:"宣和七年,金人果入寇。太宰李邦彦夜召庶问计,庶曰:'宿将无如种师道,且夷虏畏服,宜付以西兵,使之入援。'邦彦以语蔡攸,攸不然。以庶为陕西运判兼制置兼解盐制置使。"④

靖康元年(1126),36 岁

曲端知镇戎军兼经略司统制官。

《宋史》卷三百六十九《曲端传》云:"镇戎当敌要冲,无守将,经略使席贡疾柏林功,奏端知镇戎军兼经略司统制官。"⑤

吴玠擢第二副将。

《宋史·吴玠传》:"靖康初,夏人攻怀德军,玠以百余骑追击,斩首百四十级,擢第二副将。"⑥

张浚为太常簿。

《宋史·张浚传》:"张浚字德还,汉州绵竹人,唐宰相九龄弟九皋之后。

---

① 脱脱等.宋史[M].北京:中华书局,1985:412－413.
② 脱脱等.宋史[M].北京:中华书局,1985:414－415.
③ 脱脱等.宋史[M].北京:中华书局,1985:416－417.
④ 脱脱等.宋史[M].北京:中华书局,1985:11545.
⑤ 脱脱等.宋史[M].北京:中华书局,1985:11489.
⑥ 脱脱等.宋史[M].北京:中华书局,1985:11408.

父咸,举进士、贤良两科。浚四岁而孤,行直视端,无狂语,识者知为大器。入太学,中进士第。靖康初,为太常簿。"①

王庶除直龙图阁、鄜延经略使兼知延安府。

《宋史·王庶传》:"疆事益棘,钦宗欲幸襄、邓,先命席益为京西安抚使,益求庶自副。高宗即位,除直龙图阁、鄜延经略使兼知延安府。"②

建炎元年(1127),37 岁

曲端治兵泾源。

《齐东野语·曲壮闵本末》云:"端为泾源都统制日,有叔为偏将,战败诛之。既乃发丧,祭之以文,曰:'呜呼! 斩副将者,泾源统制也;祭叔者,侄曲端也。尚享!'一军畏服,其纪律极严。"③

建炎二年(1128),38 岁

曲端指挥清溪岭之战并取得胜利。

《嘉靖固原州志》云:"二年正月,(金人)入长安、凤翔,关、陇大震。二月,义兵起。金人自巩东还。端时治兵泾源,招流民溃卒,所过人供粮秸,道不拾遗。金游骑入境,端遣副将吴玠据清溪岭,与战,大破之。"④

《宋史》卷三百六十六《吴玠传》云:"建炎二年春,金人渡河……都统制曲端守麻务镇,命玠为先锋,进据清溪岭,逆击大破之,追奔三十里,金人始有惮意。"⑤

《皇宋十朝纲要校正》卷第二十一《高宗》曰:"三月……金人犯泾源,经略安抚使曲端守麻务镇,遣将吴玠为前锋,守青溪岭,金酋娄宿自引精卒来战,玠率将士殊死战,大败之,虏遂东走同、华。石壕尉李彦仙举兵复

---

① 脱脱等.宋史[M].北京:中华书局,1985:11297.
② 脱脱等.宋史[M].北京:中华书局,1985:11545.
③ 周密.齐东野语[M].北京:学苑出版社,1998:156.
④ 王学伊.嘉靖固原州志[M].台北:成文出版社,1970:52.
⑤ 脱脱等.宋史[M].北京:中华书局,1985:11408.

陕州。"①

《续资治通鉴》宋纪一百一曰："先是端治兵泾源,招流民溃卒,所过人供粮秸,道不拾遗。至是端屯兵麻务镇,闻严(张严)死,金游骑攻泾源,遣第十三副将、秉义郎吴玠据清溪岭逆拒之。将战,其牙兵三百余人皆溃,皆率余兵奋击,大破之,金兵乃去。"②

六月,曲端以集英殿修撰知延安府,后为吉州团练使,充节制司都统制。

《齐东野语·曲壮闵本末》云："长于兵略,屡战有声,知延安府。"③

《续资治通鉴》宋纪一百一云："是月,以集英殿修撰、知延安府王庶为龙图阁待制,节制陕西六路军马,泾源经略使司统治官曲端为右武大夫、吉州团练使,充节制司都统制。"④

十一月,曲端与王庶有隙,屡召不应。后遣吴玠攻华州。

《续宋中兴编年资治通鉴》卷一曰："虏知曲端与王庶不协,并力攻鄜、延。庶在坊州,乃自当鄜州来路,遣庞世才等当延安来路。庶御下太严,用曲端为都统制,常曰:'设曲端误,我亦当斩之。'端衔其语。端驻兵于邠州,庶趣其进兵,不动。庶退龙坊,虏遂乘虚陷延安。"⑤

《大金国志校正》卷之五曰："金人谍知曲端与王庶不叶,随并兵寇鄜延。庶在坊州,乃自当鄜州来路,遣庞世才当延安来路。初,庶用端为都统制,庶御下严,多杀将士,尝曰:'设曲端误我,亦当斩之。'端颇衔其语。及是,端尽统泾源精兵驻邠州之淳化,庶屡促其进兵,端不动。庶退屯龙坊,金人遂乘虚破延安府。"⑥

① 李直.皇宋十朝纲要校正[M].北京:中华书局,2013:612.
② 毕沅.续资治通鉴[M].北京:中华书局,1957:2667.
③ 周密.齐东野语[M].北京:学苑出版社,1998:153.
④ 毕沅.续资治通鉴[M].北京:中华书局,1957:2677.
⑤ 刘时举.续宋中兴编年资治通鉴[M].北京:中华书局,2014:19.
⑥ 宇文懋昭.大金国志校正[M].北京:中华书局,1986:81.

《续资治通鉴》一百二曰:"金人谍知都统制曲端与经略使王庶不协,遂并兵攻鄜延康定,……时端尽统泾源精兵,驻邠州之淳化,庶日移文趣其进,且遣使数十倍往说谕端,端不听。庶知事急,又遣属官鱼涛督师,端阳许之,而实无行意。……(曲端)乃遣泾源兵马都监吴玠攻华州,端自攻蒲城县。华州、蒲城皆无守兵,玠拔华州。端不攻蒲城,引兵趋耀之同官,复迁路由邠州之三水与玠会于宁之襄乐。"①

同月,曲端夺王庶节制使印。

《宋史》卷三百六十九《曲端传》云:"……端犹虚中军以居庶,庶坐帐中,端先以戎服趋于庭,即而与张彬及走马承受公事高中立同见帐中。良久,端声色俱厉,问庶延安失守状,曰:'节制固知爱身,不知爱天子城乎?'庶曰:'吾数令不从,谁其爱身者?'端怒曰:'在耀州屡陈军事,不一见听,何也?'因起归帐。庶留端军,终夕不自安。端欲即军中杀庶,夺其兵。夜走宁州,见陕西抚谕使谢亮……端意阻,复归军。明日,庶见端,为言已自劾待罪。端拘縻其官属,夺其节制使印,庶乃得去。"②

《续宋中兴编年资治通鉴》卷三云:"先是,将军曲端逐其帅王庶而夺之印,又不受节制。"③

同月,曲端遣吴玠擒叛将史斌。

《嘉靖固原州志》云:"初,叛将史斌围兴元,不克,引兵还关中。义兵统领张宗谔诱斌入长安而散其众,欲徐图之。端遣吴玠袭斌,擒之;端自袭宗谔,杀之。"④

《续资治通鉴》一百二云:"初,斌侵兴元,不克,引兵还关中。义兵统领张宗,诱斌入长安而散其众,欲徐图之。曲端遣玠袭击斌,斌走鸣犊镇,为玠

---

① 毕沅.续资治通鉴[M].北京:中华书局,1957:2692.
② 脱脱等.宋史[M].北京:中华书局,1985:11491.
③ 刘时举.续宋中兴编年资治通鉴[M].北京:中华书局,2014:63.
④ 王学伊.嘉靖固原州志[M].台北:成文出版社,1970:52-53.

所擒。端自击宗,杀之。"①

建炎三年(1129),39 岁

曲端迁康州防御使、泾源路经略安抚使、知延安府。端不欲往,朝廷疑端有反意。

《宋史》卷三百六十九《曲端传》云:"三年九月,迁康州防御使、泾原路经略安抚使。时延安新破,端不欲去泾原,乃以知泾州郭浩权鄜延经略司公事。自谢亮归,朝廷闻端欲斩王庶,疑有叛意,以御营司提举召端,端疑不行。议者喧言端反,端无以自明。"②

《齐东野语·曲壮闵本末》云:"既而以擒史斌功,迁康州防御使、泾原路经略安抚使、知延安府。"③

《续资治通鉴》一百三云:"陕西节制司都统制曲端为鄜延路经略安抚使、知延安府。时延安新残破,未可居,端不欲离泾源,乃以知泾州郭浩权鄜延经略司公事。"④

《嘉靖固原州志》:"三年九月,迁康州防御使,泾源路经略安抚使。自谢亮归,朝廷闻端欲斩王庶,疑有叛意,召端。端疑不行。议者喧言端反。"⑤

《续资治通鉴》一百五云:"自王燮、谢亮之归,朝廷闻鄜延路经略使曲端欲斩王庶,疑其有反心,乃以御营使司提举一行事务召端,端疑不行,权泾源转运判官张彬劝端,不听。议者喧言端反,端无以自明。至是浚入辞,以百口明端不反。"⑥

---

① 毕沅.续资治通鉴[M].北京:中华书局,1957:2696.
② 脱脱等.宋史[M].北京:中华书局,1985:11492.
③ 周密.齐东野语[M].北京:学苑出版社,1998:153.
④ 毕沅.续资治通鉴[M].北京:中华书局,1957:2725.
⑤ 王学伊.嘉靖固原州志[M].台北:成文出版社,1970:53.
⑥ 毕沅.续资治通鉴[M].北京:中华书局,1957:2778-2779.

十二月,张浚以全家百口明曲端不反并拜端威武大将军、宣州观察使、宣抚处置使司都统制、知渭州。

《嘉靖固原州志》云:"会张浚宣抚陕西,入辞,以百口明端不反。浚以端在陕西屡与敌角,欲仗其威声,承制筑坛,拜端为威武大将军,渭州。端登坛受礼,军士欢声如雷。"①

《齐东野语·张魏公三战本末略》曰:"浚发行在,王彦统八字军从之,浚以御营司提举事务,曲端屡挫敌,欲仗其威声,乃承制拜为威武大将军本司都统。"②

《鹤林玉露》卷之一《丙编》云:"曲端在陕西,甚有威望。张魏公宣抚,首擢用之。"③

《宋史纪事本末》卷六十八《张浚经略关陕》云:"十二月甲申,张浚承制拜曲端为威武大将军、宣抚处置司都统制。初,曲端欲斩王庶,朝廷疑其叛,浚以百口保之,且与敌屡角,欲仗其威声,遂有是拜,军士悦服。"④

> 按:在顾吉辰的《宋代名将曲端事迹考述》中说:"秋七月,张浚宣抚川陕,入辞,以百口明曲端不反"。⑤ 而在《宋史》及《齐东野语》中明确提出:曲端是在"以擒史斌功,迁康州防御使、泾原路经略安抚使、知延安府"之后,"端不欲往,朝廷疑有叛意"。也就是说,曲端升官实在建炎三年九月,那么朝廷怀疑曲端也应该在九月之后。同理,张浚为曲端证明清白也因在九月之后,而不是顾吉辰所提出的秋七月。

---

① 王学伊.嘉靖固原州志[M].台北:成文出版社,1970:53.
② 周密.齐东野语[M].北京:学苑出版社,1998:16-17.
③ 罗大经.鹤林玉露[M].北京:中华书局,1983:247.
④ 陈邦瞻.宋史纪事本末[M].北京:中华书局,2015:700.
⑤ 顾吉辰.宋代名将曲端事迹考述[J].固原师专学报,1991,(2):55.

张浚第一次问计曲端。

《宋史》卷三百六十九《曲端传》曰:"浚虽欲用端,然未测端意,遣张彬以招填禁军为名,诣渭州察之。彬见端问曰:'公常患诸路兵不合,财不足;今兵已合,财已备,娄宿以孤军深入吾境,我合诸路攻之不难。万一粘罕并兵而来,何以待之?'端曰:'不然,兵法先较彼己,今敌可胜,止娄宿孤军一事;然将士精锐,不减前日。我不可胜,亦止合五路兵一事;然将士无以大异于前。况金人因粮于我,我常为客,彼常为主。今当反之,按兵据险,时出偏师以扰其耕获。彼不得耕,必取粮河东,则我为主,彼为客,不一二年必自困毙,可一举而灭也。万一轻举,后忧方大。'彬以端言复命,浚不主端说。"①

建炎四年(1130),40 岁

曲端指挥两次邠州之战。

《齐东野语·曲壮闵本末》云:"罗索寇邠州日,端屡战屡捷。至白店原,撒离罕乘高望之,惧而号泣,人人目之为'啼哭郎君',其畏敌所畏如此。"②

《大金国志校正》卷之六云:"撒离曷及黑峰等攻邠州,宋张浚遣曲端拒之,两战皆捷。至彭原店,撒离曷乘高望之,惧而号哭,金人因目之曰'啼泣郎君'。"③

《鹤林玉露》卷之一《丙编》云:"金人万户娄室与撒离曷等寇邠州,端击败之。至白店原,又大败之。撒离曷乘高望师,惧而号哭,金人目之为'啼哭郎君'。"④

曲端指挥彭原店之战,吴玠战败,劾其违节制。遂与吴玠有隙。

《宋史》卷三百六十九《曲端传》云:"四年春,金人攻环庆,端遣吴玠等

① 脱脱等.宋史[M].北京:中华书局,1985:11492.
② 周密.齐东野语[M].北京:学苑出版社,1998:154.
③ 宇文懋昭.大金国志校正[M].北京:中华书局,1986:98.
④ 罗大经.鹤林玉露[M].北京:中华书局,1983:247.

拒于彭原店,端自将屯宜禄,玠先胜。既而金军复振,玠小却,端退屯泾州,金乘胜焚邠州而去。玠怨端不为援,端谓玠前军已败,不得不据险以防冲突,乃劾玠违节制。"①

《宋史纪事本末》卷六十八《张浚经略关陕》云:"四年夏四月,金娄室既陷陕州,遂长驱入潼关。曲端遣吴玠拒之于彭原店,而自拥兵邠州为援。金人来攻,玠击败之,撒离喝惧而泣。娄室整军复战,玠军败绩,部将杨晟死之,端退屯泾源,金乘胜焚邠州,玠怨端不为援,大诟之,由是二人有隙。"②

《续资治通鉴》一百七云:"甲辰,初,洛索既破陕,遂与其副将完颜杲长驱入关。宣抚处置使司都统制曲端,闻敌至,遣右武大夫、忠州刺史,泾原路兵马军副总管吴玠及统制官张中孚、李彦琪,将所部拒之于彭原店,端自拥大兵屯于邠州之宜禄以为声援。敌乘高而阵,洛索引兵来战,玠击败之。既而金师复振,宋兵败,端退屯泾州,金人亦引去。端劾玠违节制。"③

张浚第二次问计曲端,二人观点相背,遂罢曲端兵权。

《齐东野语·曲壮闵本末》云:"其秋,乌珠窥江淮,浚议出师。会诸将议所从,端力以为不然,须十年则可。端既与浚异趣,时王庶为宣抚司参谋,与端有宿怨,因谮于浚曰:'端有反心久矣,盍早图之?'浚积前疑,复闻庶言,大怒,竟以彭原事罢其兵柄,与祠,再谪海州团练副使万州安置。"④

《齐东野语·张魏公三战本末略》云:"既而金势复振,献策者多以击敌为便,浚于是欲谋大举,召端问之。端曰:'平原易。野敌便于冲突而我师为习战,须教士数年,然后可以大举。'……浚以端沮大议,意已不平。"⑤

《续资治通鉴》一百八云:"先是吴玠以彭原之败,望端不济师;而端谓

① 脱脱等.宋史[M].北京:中华书局,1985:11492-11493.
② 陈邦瞻.宋史纪事本末[M].北京:中华书局,2015:700.
③ 毕沅.续资治通鉴[M].北京:中华书局,1957:2823.
④ 周密.齐东野语[M].北京:学苑出版社,1998:154.
⑤ 周密.齐东野语[M].北京:学苑出版社,1998:17.

玠前军以败,惟长武有险可悍动突;二人争不已。浚积前疑,卒用彭原事罢端兵权,与宫观,在责海州团练副使、万州安置。"①

按:这是张浚就集合五路兵马与金是否展开决战的又一次询问。曲端就实际情况对敌我双方形势问题加以说明,道出不可冒进的原因。《建炎以来朝野杂记》则认为曲端不同意富平之战的原因是"彭原之败,其气已沮"②。笔者以为以曲端的将才,因为战败而不出兵的可能性极小。通过后来"富平之战"的惨败便可以看出,此时的曲端也只是实事求是地说明了一个既定事实。

张浚指挥"富平之战",败绩。

《续宋中兴资治通鉴》卷二:"吴玠复永兴军,虏大惧,调兀术自京西,令星驰至陕州,与娄室等合。而浚合兵四十万,约日与虏战。……将战,乃诈立前都统制曲端旗以惧虏。娄室曰:'彼绐我也。'娄室拥兵骤至,舆柴囊土,藉淖平行,进薄吾营。锡(刘锡)等与之战。錡(刘錡)身率将士,杀虏颇众,胜负未分。而虏铁骑出其不意,直击环庆军,他路兵无以为援者。会赵哲离所部。哲军见尘起,惊遁,诸军亦退,虏遂乘胜而前。"③

十二月曲端叙左武大夫,兴州居住。

《宋史》卷三百六十九《曲端传》云:"是年,浚为富平之役,军败,诛赵哲,贬刘锡。浚欲慰人望,下令以富平之役,泾原军马出力最多,既却退之后,先自聚集,皆缘前帅曲端训练有方。叙端左武大夫,兴州居住。"④

《齐东野语·曲壮闵本末》云:"是年浚大举军,至富平县将战,乃为立前军都统制曲端旗以惧之。罗索曰:'闻曲将军已得罪,必绐我也。'遂拥兵

① 毕沅.续资治通鉴[M].北京:中华书局,1957:2850.
② 李心传.建炎以来朝野杂记[M].北京:中华书局,2000:450.
③ 刘时举.续宋中兴编年资治通鉴[M].北京:中华书局,2014:46.
④ 脱脱等.宋史[M].北京:中华书局,1985:11493.

骤至,军遂大溃。浚心愧其言而欲慰人望,乃下令以富平之役泾原军出力最多,既却退之后,先自聚集,皆缘前帅曲端训练多方,遂叙复左武大夫兴州居住。"①

绍兴元年(1131),41 岁

曲端叙正任荣州刺史,提举江州太平观,徙阆州,后移恭州。张浚始有杀端意。

《宋史》卷三百六十九《曲端传》云:"绍兴元年正月,叙正任荣州刺史,提举江州太平观,徙阆州。于是浚自兴州移司阆州,欲复用端。……玠与端有憾,言曲端再起,必不利于张公;王庶又从而间之。浚入其说,亦畏端难制。"②

《齐东野语·曲壮闵本末》云:"绍兴初,又叙营州刺史与祠徙阆州,浚亦自兴州移司阆州,复用端。"③

《宋史》卷三百七十二《王庶传》曰:"时张浚自富平败归,始思庶及端之言可用,乃并招之。……浚念端与庶必不相容,端未至,但复其官,移恭州。庶因谓浚曰:'端有反心。'浚亦畏端得士,始有杀端意矣。"④

《续资治通鉴》一百九云:"浚徐念端与庶必不相容,暨端至平道,但复其官,移恭州。宣抚处置使司主管机宜文字杨斌,素与庶厚,知庶怨端深,乃盛言端反以求合。又虑端复用,谓端反有实迹者十,又言端客赵彬揭榜凤州,欲以兵迎之。秦凤副总管吴玠,亦惧端严明,谮端不已。庶因言于浚曰:'端有反心久矣,盍早图之!'会蜀人多上书为端讼冤,浚益畏其得众心,始有杀端意矣。"⑤

---

① 周密.齐东野语[M].北京:学苑出版社,1998:154–155.
② 脱脱等.宋史[M].北京:中华书局,1985:11493.
③ 周密.齐东野语[M].北京:学苑出版社,1998:155.
④ 脱脱等.宋史[M].北京:中华书局,1985:11547.
⑤ 毕沅.续资治通鉴[M].北京:中华书局,1957:2876.

曲端被捕入狱。

《宋史》卷三百六十九《曲端传》"端尝作诗题柱曰:'不向关中兴事业,却来江上泛渔舟。'庶告浚,谓其指斥乘舆,于是送端恭州狱。"①

《续宋中兴编年资治通鉴》卷三云:"曲端为王庶所谮,王庶亦憾之,乃书'曲端谋反'四字于手心,因侍浚立,举以示浚。浚素知端、庶不可并立,且方倚玠为用。庶等知之,即言端尝作诗题柱,有指斥乘舆之意,曰:'不向关中兴事业,即来江上泛渔舟',此其罪也。浚乃送端恭州狱。"②

曲端被杀。

《齐东野语·曲壮闵本末》云:"命武臣康随为夔路提刑鞠治。康随者,先知怀德军,盗用库金,为端所劾。时武臣提刑废已久,浚特以命随。端既赴逮,知必死,仰天长吁,指其所乘战马铁象云:'天下欲复中原乎? 惜哉!'泣数行下,左右皆泣。初至狱,官不知何人,日盛服侯之,如事上官之礼,端甚讶之。一日,其人忽前云:'将军功臣,朝廷所知决无他虑,若欲早出,第手书一病状,狱司即以申主,便可凭籍出矣。'端欣然引笔书之,甫就,狱官遽卷怀而去。是晚即进械,坐之铁笼,炽火逼之,殊极惨恶。端渴甚,求饮。与之酒,九窍流血而死,年四十一。"③

《皇宋十朝纲要校正》卷第二十一:"七月……庚戌,张浚檄利夔路制置使王庶、提点刑狱康随诘问曲端擅掩杀经制王燮军马及擅执本路节制使王庶等罪,随至恭州,召端,炽炭逼而杀之。"④

《续宋中兴编年资治通鉴》卷三云:"有武臣康随者,在凤翔尝以事忤端。端鞭其背,有切骨恨。浚以随提点夔州路刑狱。端闻之曰:'吾其死矣!'呼天者数声。端有马名'铁象',日驰四百里。至是,连呼'铁象可惜'

---

① 脱脱等.宋史[M].北京:中华书局,1985:11493.
② 刘时举.续宋中兴编年资治通鉴[M].北京:中华书局,2014:54.
③ 周密.齐东野语[M].北京:学苑出版社,1998:155-156.
④ 李直.皇宋十朝纲要校正[M].北京:中华书局,2013:626.

者又数声,乃赴。逮至,命狱吏縶之维之,糊其口,燎之以火,端干渴而死。"①

《鹤林玉露·丙编》卷之一云:"浚以端恃功骄恣,废不用。又惧其得士心,竟杀之。"②

《续宋中兴编年资治通鉴》卷三云:"富平之役,其(曲端)心腹张中彦等降虏,曲端与知之。后下端狱论死,西北遗民闻浚威德,归附日众。"③

《续资治通鉴》一百九云:"丁亥,宣抚处置使张浚杀责受海州团练副使曲端于恭州。"④

绍兴四年(1134),去世三年。

曲端复旧官,谥壮愍。

《齐东野语·曲壮闵本末》曰:"浚寻得罪,诏追复端宣州观察使,制曰:'顷失意于权臣,卒下狱而遣死。恩莫追于三宥,人将赎以百身。'其后,金归河南之日,又诏谥端'壮闵',制曰:'属委任之非人,致刑诛之横被。兴言及此,流涕何追?'"⑤

《宋史》卷三百六十九《曲端传》:"浚寻得罪,追复端宣州观察使,谥壮愍。"⑥

《宋人轶事会编》卷十六:"浚寻得罪,诏复端职,制曰:'顷失意于权臣,卒下狱而遣死。恩莫追于三宥,人将赎以百身。'其后金归河南之日,又诏谥'壮愍',制曰:'属委任之非人,致刑诛之横被。兴言及此,流涕何追?'"⑦

　　按:此处对曲端谥号的记载有两种说法。笔者认为此两种不

---

① 刘时举.续宋中兴编年资治通鉴[M].北京:中华书局,2014:54.
② 罗大经.鹤林玉露[M].北京:中华书局,1983:247.
③ 刘时举.续宋中兴编年资治通鉴[M].北京:中华书局,2014:63.
④ 毕沅.续资治通鉴[M].北京:中华书局,1957:2885.
⑤ 周密.齐东野语[M].北京:学苑出版社,1998:156.
⑥ 脱脱等.宋史[M].北京:中华书局,1985:11493-11494.
⑦ 丁传靖.宋人轶事会编[M].北京:中华书局,1981:874.

同应为谐音误载。实为哪个谥号，顾吉辰在《宋代名将事迹考述》中认为：《宋史》中的记载当为正确。因为"这是李心传据《日历》《会要》诸官修史籍考证记载的"①。因此，笔者暂记曲端谥号为"壮愍"。

结　语

曲端在南宋可以称得上是一位文武全才的爱国将领。他"警敏知书，善属文，长于兵略"，在与金人的对抗中屡建奇功，深受当地陕西人的尊敬与爱戴，但最终因张浚等人的构陷冤死狱中。董春林在《曲端之死与南宋初年的政治本位》中说道："曲端的作为及其政治主张，并不符合张浚的忠君意识，其犯上欺下更是有违宋高宗的政治期许。"②因此可以看出，曲端之死并不仅仅因为其行为或人格，更与当时君主的政治意愿有关。

本文所记内容均为史书所载，主要搜集了宋朝著名将领曲端的生平事迹等相关史料，并进行系统考证，基本理清了曲端的生平，进一步展示曲端生活的历史时代背景。编订曲端生年中宋朝所发生的重要事件，了解其生活环境，做到知人论世。对其生平事迹进行编年，以探求其生活轨迹，为研究曲端提供基础性的资料。

---

① 顾吉辰.宋代名将曲端事迹考述[J].固原师专学报,1991,(2).
② 董春林.曲端之死与南宋初年的政治本位[J].北方论丛,2014,(4).

非物质文化遗产研究

FEIWUZHIWENHUAYICHANYANJIU

试论秦腔班社觉民学社的教育功能

刘衍青①

摘　要：1935年，觉民学社成立于宁夏，是当时宁夏规模最大、影响最大的秦腔班社。从办社宗旨看，觉民学社以"宏开觉路""化进醒民""移风易俗"为宗旨，具有鲜明的启蒙教育意义；从办社举措看，觉民学社集演员训练与学生教育为一体，承担着戏曲学生培养的教育功能；从剧本改良与剧目内容看，觉民学社的演出紧跟时代步伐，在抗日战争时期，起到了鼓舞民众团结一致、抗击敌寇的教育宣传作用。

关键词：秦腔　觉民学社　教育

觉民学社在宁夏秦腔演出史上具有重要的意义，它既继承秦腔演出的优良传统，又大胆革新，推陈出新。在班社管理、剧本改良、舞台表演等多个方面，打破了传统秦腔班社的体制，呈现出较为鲜明的启蒙开化的教育作用，为宁夏秦腔的发展注入了一股新鲜的血液。觉民学社的演出不仅在民国时期的宁夏秦腔界具有举足轻重的地位，它培养的学生还是中华人民共和国成立后，宁夏及甘肃、陕西秦腔舞台上的中坚力量，他们为

---

① 刘衍青（1971—　　），女，宁夏固原人，博士，宁夏师范学院文学院教授，主要从事地方历史文化和中国古代文学研究。

秦腔艺术的传承与发展做出了重要贡献,因此,觉民学社的教育功能从某种意义上讲,具有承上启下的传承价值。

一、魏鸿发等筹办觉民学社的启蒙教育宗旨

说起觉民学社,魏鸿发是无法绕过去的重要人物,他是觉民学社的积极筹办者,曾任宁夏省建设厅厅长等职。表面看,他的身份与梨园并无关联,但他酷爱秦腔,思想开明,知识渊博,他认为戏曲不仅是大众娱乐的工具,还能起到教化民众的作用。在甘肃兰州工作时,魏鸿发便组织筹办过以"觉民学社"命名的秦腔班社,积累了组织、管理秦腔班社的丰富经验,与甘肃、陕西秦腔班社的班主、名角关系熟稔。1935年,他任宁夏省省道管理处处长时,看到宁夏地处西北边隅,文化萧条,百姓愚钝,亟需启蒙开化,而长年在宁夏演出的秦腔班社葫芦班散伙、陕西新声社又赴兰州演出,宁夏竟然没有一个像样的秦腔班社。于是,他一面派下属任绍九赴兰州接戏班来宁夏演出,一面委托任绍九向艺人们说明,来宁夏不光是唱戏,还要办学社,一面唱戏,一面教学生。这批来宁夏演出的艺人行当齐全,拥有双生双旦,其中不乏名角,如新兴社的名丑席子才,名旦何振中、刘逸民;正俗分社的花脸王庚寅、须生康正中,琴师赵子连、赵子杰;原孙葫芦班的名角孙广乾、李长清、金叶子等。他们中的佼佼者成为宁夏觉民学社的历任社长与学员教练。其中,在西北有"活周瑜"之称的沈和中,担任了首任社长,他曾是陕西易俗社甲班的学生,何振中、刘逸民、康正中成为继任社长;陕西易俗社著名旦行名角王安民(旦角)担任总教练,担任教练的有秦腔名角刘晏奎(须生、丑行)、康正中(须生)、王庚寅(花脸)、李长清(花脸和丑行)、李俗民(丑角)、杨正俗(旦行)、席子才(丑行),以上八人被称为觉民学社"八大教练";京剧名角盖连仲、王玉本、张福利等担任武功教练。学社下设演员部、教练部和学员部。据不完全统计,学社成

立之初,仅演员和教练就有八十余人。①

二、觉民学社在学生培养上开放、包容的教育理念

觉民学社成立后,1935 年 5 月,便招收了第一批学生,至 1949 年,共招收学生两百余名,分甲、乙、丙、丁、戊五届。其中,前三届学生以陕西籍为主,每届三十多人;后两届则分别于 1943 年和 1947 年,从宁夏省警察局和宁夏驻军幼年营中抓来的娃娃兵中,各挑选出三十余人学戏,这些“娃娃”经过严格、规范的秦腔表演训练,成为宁夏本土成长起来的秦腔艺人。每届学生中都有多位佼佼者,成为宁夏秦腔界的新秀。觉民学社在演员培养方面,有着不同于旧班社的新式方法,体现出开放、包容的教育理念。

(一)兼取京秦之长,提升秦腔技艺

觉民学社具有开放办社的进步观念。在学生的培养上,注重优秀教练的选拔与任用,不以剧种或流派之别而将优秀的教练拒之门外,学社启用京剧、秦腔名角共同担任学社教练。自 1938 年起,流寓宁夏的著名京剧武生演员盖连仲、旦角名角王玉本、王德胜、白永泰、张福利都曾受邀加入觉民学社,担任教练。京剧教练对秦腔的武功戏改革做出了巨大贡献。秦腔武功戏素来薄弱,即使一些知名艺人,表演武戏时也流于形式:“打一个过河三点头,一刺两刺接上下,要个下场例”罢了,缺乏震撼观众的武功技艺。经过京剧教练的教授,觉民学社的学员在武戏表演上令观众耳目一新,取得四方面的明显突破。一是宁夏秦腔舞台上出现了关羽戏。盖连仲是京剧武生名角,出科于富连成班,1938 年来到宁夏后,先在“义顺班”搭班演出,后到觉民学社任教练。他以擅长演出京剧关公戏而著名,有“活关公”之誉。他毫无保留地为觉民学社教授了《霸王别姬》《斩颜良》《挂印封金》《挑袍》《古

---

① 岳葆.觉民学社史话[A]//乃黎主编.宁夏戏曲史料汇编[M].中国戏曲志宁夏卷编辑部,1985(1):10-54.

城会》《白马坡》《过五关》等关公戏，使"关羽戏"出现在宁夏秦腔的舞台上。二是将京剧武戏的"绝活"运用到秦腔中。京剧教练为觉民学社的学生教授了几十出武戏，如《水漫金山寺》《恶虎村》《铁笼山》《十三妹》《盗仙草》《泗州城》《九江口》《四杰村》《金钱豹》《铁公鸡》《战马超》《翠屏山》《陆文龙》《三岔口》《拿高登》《艳阳楼》《马超哭头》《金雁桥》《盗御马》《水淹七军》《白水滩》《挂印封金》等。这些京剧武戏中的"绝活"也被搬演到宁夏秦腔的舞台。如盖连仲在《挂金封印》中，有关公当众提笔，潇洒书写，堪称一绝，每次演出都赢得满堂彩，他将这一高超技艺毫无保留地教给了觉民学社的演员。王玉本出科于玉成班，他曾给京剧武生头牌名角杨小楼当过底包（即武领头）。1941 年，他开始任觉民学社的教练，他将"吐火""耍牙"等绝活传给觉民学社的学员，他不仅教授觉民学社的学生，还教过庚辰俱乐部、化民剧团的学生，为宁夏培养秦腔艺人六百多名。又如窦尔敦的单刀盗马，高登石凳、石磨飞舞，青面虎的"跑滩"，黄天霸的"走边"，《战马超》中的二人对打，《铁公鸡》中的赤膊血战、空中"四条杠子"的翻腾、地下"二十八口挡"的扑跃等，也在京剧教练的传授下，被觉民学社演员所传承。这些宁夏秦腔舞台上从未有过的表演，无疑给观众带来震撼和满足。三是觉民学社的学生在京剧教练的悉心教授下，很快成长起来，李振民的《九江口》，李振民与杨善民合演的《金钱豹》，解迪民的《能仁寺》、李富国的《盗御马》，成为观众十分欢迎的拿手武戏。[①]

京剧名角担任教练，不仅对宁夏秦腔武戏起到了提升、发展的作用，而且在整体上，对秦腔各行当表演技艺的提高，都产生了重要影响。觉民学社根据剧目及曲调特点，灵活变通的吸纳京剧的优长，保留秦腔的特征。如学

---

① 祁志彬.宁夏秦腔史初探[A]//中国人民政治协商会议宁夏回族自治区委员会文史资料研究委员会编.宁夏文史资料[M],中国人民政治协商会议宁夏回族自治区委员会文史资料研究委员会,1984(12)：114 页.

生在京剧教练的指导下学习《古城会》等戏时,先按照京剧的路子一招一式学习,然后根据秦腔的特点,改用秦腔的曲调上演。这部京戏中的"吹腔"是其独特之处,不宜于改为秦腔的曲调,则保留下来,成为觉民学社《古城会》曲调的特点。除京剧外,觉民学社对其他剧种好的表演技艺,也借鉴学习。如,山西梆子名艺人阎蓬春在宁夏演出时,其精湛的翎子功、帽翅功、甩发功被觉民学社的学生学习,在后来的秦腔演出中大量运用。觉民学社一方面借鉴其他剧种的表演技艺,另一方面,对于秦腔艺术的优秀传统表演程式,则坚持保留下来。譬如,秦腔的花脸、须生下场时有"跺三脚""猛亮相""急下场"的传统程式,觉民学社对秦腔的这一特点进行了改良,保留了秦腔艺人下场时步子大、台板跺得响,亮相稳的优点,又吸收了其他剧种的技巧,加入起腿、垫步式翻身,稳亮相等,使秦腔大花脸、二花脸和须生的下场程式不再仅仅是跺三脚的大、狠、稳,还具有相对繁复的程式,带给观众艺术美。

除了在表演上广泛学习京剧等其他剧种的优点外,在改进化妆、灯光、布景、音响、服装等方面,也多受到京剧等其他剧种的影响,使演员的舞台形象更美了。在化妆上,一改秦腔化妆相对简单、粗糙的不足。如生、丑化妆被称作"三把攥",即第一步上粉或上油;第二步用中指蘸上黑粉末,勾出眉、眼。第三步是涂红、修饰。如此"三把",舞台妆就算化好了,可见其十分简陋。觉民学社在与外来剧种的交流演出中,发现自己的化妆技术单一,舞台形象欠佳,便开始学习化粉妆、抹油彩、贴片子(又称贴鬓)。还专门从包头请来化妆师傅方成义,指导演员化妆,改进化妆技艺后的演员形象得到了观众的欢迎。

民国初年,梅兰芳等京剧名角已经在舞台上运用布景、电光、音响效果,观众对这些舞台变化充满新鲜感。尽管在传统戏曲中使用布景,戏曲界是有争议的,一些改良戏曲舞台效果的人士,借鉴日本和西方的戏剧表演,改变了传统戏曲一桌二椅的模式,开始用布景。一些热爱中国传统戏曲的人更喜欢没有布景、道具的传统戏。至 20 世纪 30 年代,在京津沪等大都市,戏曲舞台上使用布景、电光已经不是稀罕事,但是,在偏远的宁夏秦腔舞台上,觉民学社使用布景是开风气之先的,据说他们请画家绘制传统戏中常用的公堂、云朵、花草、屏风、山水等布景,还从陕西请来布景绘画的师傅,绘制二堂景、花园景、皇宫景等。其中,1943 年,觉民学社演出《天河配》时的布景,是宁夏秦腔演出史上的重大突破,取得了良好的效果。

觉民学社的教练中不乏秦腔名角,他们也为宁夏秦腔教育做出了贡献。如曾任觉民学社第一任社长的沈和中,出科于陕西易俗社,他在西北秦腔界负有盛名。曾与陕西名旦刘箴俗(易俗社名旦,欧阳予倩给予很高评价:"箴俗是生就演旦角的材料,很少人能够及他。他的身材窈窕而长,面貌并不是很美,但是一走出来,就觉得有无限动人之致。"①)配戏,1921 年易俗社在武汉演出轰动一时,他和刘箴俗完美搭档,被报界誉为:"当时与刘(刘箴俗)合演《洞房》一出,在西安正有过于杨小楼、梅兰芳在北京。"1935 年,加入觉民学社后,他将自己的拿手剧目《黄鹤楼》等传授给学生,殊不知,他因惟妙惟肖地塑造了周瑜一角,而有"活周瑜"之称。觉民学社总教练王安民也出科易俗社,他与刘箴俗、刘迪民并称易俗社的旦行的"三绝",后与刘毓中先生共同经营过陕西易俗社,积累了丰富的办社经验。1937 年加入觉民学社后,将易俗社进步的教学方法、精湛的表演技巧和优美的唱腔带到了觉民学社。经他指导编排的剧目有五十多本,他还给其他班社排戏、传授技艺,王安民为宁夏秦腔的发展起到了承上启下的重要作用。

曾任觉民学社副社长的何振中,出科于陕西榛苓社,他的唱腔艺术得到王绍猷先生的称赞:"歌唱则调叶商羽,娴雅动人。赞曰:碧梧鸣凤,翠柳啼

---

① 欧阳予倩.陕西易俗社之今昔[A]//欧阳予倩戏剧论文集[C].上海:上海文艺出版社,1984:61.

莺,壮士闻歌,默然无声。"他将自己的代表剧目《五家坡》中王宝钏、《断桥》中白素贞、《玉堂春》中苏三、《游西湖》中李慧娘的唱腔教授给学生。在管理方面也是用心做事,得到了教练和学生的拥戴。

来自陕西正俗社的王庚寅、杨正俗、康正中等也为觉民学社的发展贡献了才艺。王庚寅任觉民学社总教练,曾是陕西正俗社的演员兼教练。他应工大花脸和二花脸,对学生要求严格,有"小老虎"之称,但又从不打骂,深受学生尊敬。他擅长演《斩单童》中的单雄信、《苟家滩》中王彦章、包拯等角色,其摔碗、踏瓦等表演堪称一绝。杨正俗任觉民学社总教练后,便放弃了舞台生涯,全心教授学生,他对艺术精益求精,对学生要求极严。他还利用自己的人脉,多方搜求师资,请来了知名教练王安民、名角王应钟、名鼓师王屏藩等,充实了觉民学社的教师和演员队伍。康正中是易俗社的第三任社长,陕西正俗社出科。1935年,他来到宁夏,参与了觉民学社的创建,他工老生,塑造了《祭灵》中的刘备、《走雪》中的曹夫。

觉民学社开放的办社理念,将京剧与秦腔的优秀教练汇聚在一起,正是有这样一批热爱戏曲艺术,勤勉敬业的教练,才培养出优秀的学员,保证了觉民学社学生的培养质量,为觉民学社的发展趟出了一条开阔的路。

（二）博采众家之长,汲取其他剧种和秦腔剧社的优点

觉民学社不仅请来京剧名角担任教练,借鉴学习京剧表演艺术的优长,为秦腔所用,还尝试了秦腔演员与京剧、河北梆子、山西梆子名角同演一台戏的表演方式,引起观众好奇。如京剧名角盖连仲唱京剧时,由觉民学社的学生担任配角,学生的念白采用"秦京白";觉民学社的秦腔名角康正中演关羽戏时,则请京剧名角王玉本饰演张飞、周仓等配角,念白又为"京秦白",无论是"秦京白"还是"京秦白",在舞台上都显得十分和谐,受到观众欢迎。月华舞台的河北梆子演员张氏三姐妹(张佩君、张丽君、张维君),于1939年加入觉民学社,她们三姐妹与觉民学社甲班的学生合作四个多月,

前者容貌出众、表演活泼,后者初登舞台、意气风发,二者合作,一改宁夏秦腔舞台上少有坤旦的现象,极大地激发演员的创造力,促进了演员与剧种间的交流、学习,为观众奉上了许多台精彩的演出。对其他剧种的绝活和其他艺术门类中的精粹,觉民学社也积极学习,选取适宜的内容,运用于秦腔表演中。如《大名府》《白蛇传》《出五关》等剧中,则引用昆曲的曲牌,这在秦腔班社中极为少见。还将江苏民歌《茉莉花》的曲调,全部引入秦腔的板式,这在其他秦腔班社更是少有。觉民学社的教练、学生思想开明,善于发现、吸收其他剧种之长,化为己有。据记载,1941 年,山西梆子名艺人阎蓬春途经银川演出时,他的翎子功、帽翅功、摔发功令觉民学社的学生十分震撼,他们便私下偷偷学,用心练,将这些绝活搬上宁夏秦腔的舞台,收到了极好的艺术效果,也提升了演员的知名度。[①] 从积极创新的角度看,觉民学社勇于创新的态度不亚于陕西的易俗社。

觉民学社剧社合一,在办学、经营的过程中,非常重视秦腔剧社间的交流学习,经常邀请陕甘等地的秦腔名角来宁夏演出,为学生和演员提供观摩学习、当面求教的机会。1939 年,有"秦腔正宗"之称的陕西正义社,在李正敏先生的带领下,受邀来宁夏演出。他们一行三十多人,其中有刘全录、李正斌、王易民、靖正民、大麻大等各行当名角,他们在宁夏演出两个多月,搬演的剧目多是李正敏先生的拿手好戏,如《武家坡》《二度梅》《玉堂春》《凤仪亭》《白蛇传》《白玉楼》《白兔记》等,受到各界好评。在宁期间,李正敏先生还为觉民学社的学生指点唱腔、身段,推动了觉民学社学生表演技能的改进和提升。李正敏出科于陕西正俗社,他的唱腔被王绍猷先生赞为:"悲中有愤,愤中藏刚,刚中见柔,柔中富情,情中含巧,巧中出戏。"他在宁夏演出了拿手戏《五家坡》《二度梅》《玉堂春》《凤仪亭》《白蛇转》《白玉楼》《白兔

---

① 岳葆.觉民学社史话[A]//乃黎主编.宁夏戏曲史料汇编[M].中国戏曲志宁夏卷编辑部,1985(1):43-44.

记》等,还经常为觉民学社学生指点唱腔,对觉民学社改进唱腔起到了有力地推动作用。1941 年、1942 年,觉民学社曾两次延请陕西易俗社的名角来宁夏演出,易俗社社长刘介夫亲自带队,著名剧作家范紫东先生也曾随团来宁,每次至少都有包括演员和演奏员在内的四五十人参加。演出团队名角荟萃、行当齐全,著名演员有:王天民、宋上华、骆秉华、王秉中、马平民、李可易、刘建中、王蔼民等,每次演出至少两三个月,有时长达半年多。易俗社不仅为观众演出精彩的剧目,也与觉民学社教练、学生合作演出,还手把手地为觉民学社学生说戏、排戏,给学生上文化课、指导唱腔和身段,提升他们的文化素养。如 1942 年,范紫东先生随易俗社来宁夏期间,多次给觉民学社的学生上历史课、文化课、讲解剧本。易俗社精湛的演技与严谨、认真的演出态度,进一步启发觉民学社管理层加强管理、从严要求学生,也激发了觉民学社的学生努力打磨技艺,与易俗社一比高下的雄心。这些名社、名角的表演为觉民学社的师生提供了观摩学习、同台竞技、互相切磋、名角亲临指导等多种机会,使觉民学社学生得到了全面培训,演技提高十分明显,为觉民学社进一步发展积蓄了活水与能量。

三、觉民学社具体的教育措施

(一)觉民学社成立之初,便背负起戏剧教育的使命

觉民学社在建立之初,就确立了移风易俗、普及社会教育、改良秦腔艺术的宗旨,具有鲜明的文化教育目的。觉民学社成立时,行政上隶属于"宁夏省戏剧委员会"管理,在文化教育上隶属于"宁夏省教育厅",省教育厅还为觉民学社正式命名为"宁夏觉民初级戏剧学校"。据《十年来宁夏省政述要》记载,觉民学社承担着推行戏剧教育,培养戏剧人才的重要作用:

甲、宁夏初级戏剧学校

本省为推行戏剧教育,培养戏剧人才起见,于二十八年三月

(一九三九年),将前新声社改为觉民学校,内设校长一人,级任教员一人,教练及会计等数人,分掌校务,学生五十人,编为一级,经费每月四百八十一元三角,由省教育经费项下,每月给补助经费一百八十五元。二十九年(一九四〇年)改称觉民初级戏剧学校,内设组织较为充实,学生一百四十名,编为四级,级任教员教练及职员等九人,经费每月增为三千余元。该校课程,以秦腔为主。①

从这一段"宁夏省政府述要"知,宁夏省拨专款扶持觉民学社培养戏剧人才,经费增长幅度十分可观,从 1939 年的每月 481.3 元,增至 1940 年的每月 3 000 余元。或许是 1939 年省专项经费较少,因此从教育经费项中,每月再补助 185 元。从"该校课程,以秦腔为主"可以看出,宁夏省对觉民学社的重视,尤其是对其戏曲人才培养的支持。当时西北地区将戏曲文艺团体列入教育体系的为数不多,而觉民学社是其中一家,也是宁夏唯一一家。

觉民学社成立之初及成立后,宁夏省及各职能部门负责人在觉民学社所发表的讲话中,都强调了其戏曲教育与戏曲人才培养功能,而且,将戏曲教育的目的指向最迫切的"抗日救国"。如 1941 年 2 月 26 日,宁夏某师的师长马志超在参观宁夏省初级戏剧学校时,对教员和学生进行了训话,他肯定觉民学社在抗日救亡运动中所起到的宣传教育作用,认为学社的演出是在"做社会教育的宣传,使西北人民得到抗日救国的正确观念,奋起救亡图存的热烈情绪"。时任教育厅厅长的骆美奂在讲话中将戏剧的教育作用与中国传统的礼乐教化相联系:"人类在社会上生存,全由礼乐维系,因它起着维持社会秩序,调剂人类性情的伟大作用,尤其是乐之感化力量最大,所以戏剧成为社会教育之急要工作。"进而强调:"现在强敌压境,民所消沉,急需推行戏曲工作,以感化人心而匡救国家。"并对觉民学社提出了很高的期

---

① 宁夏省政府秘书处.十年来宁夏省政述要(第 4 册)[M].宁夏省政府秘书处,1942：147.

望:"尤赖各位认清目标,负起使命,对戏剧艺术潜心研究,则社会教育蒸蒸日上,复兴民族实深利赖。"1941 年 4 月 11 日,宁夏省主席马鸿逵视察觉民学社时也说,觉民学社"原为发扬文化,推行社会教育而设。"他将目标定为"拼过易俗社"。① 从这些行政官员的"训话"可得到两个方面的信息:一方面觉民学社自成立后便承担起社会责任:宣传抗日救国,激发民众热情,这一进步行为得到了社会各界的广泛肯定;二是觉民学社成立之初便赋予其培养戏曲人才、宣传抗日、教化民众的教育功能,在资金、政策上给予了支持,要求其脱俗于一般意义上的戏班,而易俗社则是其努力与看齐的目标。

（二）开设通识课、专题课,提高学生文化素养

觉民学社培养学生的方式,不同于旧戏班,不仅教学生练功、喊嗓子、排戏、顺音,还注重提升学生的文化素养,以更好地理解角色、塑造人物。为此,开设了《诗经》《孟子》《论语》《大学》《中庸》《三字经》《百家姓》等经典讲读课、书法课和语文字词讲解课,聘请马文盛、柴成林、刘小石等博通今古、喜爱秦腔的专业人员担任教师。通过诵读经典,使学生知晓中国历史和文化。觉民学社会还针对学生学戏需要熟悉经典剧本、了解剧中典故、古字的念法等文言常识,专门开设了剧本分析和人物性格分析课程,聘请有名望的学者担任教师,如李干丞先生便承担过剧本和人物分析课程。由于觉民学社的教学体系不同于旧戏班,其课程开设更全面,更利于学生文化基础的奠定,并注重启发学生角色塑造能力的自我完成,因此,觉民学社的学生出科时文化素养良好,已经达到了高小文化程度,一些优秀的学生能够创作和改编剧本、拟定导演计划、分析剧本和角色;一些刻苦钻研的学生多才多艺,有的擅长书法,能写戏报,有的文笔好,能写宣传稿。他们在演出之余,承担起觉民学社的其他工作。觉民学社的演员培养体系打破了传统戏班"师傅

---

① 觉民学社的目的是发扬文化推行社教——马主席对该社训话[N].宁夏民国日报, 1941-04-12(02).

咋教,徒弟咋唱"的习惯,它的文化教育类课程并不局限于学生,还要求戏曲教练和演员一起参加,这些着眼长远的举措,不仅提升了全社演职人员的文化素质,还为学社的长期发展及后续戏曲人才培养打下了坚实的基础。

(三) 改良传统剧本,编创抗日剧目,发挥戏曲的教育功能

觉民学社在成立之初,便努力践行"觉民"的办社宗旨。从剧目看,觉民学社积极落实"戏剧当以驱恶扬善,除暴安良,移风易俗为宗旨"进步理念,改良了宁夏秦腔舞台上一些宣扬封建迷信、有色情剧情的剧目,如《拾美镜》《游西湖》《黄河阵》《太湖城》等;整理、挖掘、搬演了一批传统剧目,如《抱火斗》《八件衣》《玉凤簪》《白蛇传》《辕门斩子》。抗战爆发后,觉民学社不负众望,充分发挥了秦腔在"抗日"中激励民众情绪,鼓舞士气的作用。1941年起,觉民学社排演了大量宣传爱国主义、歌颂民族英雄的剧目,如《史可法》《精忠报国》《戚继光》《吕四娘》《萧夫人》《汉奸榜样》《铁公鸡》《韩宝英》《收复失地》等。1944年,抗日进入最后艰苦卓绝的时期,杨人贵所编的新编历史剧《复兴关头》上演,全剧18幕,是宣传抗日救国的又一精品力作。该剧以团结民族、复兴国家为唯一要旨,在抗日战争最后攻坚阶段公演,极富时代意义。由此可见,觉民学社编演宣传抗日、民族复兴的剧作贯穿抗战的始终,大家公认其演出起到了凝聚人心、鼓舞士气的作用。

觉民学社有一支素质良好的编剧队伍,李干臣是其中之翘楚。他原是陕西易俗社的编剧,具有深厚的历史文化底蕴和丰富的编剧经验。1938年,李干臣加入觉民学社后,满怀热情从事编剧、文化课讲授、指导学生排戏等工作。作为专职编剧,他创作了大量优秀的剧目,代表作有《马到成功》《汉奸榜样》等唤起民众抗日救国、揭露汉奸罪行的进步剧作;依据宁夏民俗,编写了《抢香包》,被宁夏观众称为脍炙人口的好戏;还编写了《重圆镜》《桃花泪》《天河配》等取材于传统故事的剧目。一些演出效果平平的剧本经他删改、润色之后,便熠熠生辉。如《天河配》,据说该剧"原剧本情节不佳,殊少精彩。经本社详为删改,幕幕生色"。李干臣在改编时,既重视以情动人,在细节处多用笔墨,也时时点染,不忘觉民学社"觉化斯民"之使命,他增加了牛郎与史长孙守仁的手足之情,在《分家》一场中,描写孙守仁手足情重,以其弟孙守义年幼无依,不忍割舍,两人相抱痛哭,更足以饬风励俗,有关世道人心。这样处理,比将其兄与其嫂均刻画为无情无义之人更合人情,更有教化作用。该剧的布景更是精心设计,"不惜重资,一月以来选工调匠,精制银河、瑶池、鹊桥、荷塘、凌霄殿、游冰池、蛟龙引水、仙牛蹑山、真鹊奇鸟空中飞鸣,仙花异草满地生香,各样布景兼扮儿天仙女,十二金童吹笙弄管,齐歌咸辉,五花八门,备极美观"[1]。

除李干臣外,还有罗雪樵、刘小石等业余剧作家,他们创作的优秀剧本,也为觉民学社和宁夏秦腔的发展做出了贡献。罗雪樵是宁夏本地人,他是一位资深的教育工作者,同时也是一位秦腔爱好者,他利用自己对宁夏文化和中国文史熟知的优势,为觉民学社创作了《东窗记》《乱点鸳鸯谱》等剧本。《东窗记》写南宋高宗时,岳飞奋力抗击金兵,屡立奇功,朱仙镇一战,岳飞大败金兀术,收复失地。金兀术与秦桧暗中勾结,秦桧进谗言奏岳飞不忠,高宗信以为真。一日内发十二道金牌,急调岳飞还朝。岳飞回京后,被下狱施以酷行,最终秦桧以"莫须有"之罪名,杀害岳飞父子于风波亭。该剧用岳飞精忠报国的故事,激励民众起来抗日救国。刘小石是陕西人,曾作宁夏法院审判庭庭长,他虽然是一位官员,但酷爱秦腔,后来兼任宁夏省戏剧改良委员会委员。他为觉民学社改编过许多剧本,并且创作了新剧目《郑成功》《鸦片恨》《浪子回头》等,搬上舞台后,观众十分欢迎。他对觉民学社的贡献是多方面的,除创作剧本外,还经常给教练和学生上文化课,讲授中国历史和《诗经》《孟子》《论语》等经典,发挥自己知识渊博、通晓古今的文

---

① 觉民学社启事[N].宁夏民国日报,1945-08-09(02).

化专长,提升觉民学社教练和学生的文化素质。

　　觉民学社还充分利用外地居宁剧作家的艺术才情,约请他们编创进步剧作,以宁夏的历史、民俗为素材,创作剧本。如范紫东搜集素材,编写了时装戏《金手表》、历史剧《紫金冠》。《紫金冠》一剧尚未上演,便引起关注:"新编《紫金冠》全本,精心结构,幕幕精彩,洵先生历史剧本之杰作。"①樊仰山依据宁夏的历史人物事迹,编写了历史剧《萧夫人》,这部剧既有地方特色,又富有抗日意义,深受宁夏观众欢迎。觉民学社自成立至 1949 年,共演出剧目二百多本,绝大多数剧本宣传爱国主义和中华民族的优秀传统文化,富有教育价值和进步意义,提升了观众的思想境界和审美水平,对宁夏秦腔创作具有引导作用。

---

① 剧讯:《紫金冠》秦剧将公演[N].宁夏民国日报,1942－06－27(02).

宁夏民间故事研究综述

黑志燕①

摘　要： 宁夏民间故事研究从建国后开始,到目前共经历了三个阶段。第一阶段(1949—1977)是萌芽期,宁夏民间文艺工作者的主动性不强,因此搜集到的民间故事数量少,内容比较单一,对外界产生的影响甚微。第二阶段(1978—1999)是发生期,宁夏民间故事的区、市、县各级卷本都被搜集并整理成册,并出版了《中国民间故事集成·宁夏卷》和《中国民间故事全集·宁夏民间故事集》,同时宁夏向国内外积极推出了本地特色文化——宁夏回族民间故事,也有少许理论研究主要发表在《宁夏民间文学》上。第三阶段(2000至今)是发展期,除了具有较高学术价值的《中国民间故事全书》之宁夏各县卷本和《中国民间文学大系》之宁夏民间故事卷本处于编纂期之外,宁夏各地方政府为了实施非物质文化遗产的保护与传承项目,积极挖掘本地民间故事资料并把其作为非遗保护和研究成果予以出版。理论研究方面相较以前有了长足发展,青年研究人员对宁夏民间故事展开了更深入的理论分析。

关键词： 宁夏　民间故事　研究综述

---

① 黑志燕(1986—　),女,宁夏同心人,博士,宁夏师范学院固原历史文化研究中心副教授,主要从事区域历史文化研究。
基金项目：宁夏回族自治区哲学社会科学规划项目(引才专项)“泾源民间故事口述史研究”(编号：20NXRCC09)。

中国是盛产民间故事的地方,上到宫廷,下到民间老百姓,大家都热衷于讲故事和听故事,这些故事记录着当地的文化历史、人情世故、为人处世之道等。甚至"除了中国以外,大概不会有任何一个地方能使我们看到在一个时间跨度大而又顺利发展的民族文化中有如此完整的民间故事"①。虽然我国有丰富的民间故事素材和完整的民间故事传承,但把民间故事纳入学术范畴对其进行研究,在时间上要比西方晚。我国对民间故事的研究是在五四运动前后开始的,整个20世纪,我国民间故事的研究经历了四个阶段,②对拥有丰富资料而独具特色的宁夏民间故事的关注是从80年代开始的,但大量的整理出版和研究是进入21世纪后才开始的事。从整个民间故事研究史来看,对宁夏民间故事的研究起步很晚。时至今日,学界对宁夏民间故事的关注仍旧不多,成果也不算丰硕,仍然有大量的研究空白需要填补。

一、我国民间故事研究概述

1907年鲁迅和周作人合译《红星佚史》以及1913年周作人在《教育部编纂处月刊》上发表"童话研究"标志着我国民间故事研究的开始,而1922年《歌谣》周刊的发行"标志着中国现代故事学的调查和研究工作正式全面展开"③。

第一阶段(1907—1937)在民间故事领域取得了丰硕的成果,代表人物有钟敬文、赵景深等人。万建中对这一阶段的发展状况做了五方面的总结,一是搜集整理了大量的民间故事,主要是在南部和东部地区展开;二是民间

---

① [德]艾伯华.中国民间故事类型索引[M].北京:商务印书馆,1999:430.
② 万建中把20世纪中国民间故事研究分为四个阶段:发生期(1907—1937)、沉寂期(1937—1949)、过渡期(1949—1977)、发展期(1978—1999),参见:万建中.20世纪中国民间故事研究史[M].北京:北京师范大学出版社,2011.
③ 万建中.20世纪中国民间故事研究史[M].北京:北京师范大学出版社,2011:4.

故事类型谱系确立以及对民间故事展开了类型学研究;三是建构了现代故事学理论体系;四是翻译外国的民间故事并吸收相关研究理论,五是形成了庞大的学术队伍。① 这一时期,学者对整个西北的民间文学的关注都很少,钟亚军对这一时期的宁夏民间文学研究做了概述,民间故事还没有被学者关注到,仅有一些宁夏歌谣被提及了。② 慕寿祺于 1936 年编著的《甘宁青史略》副编卷五《歌谣汇选》里有一些宁夏的歌谣,例如《宁夏采风诗十章》《宁夏最近歌谣》《马仲英部下所唱歌》等。③

　　第二阶段(1937—1949)处于战争时期,因此民间故事的学术研究处于沉寂状态。这段时间还在坚持的学术工作是深入民间对各民族展开的民族学调研,在调研过程中挖掘出了大量关于少数民族的神话传说和民间故事。另外,在政治宣传需要的推动下,西北地区的民间故事研究却是在这一时期展开了,主要表现是搜集整理大量传说故事以及出于政治宣传需要而改造民间故事。④ 就宁夏民间文学而言,仅有 1945 年鲁迅艺术学院编写的《陕北歌谣选》里收录了一首宁夏歌谣《拔兵小调》。

　　第三阶段(1949—1977)的民间故事研究与党的文艺政策密切相关。1942 年,毛泽东的《在延安文艺座谈会上的讲话》成为了新中国成立后民间故事研究的方向标。1950 年成立了中国民间文学研究会,旨在采集、整理、分析、批判和研究民间文艺作品。⑤ 从新中国成立到文革这段时间,全国开展了大规模的采风运动,新文艺工作者深入到农村,如董均伦、孙剑冰、肖崇素等,大量的民间故事被搜集、整理和出版,尤其是对各个少数民族民间故

---

① 万建中.20 世纪中国民间故事研究史[M].北京:北京师范大学出版社,2011:6-11.
② 钟亚军.宁夏民间文学研究综述[J].宁夏大学学报(人文社会科学版),2004,(6).
③ 慕寿祺.甘宁青史略(第 10 卷)[M].台北:广文书局,1972.
④ 刘晔原.20 世纪传说故事研究[A]//陈平原主编.现代学术史上的俗文学[M].武汉:湖北教育出版社,2004.刘锡诚.中国新文学大系(1937—1949):民间文学集[M].北京:中国文联出版公司,1996.
⑤ 周扬.在中国民间文艺研究会成立大会上的讲话[A]//周扬文集(第2卷)[M].北京:人民文学出版社,1985:10.

事的搜集发表,让人们了解到了我国各民族丰富多彩的文化底蕴。"全国五十多个民族,都发掘了数量不少、各有特色的民间故事……绝大部分民族都是第一次把他们祖先长期以来精心创造的民间故事,呈现在全国人民面前。"①同时对民间故事搜集整理的学术讨论也非常深入,相关研究成果有30余篇论文和1部论著。② 此外,这一时期民间故事研究的另一进展是民间故事的改写和创作。为了反映无产阶级老百姓当家作主的情感和服务于社会主义建设,改写和创作的民间故事大多以长工斗地主、革命斗争、歌颂劳苦百姓阶层的生活智慧和革命英雄为主题,具有极强的阶级斗争色彩。在民间故事理论方面,因受到国家意识形态马列主义的强烈影响,这一阶段翻译的民间故事和理论论著主要来自苏联及其他在意识形态上一致的国家。

第四阶段(1978—1999)是中国民间故事研究的大发展时期,1978年的改革开放带来了思想的大解放,民间故事研究领域百花齐放,结出了丰硕的果实。钟敬文作为带头人在1978年4月恢复了中国民间文艺研究会并在1983年成立了中国民俗学会,这使得民间故事的研究面向更加宽广,同时具有中国特点的民间文艺学也迎来了美好的开始,这正是钟敬文等一代学者的期许。③ 在民间故事搜集整理方面,80年代前后,全国各地展开了全面的搜集整理和出版,有按民族立卷的《中国少数民族民间文学丛书·故事大系》(29种),有按省(自治区)立卷的《中国民间故事集成》(30卷),这些故事集精选了在全国各地流传并且能够反映各个民族特色的故事,"这些故事大都是第一次发表,反映了'文革'后中国民间文艺学界采录民间故事的主要成果"④。到了90年代,台湾学者编了一套《中国民间故事全集》(40

---

① 集成.绚丽多彩的百花园——建国十五年来民间文学作品巡礼[J].民间文学,1964,(5).
② 漆凌云.中国民间故事研究史论(1949—2018)[M].北京:中国社会科学出版社,2019:25.
③ 钟敬文.建立具有中国特点的民间文艺学[J].思想战线,1980,(5).
④ 陈建宪.中国民俗通志·民间文学志(上)[M].济南:山东教育出版社,2005:178.

卷），也是按省（自治区）立卷的。同时《故事大系》经过重新编纂，改名为《中华民族故事大系》（16卷）再次出版。这一阶段对民间故事的学术研究取得了非常丰硕的成果，根据漆凌云的统计，"自1978—1999年共出版故事学著作55部，博士论文4篇，硕士论文27篇，论文895篇，年均发表论文40.7篇"①。这么多的成果得益于改革开放的春风迎进了西方的各种文艺理论和研究方法。在民间故事理论建设方面，传播学、人类学、历史地理学、叙事学等理论被成熟地运用到民间故事研究当中。在研究方法方面，比较研究、类型学、文化人类学等研究方法被大量运用，产出了大量新颖的研究成果。

第五阶段即进入21世纪以来，民间故事研究也迎来了大转型。一方面，在研究理论上突破创新，故事形态、表演、叙事学、类型分析、口述史、口头程式等理论被大量运用；在研究面向上更加广泛，民间故事的讲述方式、内容、场景、体裁、题材等被加以研究；在研究方法上，文化人类学、比较文学、叙事学、宗教学等跨学科方法的综合运用成为一种趋势。另一方面，基于将近百年的民间故事研究历史，一些学者对民间故事研究的学术史、方法论等进行了总结性的研究并指明了今后民间故事研究的方向。同时，新一轮的更原汁原味也更丰富全面的民间故事搜集工作展开了，作为中国民间文化遗产抢救工程的一部分，3 000余卷的《中国民间故事全书》的搜集整理在2004年拉开了序幕，这项工程其实是对《中国民间故事集成》工作的继承和延续，也是一种拓展与深化、发展，②除了完善省（自治区）卷本之外，还增加了市卷本和县卷本，同时在内容上增加了史诗和民间叙事长诗。

二、1949年—1977年：萌芽期

新中国成立之前对宁夏民间文学的搜集和研究基本处于空白状态，真

---

① 漆凌云.中国民间故事研究史论（1949—2018）[M].北京：中国社会科学出版社,2019：33.
② 白庚胜.春天的故事：《中国民间故事全书》总序[J].民间文化论坛,2005,（5）.

正意义上的研究是从新中国成立之后开始的。1951 年《宁夏日报》第 4 版开辟副刊《宁夏川》，首先发表了一些歌谣，接着在 5 月 21 日发布的启事《欢迎大家写故事》拉开了宁夏民间故事搜集和创作的序幕。"启事中说：只要觉得哪个人、哪个事有教育意义，都可编成故事寄给我们，只要有故事性，有人物，管你是写小说、快板、鼓词、诗歌……各样形式都可以。"①虽然有启事的鼓励，但宁夏民间文艺工作者的重点仍然在搜集歌谣上，搜集的民间故事寥寥无几。1958 年全国兴起了大规模的采风运动，为了推动宁夏民间文学作品的搜集和整理，银川市委组织了一次较大规模的搜集活动，并把成果整理出来发表在《宁夏日报》副刊《宁夏川》上，其中有一些民间故事，例如《白杨村》《王太堡蜀黍——大头》《鱼身子有毒》《不见黄河心不死》《贺兰石及其传说》《泥水匠巧治地主》《千里驹》等。由于人们对民间故事的重要性及其学术价值的认识不足，并没有大规模地展开搜集，发表的民间故事仅有零星几篇，几无影响。比较难能可贵的是，这一次搜集活动还产出了第一篇关于民间故事的具有研究性质的文章，即何村和丁光明的论文《采风漫谈》，该文探析了以田野作业的形式展开宁夏民间故事的搜集工作，提到了采集民间故事的科学原则，即忠实记录、慎重整理。

总体来说，这一时间段宁夏民间文艺的发展受到了政治导向的影响，在体裁上主要关注的是歌谣、花儿等，对宁夏民间故事的搜集整理和研究的重视度不够。宁夏民间文艺工作者的认识不足，主动性也不强，因此搜集到的民间故事数量少，内容比较单一，对外界产生的影响甚微。

三、1978 年—1999 年：发生期

1978 年，党的十一届三中全会之后，伴随着思想解放，全国民间文艺学

---

① 钟亚军.宁夏民间文学研究综述[J].宁夏大学学报（人文社会科学版），2004，（6）.

进入了全面发展时期,"在民间文学的所有领域,故事研究的成果最为丰富,参与研究的学者的数量也最多。中国故事学研究取得长足进步"①。在这样的大背景下,宁夏民间故事的搜集整理也迎来了新的发展契机,相关研究也取得了长足进步。1980 年 5 月民间文艺研究会宁夏分会②成立,标志着包括民间故事在内的宁夏民间文学拉开了有序研究的序幕。

(一) 搜集整理和出版

1.《宁夏民间文学》

就搜集整理并出版的故事作品而言,最早有 1981 年 11 月宁夏民研会刊行的内部刊物《宁夏民间传说故事》(第 1 辑),共收集了 63 篇宁夏传统的传说故事,涉及山川古迹、风俗习惯由来、地方文化、人物生活情感等主题。该刊可谓最早大规模地对宁夏民间故事的搜集整理,这是宁夏民间故事研究史上的一个里程碑,"一方面,宁夏民间文学研究终于有了自己的研究性机构和刊物;另一方面,推动了宁夏民间文学搜集整理和研究工作的开展"③。这意味着从此将有一批学者有组织、有计划地专门从事于宁夏民间故事的搜集整理和研究,同时意味着宁夏民间故事研究正式进入了全国民间故事研究的学术圈,也预示着相关研究成果将陆续问世。1983 年 3 月该刊更名为《宁夏民间文学》重新发刊,除了传说故事,还增加了理论研究、民间歌谣、民间叙事诗等栏目。第七辑还专门列出了"采风花絮"和"采风散记"栏目,记录了《中国民间故事集成·宁夏卷》的采集者集体下到农村采集到的比较有趣的内容以及采风过程中的感想。

2. 宁夏回族民间故事

宁夏作为回族自治区,回族人口相对比较多,孕育出了浓郁的回族文化

---

① 万建中.近二十年来中国故事学研究评述[J].西北民族研究,2005,(4).
② 现为宁夏民间文艺家协会。
③ 钟亚军.宁夏民间文学研究综述[J].宁夏大学学报(人文社会科学版),2004,(6).

气息,搜集出版回族民间故事是对外宣传宁夏地方特色文化的一个有力途径。上海文艺出版社从 1979 年开始并在接下来的十年间陆续出版的《中国少数民族民间文学丛书·故事大系》收录了"一个民族重要的有代表性的作品,同时顾及内容、形式的多样性,以反映一个民族民间故事的概貌"①。其中 1985 年出版的由宁夏学者李树江和王正伟编的《回族民间故事选》"是回族人民的口头创作,也是回族人民历史的再现和记录"②。回族遍及全国各地,因此该书收录的近百篇故事采集于宁夏、新疆、云南、青海等13 个省(自治区)。其中宁夏流传的回族民间故事最多最丰富,因此过半的故事采集于宁夏。

此外,1979 年 2 月中国社科院文学研究所在昆明召开了全国少数民族文学史编写工作座谈会,会上确定了由宁夏承担《回族文学史》的编写任务,9 月由自治区党委宣传部牵头成立了编写组。随后宁夏编写组进入了紧密编写阶段。为了进一步征求各方意见并推进编写工作,1984 年 10 月7 日至 13 日,宁夏回族自治区党委宣传部委托宁夏《回族文学史》编写组在银川召开了兼学术与工作为一体的座谈会,探讨了《回族文学史》编写的相关问题并肯定了回族文学作品在中国文学发展的历史上占有重要地位。对宁夏民间文学研究来说,这是一项崭新的开创性工作。编写组选编的内容之一是《中国回族民间文学丛书》,按体裁划分,共有 6 种,其中包括《回族民间故事集》,该书由李树江编写并于 1988 年出版。该故事集是在之前故事选的基础上,进一步搜集故事资料、充实故事内容编写而成的。搜集地点从之前的 13 个省(自治区)增加到了 17 个。搜集主题和内容更加丰富多样,出自宁夏的民间故事仍然占大部分,特别是增加了新创作的红色主题内容,如"红军三过单家集""彭老总在宁夏回民区的故事""红军在银南的故

① 李树江,王正伟编.回族民间故事选[M].上海:上海文艺出版社,1985:编辑出版说明.
② 李树江,王正伟编.回族民间故事选[M].上海:上海文艺出版社,1985:前言.

事""回汉支队的故事"等。还值得一提的是,该故事集的部分内容被李树江与美国学者卡尔·W·路卡特合编为《中国回族神话与民间故事》一书,于1994年6月由美国纽约州立大学出版社出版;同时,该故事集还被日本学者田中莹一①编译为日文版《宁夏回族民间传说故事》一书并于1994年10月由胜潭斋出版。他还在"宁夏的《小青蛙》和大田的《小田螺》对比研究"一文中对岛根民间故事和宁夏回族民间故事进行了比较研究,从中发现了两个民族不同的思维方法和感受能力。②

3.《中国民间故事集成·宁夏卷》和《中国民间故事全集·宁夏民间故事集》

1984年2月,中宣部印发了《关于加强少数民族文学研究和资料搜集工作的通知》。同年5月文化部、国家民委和中国民间文艺家协会联合签发了编辑出版三套集成的通知和相关文件,作为国家艺术学科的重点科研项目之一的《中国民间故事集成》的编纂工作在全国范围陆续展开,标志着民间故事的研究进入集成时代,历时近30年。1985年11月11日至12日宁夏全区民间文学集成工作会议在银川召开并成立了中国民间文学集成宁夏卷丛书编辑委员会,紧接着宁夏各市县纷纷成立了市级、县级民间文学办公室并对民间文学展开了普查、采录和整理。为了三套集成的顺利编纂和出版,宁夏民间文学集成办公室和中国民研会宁夏分会还于1985年11月14日至20日在银川联合举办了民间文学集成骨干培训班,以提高搜集的效率和质量。就《中国民间故事集成·宁夏卷》而言,经历了十年的大规模普查、搜集、整理和编纂工作,至1995年10月编选、定稿工作结束,并最终在1999年出版问世。在这之前陆续有宁夏17个市县的民间故事资料本问世,

---

① 曾任岛根大学教授、日本传承文学(民间文学)学会理事,曾于1992、1993年两次到宁夏访问。
② 李树江.美国和日本对中国回族民间文学的研究与出版[J].宁夏社会科学,1998,(5).

其中由李世峰、尤屹峰、李耀宗主编的《西吉民间故事》率先于 1992 年由宁夏人民出版社出版。全区采录的民间故事近万篇,数量非常庞大,自治区卷本选取了其中最能反映宁夏地方文化特色的篇目,"共收入民间故事 478篇,总计约 90 万字,约占普查、采录、付印的故事资料总篇目的 5%"①。集成所使用的"民间故事"是一个广义概念,"它包括中国各族人民群众口头散文叙事文学的各种体裁和形式,其中有神话、传说,还有其他各种样式的故事,如动物故事、黄线故事、生活故事、笑话、寓言,以及某些民族或地区特有的口头散文叙事文学体裁等等"②。全国民间故事集成的目录编排大致一样,宁夏卷本包括神话、传说(人物传说、史事传说、地方传说、动植物传说、土特产传说、风俗传说)、故事(动植物故事、幻想故事、鬼狐精怪故事、生活故事、机智人物故事)、寓言、笑话。

受全国民间文学大普查的影响,台湾在 80 年代末也迅速展开了大陆两岸各地的民间文学搜集整理工作。经过 5 年的搜集、整理和编纂,陈庆浩和王秋桂主编的 40 卷本《中国民间故事全集》在 1989 年 6 月出版了。这套故事全集并不是采录于田野之间,而是"收集近七十年来,海内外以专书印行、或登载于报刊杂志上之各省汉族民间故事,少数民族则仅收集已翻译成汉文之作品。当代历史事件与人物之民间故事,因缺乏时间陶炼,真伪难分,暂不收录"③。第 35 卷本是《宁夏民间故事集》,虽然是按省分类,冠名以宁夏,但实际上收录的是 90 余篇"回族民间故事",这些故事大部分流传于宁夏各地,还有很多流传于其他省份。该故事集的主题分七类,包括神话与起源传说、地方风物和习俗传说、历史与社会人物、生活故事、爱情童话故事、

---

① 《中国民间故事集成·宁夏卷》编辑委员会.中国民间故事集成·宁夏卷[M].北京:中国ISBN 中心,1999:前言.

② 《中国民间故事集成·宁夏卷》编辑委员会.中国民间故事集成·宁夏卷[M].北京:中国ISBN 中心,1999:总序.

③ 陈庆浩,王秋桂主编.中国民间故事全集·宁夏民间故事集[M].台北:远流出版事业股份有限公司,1989:编辑凡例.

神魔童话故事、动植物故事和寓言。其中有三分之二的篇目与李树江的《回族民间故事集》的内容一致,余下三分之一的篇目中,个别故事与宁夏和回族都无关,例如"娘娘山与老爷山"是关于青海省大通县的两座山的传说;有些故事由回族人口述,但内容与回族文化无关,例如"国王、木匠与和尚";有些故事更多地流传于青海等地,例如"聪明的儿媳""花花牛犊儿""吃人婆的故事"等,笔者在青海回族民间故事里发现了类似的故事。① 另外,该故事集仅仅提供了故事讲述者和搜集整理者的名字,没有提供故事的流传地区,不利于对故事展开追根溯源的研究,实为一大遗憾。

(二) 理论研究

这一时期的民间故事理论研究也开始崭露头角,最开始的理论研究见于《宁夏民间文学》(内部刊物),该刊物从 1983 年至 1993 年共发行 12 辑,1983 年每季一刊,1984 年至 1986 年每年两辑,1987 年至 1990 年暂停发行,1991 年 10 月发行一辑,1993 年 1 月发行一辑,其中第九辑为花儿专辑、第十二辑为歇后语故事专辑。通过该刊物的发行,提高了对宁夏民间故事的价值和意义的认识程度,产出了数篇理论研究文章。第二、三、五辑的理论研究是关于民歌民谣的,第四、七、九、十二辑没有理论研究。第一辑有杨建国的《民间文学与精神文明》和潘自强的《试论宁夏的康熙传说》,第六辑有杨继国的《回族民间文学与作家文学》,第八辑有孙剑冰的《略谈民间故事的搜集整理与出书》,第十辑有李治中的《民间故事的传承性》和高尚忠、张跃政的《傻女婿类型故事特色及讲述者孙守林》,第十一辑有杨继国的《让民间文学插上理论的翅膀》、罗炜的《回族民间故事中表现的道德观》和屈文焜的《两个故事 两种命运——杞梁妻故事与孟姜女故事比较研究》。这些理论研究涉及的主题比较广泛,既有综合性的探究,也是专题性的探

---

① 马忠,马小琴编.青海回族民间故事精选[M].西宁:青海人民出版社,2014.

究,涉及了具体故事内容分析、故事类型研究、故事比较研究、故事中的道德观等主题。通过这些主题能够看到宁夏民间故事研究已经开始百花齐放,虽然在理论研究的深度上还有所欠缺,但在广度上已有所体现。遗憾的是,在知网上并没有搜索到这一时段公开发表的理论研究文章。另外,1990年11月5日至7日,石嘴山市民间文艺家协会在宁夏首开先河,举办了一次民间文艺理论研讨会,有将近30人参会,参会论文有24篇,部分文章刊登在《宁夏民间文学》第十一辑里。这次会议意味着包括民间故事在内的宁夏民间文学研究走上了一个新台阶,研究队伍进一步壮大,对民间故事的重视度进一步提升。

总体来说,这一时段的宁夏民间故事研究呈现出这么几个特点:一是宁夏民间故事以搜集整理为主,区、市、县各级卷本的民间故事都被搜集并整理成册,为以后的学术研究奠定了坚实的基础。二是在大力构建回族民间文学学科体系、宁夏大学成立回族文学研究所、出版回族文学论著的趋势下,宁夏向国内外积极推出了本地特色文化——宁夏回族民间故事。三是宁夏民间故事缺乏理论研究,当全国的民间故事研究论著呈现井喷式增长时,宁夏民间故事研究的论著仍寥寥无几,并没有引起全国研究者的足够重视,也没有与全国的研究路向完全接轨。同时,宁夏文艺工作者缺乏主动钻研的心态,仅仅是被动地顺应全国民间采风大潮,对宁夏民间故事展开了搜集整理,因此当民间故事集成宁夏卷和市县级资料本完成后,或是兴趣转向,或是力不从心、无处着力,他们对民间故事的研究工作告一段落,并没有展开进一步的深入研究。

四、2000年至今:发展期

进入21世纪,中国民间故事研究进入了新时期,宁夏民间故事研究也呈现出了新气象,进入了蓬勃发展期。不论是在民间故事的整理出版上,还是在理论研究方面都有很大的提升。

（一）整理出版

1.《中国民间故事全书》

进入 21 世纪,中国民间文艺工作者深感很多中国民间文化濒临灭绝和失传,随后中国民间文艺家协会在民协主席冯骥才的带领下于 2003 年启动了中国民间文化遗产抢救工程,项目之一就是抢救、普查、整理和出版《中国民间故事全书》(县卷本),这是对《中国民间故事集成》(省卷本)的继承和延续,是对《集成》"县卷本资料的系统编纂出版"①。鉴于《集成》的"大部分资料仍散落在各地民协和基层文化单位(有的已经丢失)","如不及时得到保护,即有'得而复失'的危险。保护的前提是保存。编纂、出版《中国民间故事全书》是一种最好的保存方式"②。2006 年《全书》被列入"十一五"期间国家重点图书出版规划项目。原则上每县一卷,如果能够正常出版,这套故事全书将整理出 2 000 至 2 500 卷,其中包括宁夏各县卷本。自 2005 年首批成果出版以来,目前已有 14 个省、直辖市③的部分县卷本已相继出版。宁夏在 1985 年全面铺开民间故事集成的普查、搜集和整理工作,经过多年的工作共有 17 个市县出版了内部资料本,共计 23 册,约 600 万字,内容包括民间神话、传说、故事、笑话等民间故事。相信如果《全书》能够按规划陆续出版,宁夏各县卷本也将会顺利问世。

2.《中国民间文学大系》民间故事卷

中共中央办公厅、国务院办公厅在 2017 年 1 月发布了《关于实施中华优秀传统文化传承发展工程的意见》的文件,强调拥有 5 000 多年悠久历史的中华优秀传统文化"代表着中华民族独特的精神标识,是中华民族生生不

---

① 白胜庚.春天的故事——《中国民间故事全书》总序[J].民间文化论坛,2005,(5).
② 中国民间文艺家协会编.中国民间文化遗产抢救工程档案 2001—2011 · 文献卷(壹)[M].银川: 宁夏人民教育出版社,2015: 54.
③ 上海、河北、云南、山东、安徽、浙江、云南、湖北、河南、吉林、甘肃、江苏、江西、广东。

息、发展壮大的丰厚滋养，是中国特色社会主义植根的文化沃土"。为了完成"实施中华文化资源普查工程，构建准确权威、开放共享的中华文化资源公共数据平台"和"实施非物质文化遗产传承发展工程，进一步完善非物质文化遗产保护制度"的目标任务，2018 年由中国文联牵头组织实施中华优秀传统文化传承发展重点工程之一的《中国民间文学大系》出版工程，"它将几千年来在民间普遍传承的无形精神遗产变为有形的文化财富，从而避免在全球化语境下民间文学遭遇民众文化失语和传统经典样式失忆的尴尬与窘境，为世人了解中国民间文艺发展规律、应对社会转型和变革所带来的传统文化衰微之势，提供了文化复兴的有效良方和经验范式"①。计划用 8 年时间对民间文学 12 个门类进行搜集整理、编纂出版，完善中国口头文学遗产数据库，2019 年 12 月 25 日首批成果发布。

2019 年 6 月 21 日至 23 日，《大系》民间故事卷编纂工作会在辽宁省沈阳市召开，宁夏卷编纂人员参加了此次会议，探讨了民间故事卷编纂的相关问题和工作部署。随着中国进入特色社会主义的新时代，中国的社会发生了大转型，民间故事赖以为生的传统农耕社会民间生活模式发生断裂，集成时代采集民间故事的方式和所采集的内容屏蔽了很多地方性知识，缺乏对文化背景、讲述环境等的记录，这导致后代读者无法把所读故事与故事流传地及其背后的文化传统有效联系起来，其研究价值也会大打折扣。宁夏民间故事的采集工作也陷入了同样的困局。因此，有必要在归纳整理已有文献资料的基础上，重新进入田间地头调查采集第一手资料，记录地方民间文化知识，打造具有地域文化语境的全要素文本。

《大系》工程受到了宁夏政府部门和文联的重视，是宁夏民间文艺界的头等重要工作之一。早在 2018 年 4 月，《大系》民间故事宁夏卷作为全国示

---

① 中国文学艺术界联合会, 中国民间文艺家协会.《中国民间文学大系》总序[N].文艺报, 2020－04－27(06).

范卷,就已经拉开了编纂工作的序幕。在故事专家组长万建中教授、中国民协副主席程建军的悉心指导下,在宁夏市县区三级联动、全区精尖专人才团队的紧张而有序的编纂下,高质量高水准的民间故事卷于 2018 年底如期交稿了,并得到了专家组的认可。目前,稿件经两次校对修改等待出版社反馈意见,相信不久将和读者见面。《大系》宁夏卷的其他卷本也在按部就班地编纂着。2020 年 7 月 20 日,宁夏文联组织还召开了《中国民间文学大系》《中国民间工艺集成》两大出版工程编纂工作推进会,《大系》宁夏各卷本主要负责人参会,会议旨在让宁夏"两大工程"的各卷编纂任务如期高质量地完成。

3. 基于宁夏地方政府行为的民间故事的出版

新世纪,宁夏民间故事的出版事业也在迅猛发展。这种蓬勃景象与 2005 年国务院办公厅颁发的《关于加强我国非物质文化遗产保护工作的意见》有密切关系。一方面为了落实该《意见》,另一方面为了践行宁夏提出的"小省区办大文化"的文化发展理念,2005 年宁夏政府办公厅印发了《非物质文化遗产保护工程实施方案的通知》,同时宁夏从自治区到各市县纷纷成立了非物质文化遗产保护中心,以此中心为核心成立保护和研究小组,一方面对各市县的地方非遗文化展开全面深入的调研,另一方面以丛书的形式对研究成果编辑出版。

(1) 宁夏非物质文化遗产保护与研究系列丛书

自治区非物质文化遗产保护中心着力编辑出版了"宁夏非物质文化遗产保护与研究系列丛书",其中有《宁夏非物质文化遗产名录》(2012),撰写该名录时,"泾源回族民间故事"仅被列入自治区非物质文化遗产代表作名录项目,之后在 2013 年泾源县非遗保护中心携"泾源回族民间故事"积极申报国家级非遗项目并最终申报成功,2014"泾源回族民间故事"被列入第四批国家级非物质文化遗产代表性项目,但目前对此的学术研究成果并不多。

海原县在积极推进非物质文化遗产保护工作过程中,为了"深入挖掘非物质文化遗产、研究地域非物质文化特征、丰富海原地域非物质文化内涵、提升海原地域文化品位"①,由县文化旅游广电局李文才负责编辑出版了宁夏非遗系列丛书之"海原非物质文化遗产系列丛书"(共6本),其中包括王新林等人编的《海原民间故事》(2013)。该故事集是在80年代采集整理的民间故事资料本的基础上编纂而成的,内容包括传说故事、幻想故事、生活故事、公案故事、寓言故事、笑话故事、和动物故事等多个主题。每篇故事结尾都附上了口述者、搜集者、整理者和采录地点。

盐池县把非物质文化遗产保护工作纳入文化强县建设中来,"要使非物质文化遗产在文化建设中充分发挥应有作用,致力于形成具有鲜明盐池特色的先进文化"②。非遗保护成果之一就是由县广电文旅局主持、县民间文艺家协会协助编辑出版的宁夏非遗系列丛书之"盐池县非物质文化遗产系列丛书"(6本),其中有曹秀宏主编的《盐池县民间故事精选》(2014)。该故事集以《花马池的传说》为蓝本,又添加了一些新的搜集成果,共摘选了180余篇经典故事,包括六大主题:神话传说、地名趣闻、人物传奇、生活万象、志怪猎奇、笑话幽默。每篇末尾仅附有讲述者和搜集整理者的名字。难得的是书中提供了每一位搜集整理者的简介,这群人恰好是地方民间文艺工作者,他们对推动地方民间文艺发展起着至关重要的作用。

中宁县在积极推进非物质文化遗产保护工作过程中,坚持"把民族民间文化的发掘、整理与文化产业开发利用结合起来,使文化转化为生产力,使民族民间文化与非物质文化遗产得到有效的保护"③的要求,县文化旅游广电局负责编辑出版了"宁夏非遗系列丛书"之《中宁民间文学》(3本),其中

---

① 王新林,陈瑜,苏刚,范静波编.海原民间故事[M].银川:阳光出版社,2013:序.
② 曹秀宏主编.盐池县民间故事精选[M].银川:宁夏人民出版社,2014:序言.
③ 中宁县文化旅游广电局编.中宁民间故事[M].银川:宁夏人民出版社,2016:序言.

包括《中宁民间故事》(2016)。该故事集也是在 80 年代采集整理的民间故事资料本的基础上,经过了筛选、进一步的普查、修改和补充完善,收录了地方上广为流传、人们喜闻乐见同时能够反映县域文化特征的故事传说。

(2) 宁夏地名故事

《宁夏地名故事集》(2017)是宁夏第一部以地名故事为主题的文化丛书,该丛书挖掘了宁夏五个市(银川、石嘴山、吴忠、固原、中卫)的古迹遗址、村落集镇、古街古巷、名山名水和人物事件背后的历史故事和美丽传说。例如,"康熙横城赋诗颂宁夏"(银川)、"建规立制官四渠"和"生态农庄泉子湾"(石嘴山)、"灵州:宁夏吴忠的骄傲"和"一百零八塔的传说"(吴忠)、"上古驿站铁瓦亭"和"王洛宾与五朵梅"(固原)、"白马拖缰——七星渠"和"耙子洼里杨家将"(中卫),等等。这套丛书虽为故事,但其中夹杂着很多历史资料,具有一定的学术参考价值,便于人们了解宁夏各地的历史。

(3) 石嘴山民间故事

石嘴山市也积极响应国家的倡导,在 2006 成立了非物质文化遗产保护中心并展开了非遗保护相关工作,把发掘地方优秀传统文化资源和推进各地非物质文化遗产保护工作结合起来,编辑出版了"石嘴山市非物质文化遗产保护与研究系列丛书"(共 4 本),这是"深度挖掘石嘴山文化底蕴,提升石嘴山文化内涵的一项重要的基础性工作"①。其中包括田红梅编的《石嘴山民间故事》(2018),在早前的内部资料《石嘴山民间故事》《惠农民间故事》中精选了 67 篇典型传说故事编辑成册,予以出版,以便更好地保护好这些珍贵资料,方便相关领域的学术研究。因摘选篇目不多,所以没有对故事进行主题分类,在书的末尾附上了讲述者、搜集整理者和采访者名单,便于了解石嘴山地区的民间故事讲述家和民间文艺工作者的简单信息。

---

① 田红梅编.石嘴山民间故事[M].银川:宁夏人民教育出版社,2018:代序.

（4）固原民间故事

固原地区有着浓厚的文化底蕴，该地区的民间文学令人瞩目，当然该地区的民间故事也独具特色。为了繁荣地方文化事业和打造文化固原的品牌，固原积极挖掘地方丰富多彩的民间故事，首先有周庆华主编的《六盘山民间故事》（2010），包括原州区卷、泾源卷、隆德卷、西吉卷、彭阳卷，对固原市所辖四县一区的民间故事进行了选编，内容包括神话、传说、故事、笑话和寓言五类，每卷包括的主题略有差异，隆德卷缺少笑话和寓言，彭阳卷和泾源卷缺少寓言。每篇故事都原汁原味地反映了地方方言特色，末尾还附上了讲述者、搜集地点、流传地区、搜集人和搜集时间等信息，这些信息增加了这套书的学术价值。

固原市委宣传部为了宣传固原地方文化编写了《固原民间故事》（2019），以便"把祖先留下的文化遗产抢救下来、保存下来，完整地交给后人"①，该书收集了59篇在固原地区流传广泛、新奇有趣的故事传说，主题分为神话传说、历史故事、地名故事、民俗故事四大类。固原市西吉县早在2005年就下发了《关于印发西吉县非物质文化遗产保护工程实施方案的通知》，为了"寻找'历史的痕迹'，打开封闭性发展的保守思想，更好地发展，更好地继承，更好地保护优秀文化遗产和民间艺术的精华"②，从2006年开始县非物质文化遗产保护工程专家委员会在学习和掌握《中国民族民间文化集成·西吉卷》资料本的基础上对县境内的民间文化的发展和传承现状进行了深入调研，最终由黄继红主编出版了"西吉县非物质文化遗产丛书"（10本），其中包括《西吉回族民间故事精选》（2018）。该故事集精选了61篇具有鲜明民族特征和县域文化特征的回族民间故事，反映了回族劳动人民在西吉县这块大地上的生活智慧。虽然没有按照主题进行分类编辑，但该故事集大致可分为四类：反抗压迫剥削的故事、爱情婚姻故事、家庭故

---

① 固原市委宣传部编.固原民间故事[M].银川：宁夏人民教育出版社，2019：序.
② 黄继红主编.西吉回族民间故事精选[M].银川：宁夏人民出版社，2008：序一.

事、动物故事。原州区宣传部为了宣传地方文化的深厚底蕴,推出了"原州区'一带一路'文化丛书"(5 册),其中包括《原州民间故事》(2016),比较有特色的是该书记载了一些与历史人物有关的故事,例如孔夫子、秦始皇、王莽、刘秀、王羲之、包拯、康熙等。虽然上面这些故事集的内容绘声绘色、非常详尽,但缺少口述者、搜集整理者和流传地等信息。显然编写这些故事读本的目的仅为宣扬地方文化,学术价值有限。

另外,还有一些老少皆宜的民间故事读本,例如王哲主编的幼儿园园本教材《彭阳民间故事》(2016),红寺堡区文学艺术联合会编写的内部资料《红寺堡民间传奇故事》(2011),等等。总之,进入新世纪,宁夏从政府部门到各文化部门和研究单位都极为重视地方文化的传承和发展,尤其以民间文化遗产的抢救、非物质文化遗产的保护和传承、中华优秀传统文化的传承发展、"一带一路"沿线地域文化的挖掘等为契机,有机地把搜集整理出版宁夏民间故事和文化挖掘、抢救和传承工程结合起来,出版了一大批宁夏各市县的民间故事集。由于编辑故事集的目的不同,有些具有一定的学术价值,有些仅为了解地方文化的故事读本。

(二)理论研究

进入 21 世纪,关于宁夏民间故事的理论研究也慢慢拉开了序幕。据不完全搜集,通过在知网上搜索"宁夏民间故事"关键词,以及查找其他论文集,一共找到 11 篇文章,包括陈敏的《试论回族民间故事中的伦理思想——以宁夏回族民间故事为例》(2006),刘姝的《辽远岁月的璀璨华章——评〈六盘山民间故事〉丛书》(2011),白洁的《宁夏方志中的风物与传说——以宁夏"两山一河"风物传说为例》(2014),郝红杰的《宁夏地区民间故事动画表现的可行性研究》(2015)和《宁夏地区民间故事在动画艺术中的应用研究》(2016),钟亚军的《宁夏"孝"故事的源与流》(2015),杨静的《宁夏民间故事中的民众审美情趣》(2017)及其硕士学位论文《宁夏民间故事的主题学研究——以〈中国民间故事集成·宁夏卷〉为例》（2017），杨静和钟亚军的《甘宁地区"龙"故事的母题研究》（2020），马晓雁的《"古今"在西海固作家文学中的传承》（2017）和《六盘山地区"弃老型"民间故事探析》（2020），李桂童、刘雪茹和计永雪的《新媒体时代宁夏民间故事的传播路径探析》（2020）。就这些文章而言，有些探究了宁夏民间故事背后的文化价值，例如伦理思想、孝文化等，有些探究了宁夏民间故事在当代社会的发展，例如把民间故事与动画艺术、新媒体等结合起来，有些在更理论化的层面上面探究了宁夏民间故事的内容，例如主题学、母题研究、类型研究等。这些文章数量不多，关涉的主题较之全国来说也不算广泛，面对数量庞大的宁夏民间故事资料集，学人仅挖掘了冰山一角，需要进一步运用各种学术理论、研究方法从不同研究方向来探究宁夏民间故事文本本身的价值及故事背后的文化、民俗、社会生活，等等。

难能可贵的是，在2021年出版了一部学术型的著作，即马晓雁的《六盘山地区民间故事研究》（2021）。这本著作对六盘山地区民间故事进行了详细的探究，一是探究了六盘山地区民间故事的称谓与特点、讲述条件与程式、方言载体，二是分析了六盘山地区流传广泛的三种类型故事，即蛇郎型、弃老型和西天问佛型，三是以"白鹁鸽玲玲"为例具体分析了六盘山地区民间故事流传的不同异文和讲述艺术，四是探究了六盘山地区民间故事中的女性形象及其对该地作家文学的影响。在附录里，作者对照着丁乃通的《中国民间故事类型索引》罗列了10个在六盘山地区最为常见的故事。

综上所述，在20年的时间里，宁夏民间故事研究的理论文章不多，著作更少。相比全国民间故事理论研究成果数量的井喷式增长，[①]宁夏民间故

---

① 根据漆凌云的统计，2000年至2018年在学术期刊上发表论文1840篇，硕士论文263篇，博士论文62篇（漆凌云.中国民间故事研究史论（1949—2018）[M].北京：中国社会科学出版社，2019：48）。

事的理论研究成果微不足道。我们可以从以上统计结果总结出几点：一是宁夏民间故事理论研究在进入新世纪的第一个十年并没有受到学者们的重视，理论研究真正展开是从第二个十年开始的。二是集成时代培养起来的宁夏民间故事研究者仅有钟亚军一人，她长期关注着宁夏民间故事的研究动态，她还申请了自治区文化专项基金项目"宁夏民间故事类型研究"（2003—2015），研究成果目前还未出版。这足以说明集成时代所搜集的宁夏民间故事并没有引起学人的重视，宁夏本地也没有培养出一批专门研究宁夏民间故事的学者，或者说宁夏本地学者更多地关注的是民间文学的其他更具地方特色的方面，例如"宁夏花儿"，在知网上搜索"宁夏花儿"，2000 以来大概有 45 篇左右的文章。由此可见，在学人看来宁夏花儿比宁夏民间故事更具有研究价值。三是关注宁夏民间故事的青年一代研究人员——以宁夏高校的教师和研究生为主——有增加的趋势并且理论研究更加有深度，像马晓雁、杨静等研究人员运用国内外民间故事理论来分析宁夏民间故事，例如主题学研究、母题研究、类型研究等，挖掘其更深层次的内涵。

五、结语

宁夏民间故事的研究大体上经历了三个阶段，1949 年至 1977 年的萌芽期、1978 年至 1999 年的发生期和 2000 年至今的发展期。宁夏民间故事也经历了从无人问津到进入主流学术圈的过程。从前面的综述来说，宁夏民间故事未来可研究的方面还很多：

1. 未来随着《中国民间故事全书》之宁夏民间故事各县卷本和中国民间文学大系之宁夏民间故事卷本等具有较高学术价值的资料本的出版，宁夏从自治区到各市县的民间故事资料本会原原本本地呈现在研究人员的面前，以前因资料匮乏而无从下手的研究方向也可以展开深入研究了。

2. 宁夏民间故事资料本是宁夏民间文艺工作的共同成果和财富，应该将其打造为电子数据库，方便资源共享，只有这样，才会有更多的国内外学者关注到宁夏民间故事并利用这些资料做进一步的深入研究，也才能提高宁夏民间故事研究的理论水平和学科水平。

3. 对宁夏民间故事进行更理论化的研究，例如类型研究、文化史研究、故事学理论与方法探讨、学术史总结研究、故事讲述研究、术语分析研究、形态结构研究、民间故事实验研究，等等。

4. 2020 年 3 月 27 日宁夏出台的《宁夏回族自治区非物质文化遗产保护管理暂行办法》为宁夏民间故事的发展提供了一个很好的窗口，借助于非遗保护与传承，把地方民间故事保护与传承与文化旅游、乡村振兴结合起来，发掘地方优秀传统文化资源，打造地方文化特色品牌，向外输出地方文化产业，使宁夏间故事真正活起来。

"张易门好进难出"考

张　强①

摘　要："张易门好进难出"这句俗语在宁夏固原及其周边地区民间广为流传，无独有偶，在秦腔戏曲《忠保国》中亦有一段念白"彰义门是好进难出"。通过对北京城古城门彰义门及宁夏固原市原州区张易镇的历史沿革、地理位置、民俗民风等方面的梳理和分析，探讨"张易门好进难出"和"彰义门是好进难出"背后的渊源及两者的关联。

关键词：张义　张易镇　彰义门

张易镇，位于宁夏南部固原市原州区西南。在宁夏固原及周边的甘肃庄浪、静宁等地，"张易门好进难出"这句俗语人人皆知，无独有偶，秦腔戏曲《忠保国》②中丑角赵飞有段念白亦为"彰义门是好进难出"。此张易门与彼彰义门到底有何渊源，好进难出又为哪般？

一、"彰义门好进难出"出处

秦腔《忠保国》讲述了发生在明穆宗年间的一段故事：明穆宗朱载坖驾

---

① 张强，宁夏固原人，宁夏回族自治区固原博物馆副馆长。主要从事博物馆管理、地方史及地方民俗研究。
② 王正强选编.忠保国[M].兰州：敦煌文艺出版社，2014.

崩后,太子尚幼,太子之母李艳妃垂帘听政。妃父李良企图篡位,巧言相欺,因轻信父亲的献媚虚假承诺之语,李艳妃遂有让位之意。定国公徐延昭、兵部侍郎杨波听到这个消息后上殿谏阻,李艳妃受其父之言所惑,固执己见,君臣不欢而散。李良图穷匕见,将女儿李后及尚在襁褓中的太子囚于深宫,欲夺皇位。徐延昭早料李良有篡位之意,提前将女儿送入宫中侍奉李后,以备不时之需。李后被父锁入深宫后幡然悔悟,欲求徐、杨二位大臣护卫大明江山,徐女用箭将李后求救的诏书射入杨府,杨波即令义子赵飞出城搬兵。徐杨二人即进入宫中调兵遣将,将李良捉拿定罪,杨波被任命为太子太保辅政,抱太子(即万历)继位,朝政方宁。

剧中,赵飞带上义父兵部侍郎杨波的密信,要出京师城门彰义门,被守城官兵盘查,于是就有了该剧第三场《盘门》中赵飞的念白:"来的慌,来的忙,来到了彰义门的门门上。(看到众兵把守赶忙停下)人人曾讲彰义门是好进难出,哎呀,我今咋个出去呀? 这得想个办法,(想了一会)嘿嘿,有了!我给他装个哑巴往过混,能混过去混过去,混不过去就挨上两个耳巴子把咱本钱折了。"

因守城将领王射香亦为杨波义子,又杨给赵飞手掌写了密信,赵飞遂得以顺利出城。出了城门,赵飞有如下一段念白:"人人曾说,个个曾讲,彰义门是好进难出,我今咋松不塔塔给出来了。"[1]传唱之下,便有了妇孺皆知的"彰义门好进难出"。

(一) 彰义门何在

"考彰义门,乃金中都西之北门。"[2]《金史·地理志》记载:"中都路,海陵贞元元年定都,以燕乃列国之名,不当为京师号,遂改为中都。"[3]《中国历

---

① 王正强选编.忠保国[M].兰州:敦煌文艺出版社,2014:31.
② 王毓蔺,尹钧科.《明史》若干地理记载正误[J].中国历史地理论丛,2012,(3):98.
③ 脱脱等.金史(卷二十四·志第五·地理上)[M].北京:中华书局,1975:572.

史地名大词典》载:"中都:金贞元元年迁都燕京,改燕京析津府为中都大兴府,在今北京城西南隅。蒙古初仍称燕京,至元元年复号中都。四年,改筑新城于旧城东北,遂定都于此,即今北京城的前身。九年,改称大都。"①考古发掘也佐证了这一历史事实。1984年,金中都城墙遗迹南城墙万泉寺、凤凰嘴和西城墙高楼村被公布为北京市文物保护单位。2019—2020年,北京市文物研究所和丰台区文化和旅游局对西城墙、南城墙和周边开展了为期两年的考古发掘,取得重要成果。……为复原金中都结构布局和城市面貌提供了重要考古资料,实证了金中都城的建制沿革。②《金史·地理志》载"中都路,……城门十三,……西曰丽泽、曰颢华、曰彰义"。③"按金之中都,元为大都之南城,而彰义门之地望,约在今北京市丰台区与宣武区交界之广安门外大街湾子村附近。"④文献资料和考古发掘确定了金中都城及其彰义门地望。

元朝和明朝均定都于北京城。《元史·地理志》载,"大都路,……(世祖至元)四年,始于中都之东北置今城,而迁都焉。……十一门,正南曰丽正……正西曰和义,西之右曰肃清,西之左曰平则"⑤。《明史·地理志》虽有"顺天府。……皇城之外曰京城,周四十五里。门九:……西之北曰彰仪……"⑥之载,但经专家考证,明朝京城城门并无彰义门,城西之北门应为和义门,后改名为西直门。《明史》及点校本《明史》顺天府条西直门,均称旧名"彰义门",显是当初此条资料引自《方舆纪要》,当是顾氏手误,将"和义"误植为彰义,遂沿用而未改(图1)。⑦

① 魏嵩山.中国历史地名大词典[M].广州:广东教育出版社,1995:149.
② 李瑞.金中都城墙遗址考古工作取得重要成果[N].中国文物报.2021-01-15(02).
③ 脱脱等.金史(卷二十四·志第五·地理上)[M].北京:中华书局,1975:572.
④ 于杰,于光度.金中都[M].北京:北京出版社,1989:23-24.
⑤ 宋濂.元史(卷五十八·志第十·地理一)[M].北京:中华书局,1976:1347.
⑥ 张廷玉等.明史(卷四十·志第十六·地理一)[M].北京:中华书局,1974:884.
⑦ 王毓蔺,尹钧科.《明史》若干地理记载正误[J].中国历史地理论丛,2012,(3):99.

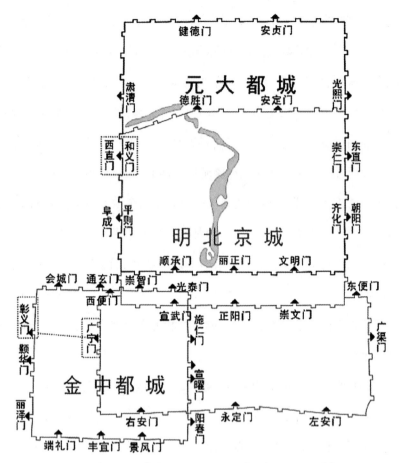

图 1　金元明北京城址变迁略图(据《北京历史地图集》
第 1 集金元明北京城市图改绘)

　　显然,明朝的京城未出现彰义门,但"元明以来,彰义门旧址尚存,……","后嘉靖间展筑京师外城,外城西门曰广宁门,因在彰义街上,与其西之旧彰义门相通,而都人后遂以彰义呼之。"①"新建的广宁门与历史悠久的彰义门,分别位于北京外城与中都城西侧偏北之处,他们东西对峙且相距不远,中间又有彰义门大街相互沟通,这就难免使百姓对'广宁门'的印象远不如早已习惯了的'彰义门'深刻。"②成书于光绪十二年的《顺天府

① 于敏忠等.日下旧闻录[M].北京:北京古籍出版社,2001:1539.
② 孙冬虎.《明史》北京地名的伪俗词源举隅[J].中国历史地理论丛,2008,(3):32.

志》载:"广宁门大街,俗称彰义门大街。"①即使清朝后期改广宁门为广安门也未能改变"彰义"之呼,直至新中国成立,北京城外来人口增多,文字标牌成了人们辨识地理方位的直接标识,广安门的叫法又恢复了他的官方身份,彰义门才慢慢淡出了人们的日常称呼。至此,彰义门之称已历800年。

因此,发生于明朝年间戏曲故事中的彰义门当是京师西城之北门和义门后称西直门的俗称。

(二)好进难出为哪般

彰义门之所以"好进难出",与它的地理位置及自身建置有着必然联系。"明代北京的皇宫城池,可分内外两重。外面为皇城,主要设承天门、东安门、西安门、北安门等门;里面为宫城即紫禁城,设午门、东华门、西华门、玄武门等。"②内、外城门都建有瓮城和箭楼,城墙四角都增修角楼,城外环绕宽而深的护城河。整体上,城池修筑颇为坚固,多层环抱,层层布防,护卫极其严格而牢固。"沿着太行山东麓大道北上,在卢沟桥附近转入东北方向进入北京,是历史上久已形成的一条南北交通线。从这里到彰义门的道路,更是成为从西南方向进入中都城的必由之路。"③无论是各省官员觐见皇上、学子参加科考还是工贾使者进出京城都走此道。因此,盘查防守当然比其他城门更加严格,城门两侧建有礓磜坡道,设有关卡,严禁老百姓登城,守城的兵将可以直接骑马登城。

所以,彰义门又有"京师咽喉"之称,"彰义门好进难出"理所当然。只可惜广安门箭楼、瓮城、城楼都在20世纪50年代被拆除,城墙也在"深挖洞、广积粮"的时候被拆平。

① 周家楣,缪荃孙等.光绪顺天府志(京师志十四·街坊下)[M].北京:北京古籍出版社,1987:409.
② 李新峰.明代北京皇城城门俗称考略[J].明清论丛,2018,(2):5.
③ 孙冬虎.《明史》北京地名的伪俗词源举隅[J].中国历史地理论丛,2008,(3):32.

二、"张易门好进难出"的渊源

(一) 张易之沿革

据一代代张易人口传,古时一张姓张易人为朝廷官爷,当地群众将其居住的堡子称为张爷堡,因"爷""义"在当地发音相近,后张爷堡就慢慢称作张义堡了。这位"张爷"究竟是谁?《金史·张中孚张中彦传》记载:"张中孚,字信甫,其先自安定徙居张义堡。父达,仕宋至太师,封庆国公。金贞元元年,迁尚书左丞,封南阳郡王。三年,以疾告老,乃为济南尹,加开府仪同三司,封宿王。移南京留守,又进封崇王。卒年五十九,加赠邓王。"①"张中彦,字才甫,中孚弟。少以父任仕宋,为泾原副将,知德顺军事。"②降金后官至临洮尹兼熙秦路兵马都总管,加仪同三司。张义堡这一名字究竟由何而来、是否与张中孚家族有关暂无从考证。

张易镇位于固原市原州区西南 38 公里,六盘山脉西侧,地处西吉县、隆德县和原州区两县一区交汇处,境内地势呈东高西低,分布的河流除西海子为清水河支流外,其余主要为葫芦河支流。203 省道、隆张两条公路贯穿全境,是周边三县(区)十乡的政治、经济、文化中心集镇。

2004 年 5 月,在张易镇黄堡村北 300 米的北山梁发现了新石器时期的墓群,③经原州区文管所抢救清理出墓葬四座,属齐家文化类型,其时间在公元前 2000 年左右。这说明,早在新石器时期就有先民生息、繁衍于此。

秦昭襄王三十五年(前 272),秦国灭义渠戎国,《史记》载:"秦昭王时,义渠戎王与宣太后乱,有二子。宣太后诈而杀义渠戎王于甘泉,遂起兵伐残义渠。于是秦有陇西、北地、上郡,筑长城以拒胡。"④战国秦长城穿张易全境而过,真正成为秦的势力范围。秦始皇建立帝国后祭祀的湫渊即为今张

---

① 脱脱等.金史(卷七十九·列传第十七)[M].北京:中华书局,1975:1787.
② 脱脱等.金史(卷七十九·列传第十七)[M].北京:中华书局,1975:1789.
③ 马东海,王金锋.原州区文物志[M].银川:宁夏人民出版社,2012:138.
④ 司马迁.史记[M].西安:太白文艺出版社,2006:520.

易镇西海子和彭阳古城干海子。北魏置原州。① 唐朝张易境内的木峡关成为著名的原州七关之一。② 北宋至道三年(997),宋在古原州平高县置镇戎军,辖领城一、堡二、寨七,堡二:开远、张义。③ 张义(今原州区张易镇)之名始见于史册。据《原州区文物志》载,现张易镇街道残存的堡址即为宋张义堡。④ 北宋高宗建炎四年,金天会八年(1130),原州降金,金朝任命张义堡人士张中孚为泾原路经略使,⑤张易陷入金地。绍兴三十二年(1162)二月,姚仲遣副将赵铨攻下镇戎军,金守军出降,⑥张易再次归入宋朝版图。次年正月,镇戎、德顺等一十六州府复归金,张易又成金的领地。金大定二十二年(1182)改镇戎军为镇戎州,辖二县九寨,张义堡为张义寨。⑦ 元初仍为原州。至元十年(1273),皇子安西王分治秦、蜀,遂立开成府,'仍视上都,号为上路'。领县一(开成(治今原州区开城镇))、州一(广安)。⑧ 张易属开成县。

明成化三年(1467),北虏内侵,攻破开城县,因徙县治于固原。⑨ 弘治十四年(1501)再设固原镇,次年改置开城县为固原州。张义堡在州西南六十里。⑩ 明代固原是西北最大的军马基地,有大量的马政机构和藩王牧地,张易为藩王牧地,镇内至今仍有马场村。清代改张义为张易。

民国二年(1913),置固原县,张易属之。民国 18 年(1929),实行区村制,全县设六区,张易属固原县西区。民国 23 年(1934),改区村制为乡镇保甲制。张易乡统 10 保。辖境东至大湾店,西至巴豆沟,南至倪家套,北至偏

① 魏收.魏书(卷一百六下·地形志下)[M].北京:中华书局,1974:2622.
② 欧阳修,宋祁撰.新唐书(地理一·原州平凉郡条)[M].北京:中华书局,1975:968.
③ 脱脱等.宋史(卷八十七·志第四十·地理三)[M].北京:中华书局,1977:2158.
④ 马东海,王金铎.原州区文物志[M].银川:宁夏人民出版社,2012:83.
⑤ 脱脱等.金史(卷七十九·列传第十七)[M].北京:中华书局,1975:1788.
⑥ 脱脱等.金史(卷二十六·志第七·地理下)[M].北京:中华书局,1975:646.
⑦ 宋濂等.元史(卷六十·志第十二·地理三)[M].北京:中华书局,1977:1428.
⑧ 杨经纂修,韩超校注.嘉靖固原州志[M].上海:上海古籍出版社,2018:18.
⑨ 杨经纂修,韩超校注.嘉靖固原州志[M].上海:上海古籍出版社,2018:18.
⑩ 刘敏宽,董国光纂修,韩超校注.万历固原州志[M].上海:上海古籍出版.2018:18.

城。[1] 1942 年,民国政府划海原、隆德、静宁、固原、会宁五县各一部设立西吉县,张易镇第五保属之杨家山、烂泥河、白套子;六保属之卜家庄;七保属之马其沟、大红沟;八保属之八肚沟、沈家新堡、沈家嘴、花儿岔共 164 户1 045 人划归西吉县。[2] 1947 年张易镇辖 10 保 148 甲 2 045 户 14 721 人。[3]

　　1935 年 10 月 5 日,毛泽东率领中央工农红军长征途径固原。6 日晚,毛泽东来到张易镇,住在坑坑店。7 日凌晨,大部队经张易王套、后莲花沟向六盘山急进。毛泽东等中央领导同志从张易堡宿营地开拔,沿小水沟上六盘山,由此诞生了气势磅礴的词作《清平乐·六盘山》。[4] 1949 年 8 月,固原县解放,1949 年底,设张易区,驻张易。[5] 1958 年 10 月,人民公社化,撤销区、乡建制,组建为政社合一的张易人民公社。[6] 1963 年 4 月,划张易一部分生产大队增设红庄公社。[7] 1978 年春天,张易公社上滩大队中山生产队赵丕条等 5 位农民签下包产到户的"保密协定",拉开了宁夏联产承包责任制的序幕。1980 年 1 月,张易公社在全县率先实行家庭联产承包责任制。[8] 2002 年 7 月,固原地区撤地设市,张易乡、红庄乡隶属固原市原州区管辖。2003 年 7 月 18 日自治区政府批复,红庄乡和张易乡合并为张易镇,镇政府驻地为原张易乡政府。[9]

　　(二) 好进难出之由来

　　1. 地理位置险要

　　张易镇位于固原市原州区西南六盘山脉西侧,是扼守古代固原城安全

---

① 民国固原县志[M].银川: 宁夏人民出版社,1992: 301.
② 民国固原县志[M].银川: 宁夏人民出版社,1992: 580 - 581.
③ 民国固原县志[M].银川: 宁夏人民出版社,1992: 177.
④ 张贤总纂,固原县志编纂委员会编.固原县志[M].银川: 宁夏人民出版社,1993: 307.
⑤ 张贤总纂,固原县志编纂委员会编.固原县志[M].银川: 宁夏人民出版社,1993: 150.
⑥ 张贤总纂,固原县志编纂委员会编.固原县志[M].银川: 宁夏人民出版社,1993: 151.
⑦ 张贤总纂,固原县志编纂委员会编.固原县志[M].银川: 宁夏人民出版社,1993: 152.
⑧ 张贤总纂,固原县志编纂委员会编.固原县志[M].银川: 宁夏人民出版社,1993: 55.
⑨ 佘贵孝总纂,固原市原州区党史区志编纂委员会编.固原市原州区志[M].北京: 方志出版社,2010: 117.

的西部屏障。"西区大车道,由县城经海子峡至大湾店子抵张易镇。为西吉、静宁来本邑之经行大道。"①在民国年间的叠叠沟公路修通之前,过境张易的海子峡道是西出东进固原的主要通道,张易一旦失守,固原的西面便门洞大开,固原城就无险可据,直接威胁到中原王朝的安全。

自秦惠文王筑长城以拒胡始,张易镇大部分被廓在长城内侧,张易成为秦王朝对抗游牧民族,保障王朝安全的前沿阵地。战国秦长城由今甘肃静宁县入西吉王民乡,沿葫芦河东岸北进,经马莲乡巴都沟入固原张易镇,由樊西堡村南入境,经黄堡村、闫关村、上马泉村、宋洼村、红庄村,由马场村出境,穿叠叠沟进入中河乡、官厅镇,越河川乡进入彭阳县,在张易境内呈西南—东北走向。② 修筑长城是一项宏伟浩大的工程,仅靠长城沿线的劳力显然无法完成,还需征调国内大量的人力物力,因而,沿长城形成了一条运输劳力及物资的车马大道。长城筑成后,由于军事防御需要,秦始皇统一六国后的第二年(前220),再一次修缮升级,③这样,一条沿长城内侧的驰道便形成。位于原州西南的海子峡峡谷沿长城内侧,穿越陇山东西,由西海子水流冲刷天然形成,地势平坦,西出东进固原,不用翻越高耸的陇山,成为驰道穿越陇山的唯一通道,这也是战国秦王朝选择长城在此过陇山的主要原因,秦始皇祭祀湫渊巡视陇西郡后,就是沿着这条道路经北地郡返回的。所以,推测最迟从秦王朝"筑长城以拒胡"始,海子峡道便成为穿张易东进固原西出静宁、天水的主要通道。从此,商旅驼队来往于此道,驼铃声声,不绝于尘。固原市原州区张易镇今天还保留有大湾店子(因该村过往客商行人众多设有旅店而得名)、骆驼巷(位于海子峡西口)等地名,足以见证当年的辉煌。

① 民国固原县志[M].银川: 宁夏人民出版社,1992: 554.
② 张贤总纂,固原县志编纂委员会编.固原县志[M].银川: 宁夏人民出版社,1993: 911.
③ 薛正昌.宁夏境内丝绸之路文化研究[M].兰州: 甘肃教育出版社,2013: 6.

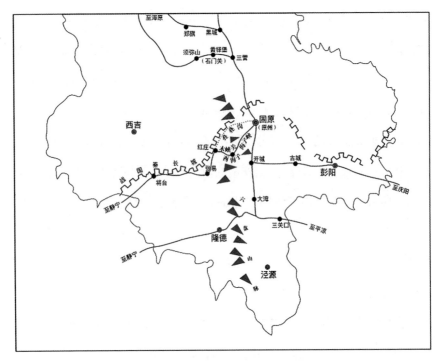

图 2　固原"丝绸之路"线路示意图（制图：王育民）

正是由于张易的特殊地理位置，东汉时就在西海子口设置木峡关。"峡亦作硖。在今宁夏固原县西南。为陇山要隘。《周书·文帝纪》：北魏永熙三年（534），宇文泰引兵上陇，'军出木峡关'，即此，唐为原州七关之一。"①海子峡谷西口即西海子出口处有一城址，据考证该遗存当为木峡关遗址，②距原州西南 20 公里，且西海子水流为清水河主要源流，距离、水流与史书记载基本一致。峡谷两侧悬崖峭壁，危削穿窒，犬牙相错，为西南屏藩。

历史上，木峡关的军事地位十分重要：北魏孝武帝永熙三年（公元534）宇文泰讨伐侯莫陈悦军出木峡关③；隋初，突厥首领沙钵略纵兵自木

---

① 郑天挺，吴泽，杨志玖主编.中国历史大辞典（上卷）[M].上海：上海辞书出版社，2000：368.
② 马东海，王金铎.原州区文物志[M].银川：宁夏人民出版社，2012：79.
③ 令狐德棻等.周书（卷一·帝纪第一·文帝上）[M].北京：中华书局，1971：9.

峡、石门(须弥山沟口羊圈堡)两道来寇①;唐高宗仪凤三年(678)在原州七关之一的木峡关增设木峡监。至代宗广德元年(763),原州被吐蕃占据,②凭借陇山险要,吐蕃严控木峡关,张易长时间被吐蕃占领。大历八年(773),宰相元载向代总建议,唐兵应以原州为据点,分兵固守石门、木峡和陇山关隘。③北宋咸平二年(999),为防御西夏向南掠扰,知军李继和在镇戎军(固原城)附近及木峡口以南的各个地方设立堡寨,徙人以居住,且耕且战。④木峡口以南的地方就在今张易等乡镇。

宋康定二年(1041)二月,元昊率十万大军出发,准备攻取渭州,经三川寨(今固原市原州区彭堡镇隔城子),并到怀远城(今西吉县偏城),发动了著名的好水川战役,张易成为该战役的战场之一。正在高平巡边,负责泾原路军事的韩琦获悉军情后,立即在镇戎军集合兵马,新募勇士,令任福(环庆副总管)率领迎敌。元昊率军经三川寨,过怀远城南至张家堡(今原州区张易镇),又沿好水川向西到达羊牧隆城附近。二月二十四日,宋军在好水川中了夏军的埋伏而惨败,将士死伤近万人。⑤

元丰元年(1078),"知镇戎军张守约言:'张义堡四面受敌,易攻难守,堡南一里有旧堡,三面邻崖,城两重,皆不受敌。乞存新堡外,更修葺旧堡,移置仓、草场,及见任监押合管勾上下两城兵马、烟火,迁廨舍于旧堡。'从之。"⑥于是,位于今原州区张易镇街道的新堡和街道南山上的旧堡均得以使用。

2. 民团势壮,尚武之风盛行

固原自古以来就是西北军事重镇,也是古代中原农耕民族、北方草原游

① 魏徵,令狐德棻等.隋书[M].北京:中华书局,1973:1866.
② 刘昫等.旧唐书[M].北京:中华书局,1975:5239.
③ 欧阳修,宋祁.新唐书[M].北京:中华书局,1975:4713.
④ 脱脱等.宋史[M].北京:中华书局,1977:4265.
⑤ 脱脱等.宋史[M].北京:中华书局,1977:10506.
⑥ 李焘.续资治通鉴长编[M].北京:中华书局.2004.

牧民族及西域各族生息繁衍之地。历史上不断有北方少数民族或在此称帝立国，或从这里策马问鼎中原，形成了尚武不重文，彪悍好战的民风。"武功之盛，则鲜与固原为伯仲者。"①清朝定鼎后，因固原健儿纪律严明、英勇善战，更一度成为清朝绿营兵的兵源基地。② 固原健儿将星云集，正如安维峻所叹："生斯土者，良将材官，后先相望，独文学中以科第起家者，落落如晨星。"③

民国 17 年(1928)，甘肃爆发"河湟事件"，社会秩序混乱。民国 18 年(1929)，国民军撤离固境，地方警力严重不足，又逢"世所罕见"④大灾荒，匪祸蜂起，固原乡民办团自卫：乡绅大户组建民团，小家小户则结伴相抗，尚武之风更加盛行。张易人素有习武传统，苏氏王氏家族祖传武术远近闻名，李富清等人组织的民团势力更是强大，最盛时达 2 000 余人。"土匪王富德(西吉人)由骆驼巷进扰张易，李富清率团众击败。吴发荣(海原人)匪众由大营川取道张易南下，闻张易民团漂勇，写信保证不驻不扰，得李富清许可，始结队而过。"⑤自此张易威名远扬，"张易门好进难出"名副其实，尽人皆知。

自古属秦文化圈的张易，其语言及风俗习惯无不深深打上"关中"烙印，秦腔戏曲《忠保国》不但剧情家喻户晓，且每个人都能哼上几句。因其中的戏词"彰义门是好进难出"中的"彰义"与固原市原州区张易镇的"张易"同音，加之张易固有的特点，附近群众就将其套在了"张易"名下，慢慢地就变成了"张易门好进难出"，并成为张易镇的代名词。其实在民国以前，无论是"彰义门"还是"张易门"都是好进难出的。

---

① 王学伊修，锡麒纂.宣统新修固原直隶州志[M].上海：上海古籍出版社,2018：370.
② 徐兴亚.西海固通史[M].银川：宁夏人民教育出版社,2012：400.
③ 王学伊修，锡麒纂.宣统新修固原直隶州志[M].上海：上海古籍出版社,2018：292.
④ 民国固原县志[M].银川：宁夏人民出版社,1992：536.
⑤ 张贤总纂,固原县志编纂委员会编.固原县志[M].银川：宁夏人民出版社,1993.06：1059.

语言与文学

YUYANYUWENXUE

上海图书馆藏曾畹《曾庭闻集》考述

安正发①

摘　要：清初流寓宁夏的作家曾畹以诗知名于当时，他一生交游广泛，与当时学界和文坛名流如钱谦益、顾炎武、吴伟业、龚鼎孳、魏禧、宋琬、屈大均等，或有书信交往，或有诗文酬赠，或为其诗文作序，对曾畹诗文有较高评价。曾畹自顺治十一年(1654)以宁夏籍中陕西乡试后，一直执着于科举却最终劳而无功，布衣终身。其存世著作最完整的是上海图书馆藏清康熙刻本《曾庭闻集》四册，包括诗集三册、文集一册。本文根据曾畹诗文内容和诗文集的序及其他相关资料，对《曾庭闻集》的版本、成书经过及文献价值等方面进行考述。

关键词：曾畹　《曾庭闻集》　版本　成书　文献价值

曾畹(1622—1678)，原名传灯，字楚田，祖籍江西宁都，后著籍宁夏，更名畹，字庭闻。早年游学吴门，师事徐汧、张溥，深受器重。曾随父曾应遴与杨应麟等守吉安抵御清军，兵败后奔走闽越、京口。在汉中吴三桂幕得知朋

① 安正发(1974—)，男，宁夏彭阳人，宁夏师范学院固原历史文化研究中心教授，主要从事中国古代文学及地方历史文化研究。

基金项目：宁夏哲学社会科学规划项目"明清时期六盘山文学文献研究整理"(21NXBZW01)。

友户部主事唐德亮理饷宁夏,遂投奔并落籍宁夏。顺治十一年(1654)以宁夏籍中陕西乡试,计偕赴京,诸名公争延致之。累上公车不第,晚年曾一度出家天目山为僧。康熙十三年(1674)母亲去世,与弟灿归故里。不久外出,康熙十七年(1678)病卒于陕西商南县的五狼沟。著有《曾庭闻集》,包括诗三集,文一集。在《箧衍集》卷四、《清诗别裁集》卷五、《〔雍正〕江西通志》卷九四、《〔道光〕宁都直隶州志》卷二二、《晚晴簃诗汇》卷二七等文献中有对曾畹的介绍。

曾畹一生交游广泛,当时学界和文坛名流如钱谦益、顾炎武、吴伟业、龚鼎孳、魏禧、宋琬、屈大均等,或有书信交往,或有诗文酬赠,或为其诗文作序,对曾畹诗文有较高评价。下面据曾畹诗文和他人所作的诗序、文序等资料,对《曾庭闻集》的版本、成书经过及文献价值等方面进行考述。

一、版本情况

《曾庭闻集》四册,曾畹著,包括诗三集、文一集,清康熙间刻本。上海图书馆藏,孤本。四周双边,白口,单黑鱼尾。《诗集》半页十二行,行二十二字。目录和正文的版心均标明如"《曾庭闻诗》七言律,第一集"等字。第二集内缺一页,据篇首目录,缺诗九首,依《金石堂诗》可补二首。《文集》半页十行,行二十二字。亦缺一页,篇名不详,仅存篇末数行文字。《诗集》《文集》记事最晚均止于康熙十三年(1674)。

该版本留存极少,仅存于上海图书馆。盖因乾隆时被列为禁书而毁,如乾隆四十四年(1779)四月初八日,江苏巡抚杨魁奏缴新书十四种,又重复应毁书二百四十九种,[①]其中就有《曾庭闻集》二部。[②] 乾隆四十六年(1781)六月十四日,兼管浙江巡抚陈辉祖奏缴四十五种,其中有《曾庭闻诗

① 雷梦辰.清代各省禁书汇考[M].北京:北京图书馆出版社,1989:160.
② 雷梦辰.清代各省禁书汇考[M].北京:北京图书馆出版社,1989:172.

集》，并注明"诗内有纰谬处"①。

上海图书馆藏《曾庭闻集》，内钤有"王金铦印""湛庐""湛庐藏书记""王培孙纪念物""上海图书馆藏"等印章。王金铦为晚清人，字蔼士，号湛庐，仁和人，贡生，候选教谕，生平不详。家湖墅，好藏古书。②"湛庐藏书记"印章为清代著名篆刻家、"西泠八家"之一的钱松（1818—1860）所刻。据边款"湛庐藏书记。甲寅岁刻于未虚室，叔盖"之"甲寅岁"推测，这枚印章刻于咸丰四年（1854）。

又从"王培孙纪念物"印章可知，该书后来为王植善所有。王植善（1871—1952），字培孙，乳名大宝，江苏嘉定（今属上海）人，为近代著名教育家，好收藏图书。曾任南洋中学校长。据顾廷龙《检理王培孙先生藏书记》载："上海王培孙先生好收藏图籍，曾以四十年之积聚，储之南洋中学图书馆，内容之丰富，素为海内所仰重。先生湛深史学，一以网罗放佚旧闻为主，故所收多罕见之典籍。""一九五二年夏，学校当轴拟改书楼为礼堂，以旧文化图书非中学生所切需，将使藏书发挥更大之作用，征得先生同意，决定呈献政府。复经陈君子彝建议，谓先生藏书与合众图书馆所储性质相类，最宜同庋，以便学者参考，因于呈献上海市人民政府文化局时，请拨交本馆保管，当荷照准。遂于一九五二年十一月十二日下午开始移运，翌午而毕，计三百七十篮，但以为时迫促，后先凌乱，本馆极四十日之力，检理甫竣。其后陆续有所补送，即次第收存而整理之。廷龙检理之余，综核先生所藏，以史籍为最富，亦最有裨于实用。次为方志，又次为佛经。而明末清初别集与词曲、杂剧，亦颇多珍本。先生治辟之径途，亦于此可征。"③指明王培孙先生藏书既多又精，以及将藏书捐赠给人民政府的相关细节。

---

① 雷梦辰.清代各省禁书汇考[M].北京：北京图书馆出版社，1989：243.
② 周膺，吴晶.杭州丁氏家族史料（第4卷）[M].北京：当代中国出版社，2016：35.
③ 顾廷龙.顾廷龙全集（文集卷：上）[M].上海：上海辞书出版社，2015：225－226.

从以上的印章信息及收藏过程看,此《曾庭闻集》曾为王金钰藏书,后来因故为王植善所有,藏于南洋中学图书馆。1952年王植善将藏书捐给政府,其中就包括此本。由于王植善藏书与合众图书馆(上海图书馆前身之一)性质类似,故而移交到合众图书馆,后来就成为上海图书馆的藏书。上海图书馆为感谢王植善先生的捐赠功德,特意刻"王培孙纪念物"印章来铭记和感谢。①

二、成书经过

曾畹诗集的刊刻时间,任玑于康熙八年(1669)冬写的《曾庭闻二集诗序》中说:"戊戌(顺治十五年,1658),刻其一集诗。至长安,都人士咸有刘槎翁、李崆峒之目。余索数十卷置案头,皆为同人远近取去,甚则片纸无存。己亥(顺治十六年,1659),庭闻同下第,同舟南下,困约道路。有所作,一字不叶宫商,必沉吟终夕,不安不止。间于理有硗隔,亦欲人求□意想之外,余窃叹以为不可及。然庭闻皆掷去,谓不足存也。辛丑(顺治十八年,1661),余从奉新北上,庭闻送之江渚,自以为仆马窘困不行。余幸一第,急招庭闻入关。庭闻乃尽迁徙其家于西夏。西夏去余里二千里,庭闻往往独骑马来余家宿,余为之伎饮唱和。每诗成,庭闻不惬自意,又掷之。或留连数日,一事不就,片言不合,辄掉臂,骑马去。同年李屺瞻戏之曰:'君性几于阉竖,而气势则介胄士也。'庭闻亦自笑以为知言。今秋(指康熙八年,1669),余薄游江上,庭闻又家吴趋,至则出其二集诗示予。"②对曾畹在诗创作上的精益求精、一丝不苟的精神予以赞扬。曾畹同乡彭士望也说:"宁都曾庭闻好远游,……所至则必见之于诗。诗文必本于杜,其五言近体及古诗,高者已据

---

① 安正发.钱谦益两篇诗序考辨——以《曾青藜诗序》《曾庭闻诗序》为中心[J].宁夏师范学院学报,2018,(12).
② 任玑.曾庭闻二集诗序[A]//胡玉冰主编.《朔方文库》第七三册:曾庭闻诗集[M].北京:国家图书馆出版社,2018:292-295.

古人之席次,亦煜灿琳琅,自成格调。流传海内,为名钜人所赏识,而庭闻意中嗛然,不自以为足。每万里归,必于易堂九子勤勤较定,至一言一字之未协,不惮十反,以求至当,而后缮书以汇于其集。"①严沆为其第三集诗序中曾写道:"庚戌(康熙九年,1670)之夏,曾子庭闻贻书及我,告以出世之志,于时两目几盲,未及省答也。今年(即康熙十年,1671)相见湖上,方袍芒履,骨相洒然,余深异之。既出其第三集诗示我,吾又异焉。"②可以看出,曾畹诗集是在不同阶段分别刊刻的。

从现存诗集文集的版式、字体、行款等整齐一律的情况看,现在看到的《曾庭闻集》又经重新刻印而成,诗集都是经他人选编,如第一集为泗州施端教匡荄选,第二集为合肥龚士稹伯通定,第三集为余杭严沆颢亭定。这样,其早年的部分诗文未收在《曾庭闻集》内也就好理解了。有知情人士李明睿(1585—1671)就说道:"庭闻旧刻,有《莲山问天》制艺,为杨维斗、周介生、朱云子、钱吉士所评品,价重南金。鼎革以来,乃专攻诗赋、古文,今虽厄于南宫,嬉笑怒骂皆成文章,乃天欲老其才而大用之。"③这里的《莲山问天》制艺,不见于其文集之内。另外,还发现分别收录在《诗观》《江西诗征》中的两首诗《同刘石生晓发栎阳》《鸡头关》亦未在曾畹的三集诗内。

三、文献价值

(一)版本价值

《曾庭闻集》有诗三集、文一集。《诗集》每集内依据诗体、编年的方式

① 彭士望.曾庭闻二集诗序[A]//胡玉冰主编.《朔方文库》第七三册:曾庭闻诗集[M].北京:国家图书馆出版社,2018:286-289.
② 严沆.曾庭闻三集诗叙[A]//胡玉冰主编.《朔方文库》第七三册:曾庭闻诗集[M].北京:国家图书馆出版社,2018:413.
③ 李明睿.曾庭闻文集序[A]//胡玉冰主编.《朔方文库》第七三册:曾庭闻诗集[M].北京:国家图书馆出版社,2018:531.

编排，包括《五言古》《七言古》《五言律》《七言律》《五言绝》《七言绝》，但各种诗体在每集内次序不一。

《曾庭闻诗》第一集，为泗州施端教选。施端教，字匪莪，泗州（今安徽泗县）人，以贡生为宣城训导、范县知县，官至东城兵马指挥。第一集选诗截至顺治十六年（1659）。内容包括诗序三篇，分别为钱谦益、唐德亮和熊文举作。目录，按诗体分，每体前均有"《曾庭闻诗》目录，第一集"。诗作分体及数量依次为：五言古18题21首，五言绝21题22首，五言律126题163首（补2题3首），七言古5题5首，七言绝17题18首，七言律47题55首。每种诗体题名前均署"《曾庭闻诗》第一集，宁夏曾畹庭闻著，泗州施端教匪莪选"，依次分三行排列。

《曾庭闻诗》第二集，为合肥龚士稹定。龚士稹，字伯通，龚鼎孳长子，合肥人。顺治丁酉（顺治十四年，1657）副榜，以荫官工部虞衡司员外郎，历官至湖广按察司佥事，所至以廉闻名。第二集选诗从顺治十六年（1659）至康熙八年（1669）。内容包括：三篇诗序，分别为龚鼎孳、彭士望、任玑作；目录，按诗体分，每体前均有"《曾庭闻诗》目录，第二集"；诗作分体及数量依次为：五言古29题37首，七言古3题3首，五言律86题126首（有7题缺页不知首数），七言律60题75首，五言绝17题18首，七言绝47题58首。每种诗体题名前均署"《曾庭闻诗》第二集，宁夏曾畹庭闻著，合肥龚士稹伯通定"，依次分三行排列。

《曾庭闻诗》第三集，为余杭严沆颢亭定。严沆，字子餐，号颢亭，余杭人。清顺治十二年（1655）进士，选庶吉士，官至侍郎。第三集选诗从康熙九年（1670）至康熙十三年（1674）。内容包括：严沆序1篇；目录，按诗体分，每体前均有"《曾庭闻诗》目录，第三集"，值得注意的是，此集目录为后来补抄，非原刻印；诗作分体及数量依次为：五言古13题32首，五言律108题199首，七言古2题2首，七言律11题12首，七言绝12题26首。每种诗体题名前均署"《曾庭闻诗》第三集,宁夏曾畹庭闻著,余杭严沆颢亭定"。

《曾庭闻文集》正文前有宋实颖、魏禧、李明睿 3 篇序。文集未有总目录,正文分序、记、书、志铭、告文、祭文、书后等 7 类,每一类前都有"《曾庭闻文集》,宁夏曾畹庭闻著",每篇文的题目下均署"曾畹"。

《文集》依次按序、记、书、志铭、告文、祭文、书后等七类排列,具体为《送宁夏中丞宪评刘公序》《庆阳诗序》《送姚大夏南归序》《寿朱秀才序》《送米紫来理刑赣州序》《山东盐运司使魏公蠲课序》《代宗主五经博士募修莱芜祖庙序》《啸碧堂唱和诗后序》《梁溪高母张孺人寿序》《江苏佟方伯寿序》《平西亲王六秩征诗序》(附《乞言事略》)《刘止一诗序》《刻修城记碑阴》《芥园记》《一草亭记》《宁都曾氏记》《钦赏银彝记》《莲花山僧田碑记》《浮蓝渡三墓碑记》《答李屺瞻书》《答吴四书》《答人》《与闽县家公望孝廉书》《寄丰城家如日孝廉书》《与严颢亭书》《寄田西家周野进士书》《寄某县令书》《奉畬魏宰相书》(附《魏宰相书》)《皇清诰封夫人张氏墓志铭》《祈梦告吕仙文》《辛亥秋七月告张睢阳令公文》《祭邓伯勉先生文》《祭袁茂林先生文》《祭继室康氏文》《书张仲子自铭后》《书思子亭记后》等 37 篇。

（二）史料价值

《曾庭闻集》反映了明清易代之际具有独特个性的曾畹的经历和思想,体现了曾畹的人生际遇和对仕途与诗文创作的追求,具有一定的时代特点。与曾畹的曲折经历相对应,其诗风前后变化较大,既有音调悲壮的西北地域特征,又有艳思藻句的至情之语,还有鲜明的佛音禅调,亦就是说其诗既有英雄本色,又有儿女之情,还有方外之思。

1. 清晰呈现了曾畹在清初的经历

《曾庭闻诗》三集诗都是分体且编年的,每种诗体按时间先后编排,将曾畹在顺治六年(1649)之后的行踪与经历清晰地展示出来。这些诗在题目上往往将时间、地点、行动等都写得很清楚明,如《己丑岭东赠大湖族人》

《癸巳宿稠桑》《汉中寄怀唐采臣》《汉中奉别平西王》《京师送胡擎天归汉中藩邸》《甲寅四月五日同顾与山明府诣石陡门访水月老人不遇题麦庄庙壁》等诗，以及《送宁夏中丞宪评刘公序》《代宗主五经博士募修莱芜祖庙序》《梁溪高母张孺人寿序》《平西亲王六秩征诗序》《芥园记》《宁都曾氏记》《莲花山僧田碑记》《浮蓝渡三墓碑记》等文，对曾畹的家世及一些重要的经历都有较详细交代。

另外，他人为曾畹《诗集》《文集》作的序，从另外视角补充了一些细节，这些都是非常重要的史料，对全面了解曾畹具有重要的价值。如宋实颖在《曾庭闻文集序》中提到曾畹在徐沪府邸时的情形："岁壬午（崇祯十五年，1642），余读书于吴趋之二株园。……一日，软裘骏马直入园中，主人起而肃客，客执礼甚恭。余以旁讯之，知为江右曾子传灯也。时年甫踰弱冠，与余抵掌论天下事，讲究师友渊源，可可否否，不稍鲠避。"①钱谦益的《曾庭闻诗序》也概括性地描述了明亡后清初时曾畹的经历："庭闻杖策出门，流迹京口。遂跨洞庭，渡沔汉，过南阳，至西岳，载橐宝鸡，驱马云栈，客于汉南藩邸。转徙朔方，登贺兰山，飘然有孟皮投笔、幼安避地之思。计其十余年间，茹草实、冒风雪，阅历变故，崎岖道阻，百险百奇。"②叙述明清易代后的十多年间曾畹所走过的地方。

曾畹后来热衷于功名，但在清初的前几年，曾畹还似乎淡漠于仕进，如顺治六年唐采臣见到的曾畹，"乃舍举子业，以图所为发愤而作者，岂不甚可惜哉！而庭闻毅然舍之，毅然为之，视举世声华烨奕之士无足当其毫末者"③，把主要精力用在了诗文的创作上。彭士望回忆道："予与庭闻伯仲乙

---

① 宋实颖.曾庭闻文集序［A］//胡玉冰主编.《朔方文库》第七三册：曾庭闻文集［M］.北京：国家图书馆出版社,2018：517.
② 钱谦益.曾庭闻诗序［A］//胡玉冰主编.《朔方文库》第七三册：曾庭闻诗集［M］.北京：国家图书馆出版社,2018：150－151.
③ 唐德亮.曾庭闻诗序［A］//胡玉冰主编.《朔方文库》第七三册：曾庭闻诗集［M］.北京：国家图书馆出版社,2018：162－163.

丙间出入艰危,去死生,仅毛发。庚辛之际,困京口。往共饥渴,忽忽二十年,犹昨日事,今飒然两秃翁矣。"①

后来,曾畹准备走向仕途,先入汉中平西王吴三桂幕府,后投奔时以户部主事在宁夏办理公务的朋友唐德亮(字采臣),遂以宁夏籍于顺治十一年(1654)中举。熊文举对曾畹这些年的困顿经历甚是感慨:"今复沉顿将二十年,险阻艰难,无不备历,甲午以商籍举于关中。庭闻远隔塞上,虽歌呦鹿而鱼雁不通。予从罗郡伯新任得所寄手函,笔迹犹是也,而芳名已更,且喜且惊,恍如梦寐。"②其中谈到"甲午以商籍举于关中",这是他人所未曾提及的,即曾畹是以何种身份凭借宁夏籍来参加陕西乡试的。

至于曾畹后来多次科考失利,并有仆人肱箧以逃,对他的打击很大,一度出家天目山当和尚。"庚戌之役,闱中亟荐,其卷以三四策字缪误失隽。仆夫窃其赀逃去,曾子愤甚,叹岁年之已迈,危功名之不立,不顾家,一向东南道取驰,至天目山求药师老人者而参礼焉。老人以慈亲在,不听许。然旅逐大众后,循行念佛,观其洗衣捧钵,冷食肺寒,取火然须,感恩长跽。"③"其时庭闻仆人肱箧以逃,庭闻困甚,悉烧平生著作,独策蹇南归,归则尽遣去诸婢妾,入天目山礼玉公大和尚为师,乞其薙染。公以有老亲在,未之许也。"④尽管天目和尚未给曾畹剃度,但他仍然留在山上念佛数月,并从行迹装扮上宛如僧人。

曾畹参加的最后的两次进士考试,主考官都是其父曾应遴的同年龚鼎孳,可他仍两次落第。龚鼎孳也感到惋惜,在《曾庭闻二集诗序》中说:"庚

---

① 彭士望.曾庭闻二集诗序[A]//胡玉冰主编.《朔方文库》第七三册:曾庭闻诗集[M].北京:国家图书馆出版社,2018:287.
② 熊文举.叙庭闻诗[A]//胡玉冰主编.《朔方文库》第七三册:曾庭闻诗集[M].北京:国家图书馆出版社,2018:166-167.
③ 严沆.曾庭闻三集诗叙[A]//胡玉冰主编.《朔方文库》第七三册:曾庭闻诗集[M].北京:国家图书馆出版社,2018:415-417.
④ 龚鼎孳.曾庭闻二集诗序[A]//胡玉冰主编.《朔方文库》第七三册:曾庭闻诗集[M].北京:国家图书馆出版社,2018:276-277.

戌（康熙九年,1670）春,予谬典南宫试,得庭闻牍,异之。已拔置前行矣,徒以策题一字之讹,厄而不录,为郁邑者累日。"①"予今春再典礼闱,庭闻文益奇,识者益寡,遂至再失。"②此序写于康熙十二年（1673）,此后曾畹就再没有参加科考。

可以说,曾畹的诗文及他人的序,是了解其生平和经历的第一手材料,可以纠正有关论著和工具书中的讹误,具有很高的文献价值。

2. 了解曾畹及其与相关人物关系

曾畹是明末兵科给事中曾应遴的长子,十多岁时就随父到吴门,与当时的名士交往,跟从著名学者徐汧、张溥学习,并受到赏识。曾畹还参加了1642年的复社壬午大会,结交江南和来自全国各地的才俊。在易代之后,他交往的社会名流众多,如钱谦益、顾炎武、吴伟业、龚鼎孳、魏禧、屈大均、方文、宋琬、唐德亮、冒襄、邓汉仪等数十位学界、政界人士,与某些还长期保持着密切的联系。

如唐德亮是曾畹落籍宁夏的关键人物,两人在清初时在杭州相识,相得甚欢。唐德亮在《曾庭闻诗序》中说:"予识庭闻于乙酉（顺治二年,1645）西子湖滨,烟高风沥,终日以文辞见。非是,则与山水之音相吞吐。与谈天下事,发言抗论,益部少双,足以折五鹿之角。而诙谐绝倒,又如东方之遇淳于。深灯一室,几不知此外复有天地。二十昼夜,而余先别。"③唐德亮以曾畹比拟汉末的董扶,言其识见超群。曾畹有《汉中寄怀唐采臣》数首,其中有:"唐子今通籍,江山契阔深。归吴愁岁俭,过陇苦寒侵。胜侣他乡月,边秋此夜心。依人戎马际,吾道自浮沉。""亦羡诸侯邸,金貂重客卿。无心工

---

① 龚鼎孳.曾庭闻二集诗序[A]//胡玉冰主编.《朔方文库》第七三册:曾庭闻诗集[M].北京:国家图书馆出版社,2018:276.
② 龚鼎孳.曾庭闻二集诗序[A]//胡玉冰主编.《朔方文库》第七三册:曾庭闻诗集[M].北京:国家图书馆出版社,2018:276-282.
③ 唐德亮.曾庭闻诗序[A]//胡玉冰主编.《朔方文库》第七三册:曾庭闻诗集[M].北京:国家图书馆出版社,2018:159-161.

草檄,终日苦移兵。幕府惭孙楚,芳洲失祢衡。何时沾禄米,寄食向边城。"表达投奔老朋友的殷切心愿。在得知唐德亮去世的消息后,曾畹作《西水关哭唐采臣》:"交欢二十载,关塞一依君。挥手忽流涕,不知生死分。茂陵他日诏,沧海旧时坟。独雁鸣何处,青山若解闻。"对老朋友的去世表示深切的悼念。另外还作《灵州怀唐采臣丁辰如》《无锡唐采臣宅忆旧游》等诗记录了两人的交谊及对唐德亮的怀念。

吴三桂与曾畹父应遴有交情,故对曾畹兄弟很是关照。曾畹从京口到汉中吴三桂幕府就是想谋些事做,到达后觉得这里人才济济,无法施展抱负,正好此时唐德亮到宁夏,遂来宁夏落籍并考中举人。但曾畹对吴三桂仍是充满感激和崇敬的,他在《平西亲王六秩征诗序》中说:"亲王大有造于皇家,功在天下,天下郡国万城,薄海内外,绝徼荒裔,奉职之区无小大,遐尔咸思,寿王永为天子柱石。畹因公车走南北,谋集满汉元老、钜卿诗歌以为王寿,敬先以请。畹先大人与亲王相厚,善畹,获以故人子谒王汉中。甲午(顺治十一年,1654),又获与王女夫胡擎天同举陕西省试。庚子(顺治十七年,1660),王五十,畹贫无赀,不获试春官且寿王。甲辰(康熙三年,1664)正月,世子来,畹再上春官,不得从世子再见王水西。丙午(康熙五年,1666),赵总兵良栋来,畹始得为序一篇寿亲王,肃拜使者以献。初,王委任文武,参错滇黔,凡士有一技足录者,罔不奔趋辐进,受职事得以才自见。独畹不得负羁绁从王,沾天子升斗之禄,岂自违其遇哉!盖让于德能,自以为于时未可用。王丰功伟绩垂三十年,其灿然胪列史册者,大书百十不能尽。虽天下至愚极贱之人,皆能言之,何必畹?"①回顾了吴三桂的功勋、对自己的关照及离开吴幕府的原因等。时年八十四岁的李明睿在《曾庭闻文集序》中指出此篇寿序的价值:"庭闻平西一序,序其鞠师黔蜀,奄壹梁州,炳炳琅琅,有清庙明

---

① 曾畹.平西亲王六秩征诗序[A]//胡玉冰主编.《朔方文库》第七三册:曾庭闻文集[M].北京:国家图书馆出版社,2018:567-568.

堂、王侯将相气，有深山大泽、虎豹龙蛇气。当是时，雷雨之动，满盈天造，草昧宜建，侯而不宁，所谓云雷屯，君子以经纶之文也。"①曾辗写吴三桂的诗作除了《汉中奉别平西王》四首外，还有《平西亲王府中看灯》："如龙如凤春灯里，自去自来藩邸中。不是主家传蜡烛，万方怎得一天红。"以及《甲辰送平西世子云南觐省》："丹凤城中淑气催，和风仙仗御河来。朝元五夜同公主，觐省千山拥上台。归雁定从湘浦见，彩云还向益州开。儒生非是耽留滞，天子方抡邺下才。"《送王誉章同平西世子赴滇南》："廿年藩府尊师道，万里连镳度五溪。不惜春镫辞紫陌，却随烽火恤黔黎。知交尽是金张贵，书信徒然爨夔题。君到若逢相问讯，为言对策大庖西。"等等。

龚鼎孳与曾应遴于崇祯四年（1631）一同考中进士，也是曾辗最后两次礼部试的主考官，他们平日联系紧密，曾辗弟曾灿就在龚幕府多年。龚鼎孳在《曾庭闻二集诗序》中写道："宁都曾掌垣二濂先生，予同年友也，又与同宦。其论列风裁，为一时琐闼领袖，予固以兄事之。先生有丈夫子数人，长庭闻，次青藜，皆名士也。"②讲两家的关系与曾辗兄弟的优秀。曾辗先后有《癸卯夏州奉寄龚芝麓年伯》："献赋茫然十载过，忻逢父执慰蹉跎。梦中尝封瀛台策，牛后谁闻宁戚歌。绝漠水田贫贱少，大江宾客是非多。明年定赴滇南幕，天下人情重甲科。"《十一月十七日寄寿合肥龚公》："瑞雪霏霏山刹入，拈香一瓣盟幽燕。谁知此日弥陀腊，直是宰官眉寿年。""三十六庄今渐熟，感恩同作报恩身。佛前长跪为公寿，却是深山不第人。"以及《浮玉冬夜奉寄合肥龚公十八首》《壬子正月六七八夜梦宗伯龚公》等诗，可见两人的关系非常亲密。

此外，徐汧、张溥是其老师，龚鼎孳、熊文举是其父同年，魏禧与其为童

---

① 李明睿.曾庭闻文集序[A]//胡玉冰主编.《朔方文库》第七三册：曾庭闻诗集[M].北京：国家图书馆出版社，2018：526-527.
② 龚鼎孳.曾庭闻二集诗序[A]//胡玉冰主编.《朔方文库》第七三册：曾庭闻诗集[M].北京：国家图书馆出版社，2018：273.

子时同学,又和胡擎天、李屺瞻同年考中举人,理清这些关系,更有利于了解曾畹一生的际遇、交游和思想脉络。

（三）艺术价值

曾畹诗文的风格,与他的经历及具体情境下的心态密切相关,这既体现于他的作品中,又为评论者在其诗文序跋中所揭示。其诗的主要内容,正如其弟曾灿在《金石堂诗叙》中所说:"伯子诗且三变:边草塞霜、多秦凉气者为一曹,歌钟冶服、青闺红楼之作为一曹,入山求道以还为一曹。按其前后,知其诗即以知其人也。"①就是说,在不同时期,曾畹的经历和所关注的人事是不同的。

第一,慷慨悲壮,有英雄气概。曾畹现在留存的诗都是入清之后所作,都是在顺治六年(1649)之后,像《建阳即事》:"每见归帆落,游人欲断魂。蹉跎悲骨肉,奔走老乾坤。霜涧寒鱼集,江村暮鸟喧。残年留滞久,况复近黄昏。"是抗清失败流落到福建建阳,作为游子有家难回,尤其是到年末的黄昏,流落在外,更是感慨万端,倍感凄凉。其他诗作往往根据具体的情境,抒发自己的壮志和英雄情怀。如《癸巳宿稠桑》:"遂有关中气,居然大国风。河流三辅北,山势二陵东。丧乱频年异,兴亡此日同。吾生余涕泪,临眺意无穷。"《经汉光武白水村》:"莽莽春陵起大风,汉家鼙鼓万山雄。谁从洛北收朱鲔,再向河西服窦融。"在前往宁夏的途中,作《渡临泾》:"逾堑还骑马,临川且泛舟。不知秦塞远,但觉月临秋。"《出塞过青铜峡》:"高原无树影,大堑走春深。候雁传烽戍,飞飞统万城。"这正如钱谦益所指出的:"其诗能以山川之形胜,发天地之高凉,非老师竖儒所可及。"②曾畹志存高远,年轻气盛,又加之"每诗成,庭闻

① 曾灿.金石堂诗叙[A]//《四库禁毁书丛刊》第一六六册:曾庭闻诗[M].北京:北京出版社,1997:422.
② 钱谦益.曾庭闻诗序[A]//胡玉冰主编.《朔方文库》第七三册:曾庭闻诗集[M].北京:国家图书馆出版社,2018:150-151.

不惬自意,又掷之"①的创作态度,故诗作常为人所称道。"庭闻作诗宏富,稍示一二,高亮悲壮,逼似少陵。夫中原文献,大汉风云,古名臣将相之所战争经营,庭闻得之,游览凭吊,怀往悼来,千奇万变,宜其诗之铿鍧萧瑟,耀采陆离,而不可测量也。"②"庭闻游寓秦川,登甲午贤书,来都门,予得读其所为诗,沉郁顿挫,直追少陵。既连不得志于礼闱,其业益进。观其《出塞》诸篇,音调悲壮,犹《车辚》《驷驖》之遗响也。"③"戊戌(顺治十五年,1658),刻其一集诗。至长安,都人士咸有刘槎翁、李崆峒之目。"④这里将曾畹比作刘崧与李梦阳。刘崧(1321—1382),字子高,初名楚,号槎翁,江西泰和人。其诗雅正而颇有情致,是明初江西有影响的诗人。李崆峒即李梦阳,为明"前七子"之首,甘肃庆阳人。其时,庆阳与宁夏都属于陕西省,因此,曾诗的秦风特色就指与李梦阳类似了。都人士将曾畹比作刘槎翁、李崆峒,正是说其诗具有鲜明的地域色彩。

第二,艳思藻句,显儿女之情。龚鼎孳说:"予论近代诗,格调高老,当屈指庭闻第一。已闻庭闻去故乡,挟吴姬置诸塞下,乃匹马绝大漠,并长城,历秦、晋、燕、赵之墟。每碛草边沙、冰棱雪暗,时烟火断绝、夜无幕庐,则枕卧马腹下以为豪,然所至辄有旗亭觞咏之乐。呜呼,可谓奇矣。而其诗多为情至之语。艳思藻句与悲壮之声杂出,盖视《初集》又一变也。"确实,在第二集诗中多有所谓"艳思藻句",从诗作题目如《发三原出西夏同无锡姬人》《闺词》《闺情》《有所思》《己亥西湖忆无锡姬人》等就可以看出此期该类诗

① 任玑.曾庭闻二集诗序[A]//胡玉冰主编.《朔方文库》第七三册:曾庭闻诗集[M].北京:国家图书馆出版社,2018:294.
② 熊文举.叙庭闻诗[A]//胡玉冰主编.《朔方文库》第七三册:曾庭闻诗集[M].北京:国家图书馆出版社,2018:168-169.
③ 龚鼎孳.曾庭闻二集诗序[A]//胡玉冰主编.《朔方文库》第七三册:曾庭闻诗集[M].北京:国家图书馆出版社,2018:273-274.
④ 任玑.曾庭闻二集诗序[A]//胡玉冰主编.《朔方文库》第七三册:曾庭闻诗集[M].北京:国家图书馆出版社,2018:292.

作较多。任玑作于康熙八年(1669)的《曾庭闻二集诗序》记载:"今秋,余薄游江上,庭闻又家吴趋,至则出其二集诗示予。所载多怀闺人、寄情狭邪、悼死生、感离合之作。当是时,吴姬、秦女左右抱,弹琴、吹笙、搊筝、挟瑟,抗手而高歌,声动梁屋。因自不知为丝竹,为声诗也。爰受而梓之,使天下人读庭闻一集诗,知英雄之色如此;读二集诗,知庭闻儿女之情又如此。"①可以说,曾畹四处漫游,妻妾都常不在身边。他顺治十一年(1654)以宁夏籍考中举人,直到康熙元年(1662)才将家移到宁夏。而当时继室康氏有孕在身,其亲属阻挡留在了故里宁都,曾畹携无锡秦氏前往宁夏贺兰草堂安家。故在诗文中多有怀念甚至悼念之作,如《忆亡内》《悼亡》《祭继室康氏文》等。

第三,雄骏剽悍,生方外之思。严沆在《曾庭闻三集诗叙》中指出:"今年相见湖上,方袍芒履,骨相洒然,余深异之。既出其第三集诗示我,吾又异焉。"②自庚戌(康熙九年,1670)下第,愤而上天目山出家,虽未剃度,但仍跟着僧人念佛大半年时间。曾畹此期的诗鲜明地体现出佛家思想,甚至一些佛教术语也常出现。如《悼苏州老仆》:"为说西方好,生前不肯知。定然随恶趣,何用更留碑。浊恶诸天刹,庄严七宝池。人身纵难得,急切办归期。"诗中频繁使用佛教的词汇。而在《先君讳日奉挽羯磨师》:"只履西方去,他生定见师。何当圆寂日,是我荐亡时。积雪钟声隔,封龛腊夜迟。莲花趺坐好,宝树乱风吹。"也表达了同样的观念。

曾畹的文与其诗相仿,也是随着不同的阶段而有所变化。宋实颖说:"自壬午(1642)至甲午(1654),又十有三年,余计偕过都下,闻秦中有曾子

① 任玑.曾庭闻二集诗序[A]//胡玉冰主编.《朔方文库》第七三册:曾庭闻诗集[M].北京:国家图书馆出版社,2018:294-296.
② 严沆.曾庭闻三集诗叙[A]//胡玉冰主编.《朔方文库》第七三册:曾庭闻诗集[M].北京:国家图书馆出版社,2018:413.

畹者始举于乡,传其古文、诗歌,悲壮顿挫,有冰车铁马之声。"①将其诗与文放在一起来论述。同乡兼同学的魏禧在《曾庭闻文集序》指出:"庭闻之文句,格法昌黎,而苍莽勃萃,矫悍尤多秦气。……近二十年则出入西北塞外,尝独身携美人,骑马行万余里,最好秦中风土,至以宁夏为家,而庭闻名在西北,其文又一变。"②这种文风的变化与前面所指出的诗风变化有其一致之处。而李明睿注意到"庭闻之文,学韩而鄙柳,不袭南丰,其所怀来,实本《史记》。盖《史记》丽润而清纤,后来韩得其髓,而欧承之。今之八大家虽云并美,然实豫章为多,又皆欧门人也。三苏无论,即王、曾亦属其门下士。庭闻以韩、王、欧为雁行之友,以文孙而继文祖。自辟乾坤,光大南丰之业此何如? 力量较之沉郁顿挫、步步欲绳祖武者大不侔矣"③,从文风的渊源来论述曾畹文的特点与成绩。

① 宋实颖.曾庭闻文集序[A]//胡玉冰主编.《朔方文库》第七三册:曾庭闻文集[M].北京:国家图书馆出版社,2018:517.
② 魏禧.曾庭闻文集序[A]//胡玉冰主编.《朔方文库》第七三册:曾庭闻文集[M].北京:国家图书馆出版社,2018:521.
③ 李明睿.曾庭闻文集序[A]//胡玉冰主编.《朔方文库》第七三册:曾庭闻诗集[M].北京:国家图书馆出版社,2018:530-531.

关于建立"宁夏方言文化生态博物馆"的设想

马晓玲①

摘　要：方言不仅仅是一种交际工具,更是历史的沉淀和重要的非物质文化遗产,方言的消失意味着使用者的历史文化的断裂和消失。宁夏的方言保护虽然已经启动,但覆盖面不够。本文在梳理中国语言资源保护、宁夏方言资源保护、方言生态博物馆的界定及方言文化保护与传统文化传承的基础上,提出了宁夏有优势也有必要在特定区域内选择"活态"方言点完整保存和保护宁夏方言文化资源。

关键词：宁夏方言　保护　博物馆　文化传承

互联网的迅速发展使"地球村"的直径越来越小,各国、各地区不但在文化、安全、意识形态、生活方式、价值观念等方面趋同,就连语言也是向着国际通用语或官方语言逐渐趋同。同样,方言的衰亡速度也是非常迅速,越来越多的年轻人不再使用方言,只会说普通话。年轻人或小孩儿甚至听不懂方言,成为了"无方言群体"。方言使用者仅为落后或偏远地区的老年人,如何有效地保护方言成为我们必须直面的一个问题。

---

① 马晓玲(1974—　),女,回族,宁夏银川人,宁夏大学人文学院副教授、硕士生导师,北京语言大学博士研究生,主要从事现代汉语教学、宁夏方言文化研究。

一、中国语言资源保护工程

为提高国家语言能力,实施语言战略,北京语言大学 2013 年秋发起建立了"中国周边语言文化协同创新中心",以加强中国内蒙古、新疆、西藏、云南、广西边疆边境地区语言状况的调查研究。2015 年国家语委启动了中国语言资源保护工程,拉开了中国汉语方言文化保护的序幕。中国语言资源保护工程是目前世界上最大规模的语言资源保护项目,工程计划完成 1 500 个方言点的调查任务,其中少数民族语言调查点 300 个,汉语方言调查点 900 个,濒危语言方言调查点 200 个(包括 100 个民语),语言方言文化调查点 100 个(包括 20 个民语)。截至 2019 年底已超前完成 1 712 个方言点的调查任务。自 2020 年开始,语保工程进入建设二期。①

据教育部 2020 年发布的关于 2019 年中国语言文字事业和语言生活总体状况的数据来看,调查范围涵盖包括港澳台在内的全国所有省份和 123 个语种及其主要方言。在为期 5 年的一期建设中先后出版《中国濒危语言志》丛书 30 卷,《中国语言文化典藏》丛书 20 卷,完成了汇聚调查数据的"中国语言资源库和采录展示平台"。中国语言资源保护唤醒了人们对方言的保护意识,语言资源保护工程要保护的不仅仅是人们用于交际的一种工具,更多地是在保护人们即将消失的传统生活方式和儿时的淳朴记忆。如果只从实用目的出发,使用哪种语言进行交流都可以,但一种语言或方言绝不仅仅只是交际工具,更是历史的沉淀、文化的积累、情感的纽带,也是重要的非物质文化遗产。一种语言或方言一旦消亡,便永远消亡,不可再生,也是人力所无法挽救的。而一种方言的消亡,不但意味着当地传统的交际和思维工具的永远丧失,也意味着当地独具特色的地域文化的那种载体和重要组成部分的永远丧失,同时也意味着人类语言文化的多样性受到严重

---

① 参见:曹志耘.语保工程二期规划设想.www.chinalanguages.cn,2019－11－18.

的破坏。①

方言是非物质文化遗产的载体,又是其重要的组成部分。地方民歌、民谣、故事等,大多是在老百姓口头上流传下来的,是在当地方言的基础上形成的。方言承载着最具民族特色的文化宝藏,方言是文化的载体,它反映了各地的特殊文化,方言的消失意味着使用者的历史文化的断裂和消失。

二、宁夏方言资源保护

宁夏作为古丝绸之路的重要节点,正努力打造"新丝绸之路经济带"的战略支点。特别是宁夏有着自身的地理及文化优势,充分利用这种优势规划宁夏汉语方言文化保护,对推进"一带一路"建设及促进中国优秀传统文化传播起到积极作用。

曹志耘先生曾提出,汉语方言是构成我国丰富多彩的地域文化和传统文化的不可或缺的重要因素,也是我国乃至全人类的珍贵的非物质文化遗产,但随着现代化、全球化进程的不断深入,随着我国经济、文化、教育和交通事业的迅速发展,汉语方言正处于急速变化之中,有些甚至处于萎缩和衰亡之中。② 邢向东先生也曾呼吁,要及时调查、抢救不断丢失的方言及其承载的非物质文化遗产。③

宁夏纳入中国语言资源保护工程的方言调查点一共有 6 个,包括 5 个一般汉语方言调查点,1 个濒危方言调查点,其中同心点同时纳入文化典藏项目。2020 年正在编纂《中国语言资源集·宁夏》。宁夏纳入汉语方言保

---

① 曹志耘.关于濒危汉语方言问题[J].语言教学与研究,2001,(1).
② 曹志耘.关于建设汉语方言博物馆的设想[J].语文研究,2010,(2).
③ 邢向东.论方言调查研究对非物质文化遗产保护和研究的价值[J].安康学院学报,2013,(5).

护工程的调查点与同处西部的陕西形成了鲜明的对比,陕西纳入方言保护的调查点一共 39 个,其中一般方言调查点 32 个,濒危方言调查点 5 个,方言文化典藏 2 个点,《中国语言资源集·陕西》也正在编纂中。要使宁夏具有特色的方言文化得以完好地保存,任重而道远。

虽然宁夏方言资源保护已经完成的调查点不多,但也形成了一定的成果。方言资源数据库中包括了 6 个方言点方言语料和 1 个方言点的文化典藏资料。内容涉及当地语音、词汇、语法、话语、口头文化、地方普通话等多个方面,其中口头文化包括了歌谣、故事以及口彩、禁忌语、谚语、歇后语、谜语、曲艺等条目。在语言文化调查点,也即文化典藏调查中,也涉及当地具有特色的房屋建筑、日常用具、服饰、饮食、农工百艺、日常活动、婚育丧葬、节日、说唱表演等。语言文化调查点除了音像摄录以外,还对调查条目逐个拍照,实现了录音、摄像、图片、文字四位一体的调查方式。这种对方言文化资源的有声呈现,对宁夏方言文化保护应该能起到更好的支撑和媒介作用,而不仅仅只是用于人们今后的检索和研究。

三、方言博物馆与方言生态博物馆

随着信息技术的不断革新,我国方言及濒危语言的保存手段也在不断更新。2016 年 4 月 15 日,广西贺州市成立了"贺州语言博物馆",由于我国还没有正式的语言博物馆,所以贺州语言博物馆被认为是我国第一个实体语言博物馆。该博物馆将对全国各地了解、保护和传承方言文化具有重大的意义。

国内最早提出建立方言生态博物馆的是曹志耘先生。生态博物馆是"活态"的博物馆,主要以社区为单位,完整、原状地保存和保护该社区内的自然和文化遗产。社区环境中的任何实物都可能是本社区人民过去的历史和当今文化的记录。而一切"自然和文化遗产"无疑应该包括当地的方言。

过去我国生态博物馆的建设所关注的主要限于物质文化或较易有形化的非物质文化现象,而存在于人们口耳之间的方言尚未得到应有的重视,语言方言正是生态博物馆最需要保护的对象之一,即使仅从保护其他非物质文化的需要来说也是如此。生态博物馆可以作为保护特定区域内语言方言的一种重要手段,进行尝试和实践。

方言博物馆与方言生态博物馆是有区别的,虽然二者在功能上都是用于方言和方言文化展示以及方言语料的保存和收集。但在实体形式上是有差异的,方言博物馆可以和其他实体博物馆一样,选择在城市的固定位置,也可以在已有的博物馆中增加方言文化数据展示,突出公众性和观赏性等。但方言生态博物馆是要选择方言文化保存较好的特定区域,"活态"呈现当地百姓方言文化的历史与现状。宁夏方言文化生态博物馆可以结合方言博物馆和方言生态博物馆的优势,在特定区域内呈现活态的宁夏方言文化,同时充分利用已有的宁夏方言资源数据库,做到展示、保存、研究、传承于一体。

四、立足方言保护传承传统文化

如何把方言文化保护与中国传统文化传播有效结合起来,是值得我们研究的课题。

(一)方言传递古代声音

很多古代文献作品中的词汇在今天普通话词汇系统中已经见不到了,但在方言词汇中还很多见,这里仅以宁夏方言词汇中的"菜蔬""窄狭"二词为例。

菜蔬:今儿家里啥菜蔬都没咧。

《史记》卷六七:马融曰:"树五谷曰稼,树菜蔬曰圃。"

《汉书》卷二四下:师古曰:"树艺,谓种树果木及菜蔬。"

《晋书》卷五五：夫九土之宜弗任，四业之务不壹，野有菜蔬之色，朝乏代耕之秩。

《东京梦华录》卷四：其果子菜蔬，无非精洁。

《武林旧事》卷六：菜蔬：羌油多、藕鲊、糟黄芽、醋羌、盐芥。

《元朝秘史》卷二：诃额仑菜蔬养来的儿子，都长进好了，敢与人相抗。

《全元杂剧》马致远《马丹阳三度任风子》：我准备麻绳拽辘轳，提挈荆筐担粪土。锄了田苗，种了菜蔬。老做庄稼小做屠。

《全元散曲》邓玉宾：化下道粮，攒下菜蔬，蒲团闲靠，则待倚南窗和世人相傲。

《红楼梦》第六十一回：连姑娘带姐儿们四五十人，一日也只管要两只鸡，两只鸭子，十来斤肉，一吊钱的菜蔬。你们算算，够作什么的？

《梦粱录》卷十六：初坐定，酒家人先下看菜，问酒多寡。然后别换好菜蔬。

《水浒传》十一回：将来铺下一大盘牛肉，数般菜蔬，放个大碗，一面筛酒。

窄狭：楼上好是好，就是窄狭得很。

元杂剧《赵氏孤儿》第一折：悄促促箱儿里似把声吞，紧梆梆难展足，窄狭狭怎翻身？

汉王逸《九思·伤时》：迫中国兮迮（窄）狭，吾欲之兮九夷。

《三国志·蜀书·张飞传》：山道迮（窄）狭，前后不得相救。

元杂剧无名氏《谢金吾》楔子：因为官道窄狭，车驾往来不便。

高文秀《襄阳会》一：争奈此城地方窄狭，亦无粮草，怎生与他拒敌？

（二）立足方言文化传承中华美德

作为非物质文化遗产的口传文化在方言中有多种形式，方言是传统民歌说唱曲艺的语言基础，方言的运用使得情感表达流畅自然，说唱生动活泼。如宁夏快板儿内容贴近生活、诙谐幽默,劝人孝顺老人,弘扬中华传统美德。

哎,哎,想老容易地想少难,人生一世的像闪电。回忆往事展眼前,转眼就要到老年。生活道上不平凡,一路坎坷实在难。人一生有童年、有少年,有青年、有壮年,过咧壮年到老年,到咧老年就麻烦。年老体弱地疾病缠,人人难过老年关。高血压、脑血栓,半身不遂的病常见;肺气肿、气管炎,内风湿还骨形变。天天吃药要打针,浑身还觉着钻心疼。牙也掉,嘴也扁,腿也变成咧罗圈弯。拄上拐棍点打点,走上三步还得缓。流鼻涕,口水咽,人人见咧个个烦。耳朵聋,听不见,说话打颤是家常饭。眼睛麻,看不见,常把李四认张三。把弟媳认成四嫂子,把包子说成是饺子。颠三倒四地脑子昏,说话前后还有矛盾。胡子上粘上饭片片,裤子上还有尿点点。

哎,这阶段,难难难,再也不能地去挣钱,再也不能地去游玩。这阶段难难难,看病吃药哪有钱?用水用米要用电,生活到底咋样办?只谋着儿女到身边,与老人排忧又解难。只好与儿女要几个钱,有的媳妇还不情愿,还说什么:"哎,新社会,新办法,自己挣钱自己花,自己的算盘自己打,自己的把戏自己耍。"做老的实在难,泪水真是把心淹。哎,世上的呐嘛老人多,哪一个就像我?

哎,哎,请大家想一下,人人都是呐为娃娃。从湿处,挪干处,长大还得给说媳妇。吃稀饭,喝米汤,还得供帮上学堂。省吃俭用有多苦,难道你就是不清楚?为啥长大起变化,为啥长大不孝爹和妈?饭一熟,端一碗,吃坏吃好再不管。买来的肉菜和水果,老婆孩子聚一伙,老人你是靠边站,有时一口都不见呐。可是老人如果去世后,儿女媳妇还哭得真难受。活时不管吃和穿,死后还哭得真作难。假惺惺地让人看,实际打的是烟雾弹。掩耳盗铃没必要,再别玩弄那空套套。

　　父老乡亲请细听,孝敬父母是偏功。你对老人怎么样,后辈对你是同样。你若是个生铁棍,后辈比你那还要硬。全社会关注老年人,高尚的情操人称颂。人人都要到老年,是人总有这一天。老人年迈到今天,就是年轻的明天。①

宁夏方言资源数据库里有许多与中国传统文化结合很紧密的语料,通过生动的方言说唱或曲艺表演来传承传统文化,会使受众从内心深处受到传统文化的滋养。

五、建馆具体设想

在高速发展的网络时代,宁夏方言的衰亡也会让人猝不及防。为了保护宁夏方言文化,更好地发挥方言文化在传承中国传统文化中的积极作用,不妨将可视化的方言资源数据库与宁夏方言实态相结合,选择特定的区域建设"宁夏方言文化生态博物馆",充分挖掘宁夏方言文化的魅力。

(一) 建馆的紧迫性

宁夏方言文化生态博物馆的建设不但是深入贯彻落实习总书记关于加强文化保护工作重要指示的具体举措,同时还将为"一带一路"的发展提供重要的文化支撑,进一步深化各国合作与文化交流。这种有声语言资源的呈现,更能促进中国传统文化的交流与传承。方言不仅仅是一种交际工具,更是历史与文化的标记。

宁夏方言文化丰富多彩,不仅包括分布于宁夏北部 11 县市的兰银官话和分布于南部山区的固原、彭阳、海原、西吉、隆德、泾源、盐池东部等地的中

---

① 此快板儿内容为笔者 2017 年进行语言资源保护工程调研时所采集,创作者是宁夏回族快板儿第二代传承人马占云老先生。

原官话,还有表现出一些混合过渡特征的同心、盐池等方言过渡地带以及移民方言岛。宁夏方言同其他方言一样也面临着逐渐衰亡的危机,宁夏方言保护工程虽然已经于 2016 年启动,但并未深入涉及宁夏方言的整体保护,截至 2020 年宁夏只有银川、固原、西吉、同心、中卫、泾源纳入了语言资源保护工程。虽然调查点不多,但这样的语言保护也为我们宁夏建设自己的方言文化生态博物馆奠定了基础,同时,也显示出了加强方言保护工作及建设"方言文化生态博物馆"的紧迫性。

(二)条件保障

宁夏的方言资源在有些地方保存较为完整,有利于建立方言生态博物馆。为了保护方言文化,我们有必要积极整合宁夏方言文化资源。几十年来,语言研究工作者已在宁夏各地方言的基础性描写、各地方言与普通话的对应关系、方言与文化研究等方面成果颇丰。特别是宁夏纳入语言保护工程后,一些方言点的方言文化资源数据库已经完成,可以作为馆藏的重点有声资料进行前期的储存与布展。参与项目的科研人员已经熟练掌握了方言有声语料库建设的基本技术,利用有声典藏手段,对宁夏方言词语使用实态、方言语篇等继续进行记录、拍照、录音、摄像等,特别是那些具有地域特色的传统文化现象。只要有计划地规范采集宁夏其他各个方言点的语料,就能完成全区方言文化的采集任务,为宁夏方言文化保护及中国传统文化传承提供便利。

(三)布展规划

宁夏方言文化生态博物馆的建设,主要是选择方言保存完好的方言点作为活态博物馆,同时宁夏方言文化生态博物馆也可以利用已有的数据库资源设置展示区,展示区主要由四部分构成:

1. 宁夏方言地理分布展示区

以宁夏方言在兰银官话区和中原官话区的分布为核心展示宁夏各地方

言的详细地理分布,并完善宁夏方言地图,细致呈现各项语言特征的地理分布情况。

2. 民俗、表演等有声资料展示区

有声资料展示也是以宁夏方言保护数据为基础,分为不同的板块,可以有宁夏民俗展示、花儿快板等表演艺术展示、儿歌民谣口头传说等展示。参观者可以通过选择相应板块的相关内容,系统会自动对选择的内容用普通话播放和用不同的宁夏方言播放。这样的设计既可以形成普通话与宁夏方言的对比,使参观者清楚方言与普通话的对应关系,同时了解独具特色的宁夏方言面貌。

3. 名物展示区

对宁夏各地已经消失或即将消失的传统用具、服饰等进行实物或图片展示,用文字标注其方言名称并以有声语音展示其方言称说。传统名物的保护收藏已在各地有所进展,但如果不从方言语音的角度进行相对应的展示说明,过若干年,参观的人也只能看见陈列不知道过去当地的人是怎么称说的。所以名物展示一定要从方言文化保护的角度进行加强。

4. 有声资料采集互动区

为了增加趣味性可以采用声控的人机交互技术,通过声音的采集达到互动的效果。观众可以根据听到的有声资料大声模仿,也可以大声说出自己的方言,采集系统会自动收集并播放,使参观者产生极大的兴趣,并从中加深参与者对宁夏各地方言文化的了解,以便人人参与方言文化保护。

"宁夏方言文化生态博物馆"的建设可以将方言文化保护与传统文化传承结合起来,服务于社会的经济和文化建设,并使国内外学习者、参观者能够参与其中,亲身体验方言文化的多样性,也可以将学术研究与社会服务有机地结合起来,有着重要的学术意义和社会价值。

汉语方言作为文化载体,是构成我国丰富多彩的地域文化和传统文化不可或缺的重要因素,是我国乃至全人类珍贵的非物质文化遗产,也是我国树立文化自信不可缺少的一个环节。相信"宁夏方言文化生态博物馆"将会成为宁夏方言文化保护及传统文化传承的供给站,并将带动宁夏方言文化产业的发展。

明代武靖侯赵辅及其《南坡诗稿》考略

胡得义①

摘　要：赵辅，明代中期将领，俊辩有才，总兵征战两广、建州、河套，以武职能文，封武靖侯，有《平夷赋》传世。今新见国家图书馆藏有《南坡诗稿》(第八至第十五卷)明刻本，诗稿之名与内容未被前人所记。其内容丰富，对整理汇编明代诗文集益处颇大，亦可与《明史》互证，补赵辅生平、家世之缺，具有很高的文献价值。

关键词：武靖侯　赵辅　《南坡诗稿》　文献价值

赵辅(？—1486)，安徽凤阳人，明代中期将领，俊辩有才，总兵征战两建州、河套，以武职能文，封武靖侯。② 成化年间，河套地区虏寇日炽，屡犯陕西、宁夏、延绥三镇。成化八年，宪宗行搜河套之议，命武靖侯赵辅挂靖虏将军印充总兵官。③ 据《明史》等书所记，赵辅一生南北征伐，功勋赫赫，文武兼备。《大明宪宗纯皇帝实录》卷二百七十九言："近时武臣兼文事者，定襄

① 胡得义(1997—　)，男，河南信阳人，宁夏师范学院文学院硕士研究生，主要从事元明清文学研究。
② 张廷玉.明史[M].北京：中华书局，1974：4263.
③ 张廷玉.明史[M].北京：中华书局，1974：4572.

伯郭登之后,辅亦可称。"①《国朝献征录》卷十载茶陵派领袖李东阳称郭登诗为明代武将之冠,以郭登可见赵辅之才。② 赵辅自言:"无汗马之功,铁卷金书实过。"③然遍阅各方文献书目,赵辅诗文仅存《平夷赋》一篇,实属可惜。

学界关于赵辅的研究也仅仅散见于文章一隅,未有系统、深入的探讨,如赵阳阳《明代固原镇研究》、曹循《明代臣僚封爵制度略论》都仅仅一笔带过。今新见国家图书馆藏有《南坡诗稿》(第八至第十五卷)明刻本,然诗稿之名与内容皆未被前人所记。今借此整理各方文献,梳理赵辅生平,对其诗文进行辑佚补漏,并就《南坡诗稿》后八卷之版本、内容进行考论,分析其艺术特色及文献价值。

一、赵辅生平

(一) 赵辅生平经历

赵辅生平散见于《明史》《明史记事本末》《明实录·宪宗实录》之中,然仅一鳞片爪,学界至今未有系统介绍赵辅生平的文章,一定程度上阻碍了对于赵辅的认识、了解。今凭方寸之识完善赵辅生平,并辑佚其诗文。

赵辅乃明开国功臣梁国公赵德胜曾侄孙,其曾祖赵端武功卓越,累官至广东都指挥同知,赵辅袭世职为济宁左卫指挥使。④

正统己巳(1449),因吏部尚书王直推荐,赵辅升山东都指挥佥事,坐五军营。景泰七年(1456),擢署都指挥佥事,充左参将守怀来。天顺元年

---

① 中央研究院历史语言研究所校印.明实录·宪宗实录[M].上海:上海书店,1985:4703.
② 焦竑.国朝献征录[M]//四库全书编撰委员会编.四库全书存目丛书·史部·第一百册.济南:齐鲁书社,1996:345.
③ 赵辅.南坡诗稿[M]//国家图书馆编.明代诗文集珍本丛刊·第三十三册.北京:国家图书馆出版,2019:445.
④ 中央研究院历史语言研究所校印.明实录·宪宗实录[M].上海:上海书店,1985:4701.

（1457），赵辅入右军都督府理事。天顺八年（1464），升中军都督府都督同知。①

成化元年（1465）正月，因两广瑶族、侗族民变，经兵部尚书王竑推举，赵辅被宪宗授予征夷将军，以都督同知佩征夷将军印，与左都御史韩雍等征两广。② 赵辅知韩雍之才，韩雍献策，赵辅皆信之。③ 十二月，赵辅、韩雍率诸军水陆并进，殊死作战，屡破叛军防线，直抵大藤峡上。此役先后破贼324寨，生擒叛军首领侯大苟及其党羽780人，斩首3 200余人，坠溺死者不可胜计。④ 成化二年（1466）十一月，赵辅被封武靖伯，享食禄一千二百石。⑤

成化三年（1467），建州女真屡屡犯边，宪宗任赵辅以总兵官挂靖虏将军印，作为战役总指挥，左都御史、辽东总督李秉为副总指挥，率兵征讨建州女真部。九月二十四日，赵辅率兵分左、右哨五道，各万骑，从抚顺关出塞，深入敌营。十月三十一日追至五岭等处，与贼交锋，攻战二十余回合，贼兵大溃。⑥ 成化四年（1468）正月，赵辅因边战有功，进封武靖侯，予以世伯。⑦

成化八年（1472），宪宗拜赵辅为将军，挂平虏将军印，行三边搜套之策，肃清河套地区的鞑靼势力，陕西、延绥、宁夏三镇兵皆听节制。⑧ 然贼寇深入，至平凉、庆阳等地杀人掠畜。等赵辅至榆林，情况已不能控制，后因病诏还。赵辅还京，便因治军不力被多方弹劾。赵辅请辞侯位，乞世伯以求荫庇后人，宪宗应其伯爵世袭，侯位依然如故，仅减俸禄二百石，仍督领京营事务。⑨

① 中央研究院历史语言研究所校印.明实录·宪宗实录[M].上海：上海书店,1985：4702.
② 张廷玉.明史[M].北京：中华书局,1974：4263.
③ 邓士龙.国朝典故[M].北京：北京大学出版社,1993：576.
④ 张廷玉.明史[M].北京：中华书局,1974：4734.
⑤ 张廷玉.明史[M].北京：中华书局,1974：3152.
⑥ 邓士龙.国朝典故[M].北京：北京大学出版社,1993：1857.
⑦ 张廷玉.明史[M].北京：中华书局,1974：3251.
⑧ 张廷玉.明史[M].北京：中华书局,1974：4572.
⑨ 张廷玉.明史[M].北京：中华书局,1974：4264.

成化十二年（1476），赵辅因患风痹而辞去职务，自此不再出仕。^① 赵辅卒于成化二十二年（1486）六月。宪宗闻之，追封容国公，谥号"恭肃"，按例赐祭葬。^② 赵辅戎马半生，攻大藤峡封伯，伐建州封侯，立下赫赫战功。虽西征河套未果，却在明代中期军事方面留下了浓墨重彩的一笔。

（二）赵辅著述情况

就目前所见，黄虞稷所编《千顷堂书目》记赵辅《平夷录》一卷，《平夷赋》一卷。^③《平夷录》今已不可见，只传《平夷赋》一卷。赵辅之才虽见于史书，但其作品流传甚少，今新见国家图书馆藏有赵辅《南坡诗稿》明刻本，诗稿共四册十五卷，第一卷至第七卷遗失，现存第八至第十五卷。《南坡诗稿》（后八卷）极大程度上丰富并完善了赵辅诗文作品的数量，然《南坡诗稿》仅存后半部分，实在是"遗珠"有憾。

据笔者查验，《御选宋金元明四朝诗·御选明诗》第七十七卷有赵辅《奉和观车驾祀南郊》七言律诗一首。^④《武当山历代志书集注》第一部有《次吕纯阳韵》七言排律诗一首，^⑤十韵二十句，形式工巧，对仗严整，可见诗文功夫不俗。其诗与《南坡诗稿》第十二卷末《敬和纯阳吕真人题大岳太和山韵》为同一诗，只是诗题不同。^⑥ 赵辅亦通书法，有《赵良佐与都堂札》行书纸本见于《式古堂书画汇考》，^⑦是成化年间赵辅平定两广盗乱时写给韩雍的文书，其言娓娓道来，读罢令人如沐春风。

---

① 中央研究院历史语言研究所校印.明实录·宪宗实录[M].上海：上海书店，1985：4702.
② 张廷玉.明史[M].北京：中华书局，1974：3251.
③ 黄虞稷撰，瞿凤起、潘景郑整理.千顷堂书目[M].上海：上海古籍出版社，2001：128.
④ 纪晓岚.御选明诗[M]//刘野编.钦定四库全书荟要·集部·总集类·第四百五十一册.长春：吉林出版集团有限责任公司，2005：402.
⑤ 中国武当文化丛书编纂委员会.武当山历代志书集注[M].武汉：湖北科学技术出版社，2003：638.
⑥ 赵辅.南坡诗稿[M]//国家图书馆编.明代诗文集珍本丛刊·第三十三册.北京：国家图书馆出版，2019：352.
⑦ 卞永誉.式古堂书画汇考[M].杭州：浙江人民美术出版社，2012：946.

二、《南坡诗稿》的版本、成书与题解

国家图书馆出版社于 2019 年出版《明代诗文集珍本丛刊》第 33 册有《南坡诗稿》影印本，然未整理，给后来研究者留下了发掘的空间。今借见《南坡诗稿》之殊遇，整理其内容，以一己绵薄之力求教于方家。

（一）版本

《南坡诗稿》不见于《四库全书总目提要》《明史艺文志》《千顷堂书目》等著录中。现藏于国家图书馆的《南坡诗稿》为残卷，前七卷失佚，存后八卷。① 且《南坡诗稿》四周双边，为少见的四鱼尾，鱼尾下有卷名、页码。书前第八卷钤印"北京图书馆藏""黄裳壬辰以后所得""黄裳青囊文苑""我泉"字样。诗稿第十二卷与第十四卷首页右下钤印"黄裳藏本"字样。书末钤印"北京图书馆藏""程氏我泉"字样，题"壬辰九月十四日姑苏书肆买此，小雁记"。根据钤印可知，《南坡诗稿》先后被藏书家黄裳与北京图书馆收藏。② "小雁"乃黄裳的藏书章，再依干支纪年法与黄裳的生年，可知此处"壬辰"为 1952 年，即《南坡诗稿》是黄裳于 1952 年 9 月 14 日在姑苏书肆购置。国家图书馆藏《南坡诗稿》影印本第十卷七言律诗《贤庄》一页重复，故国家图书馆在出版《明代诗文集珍本丛刊》时将其去掉。

（二）成书与题解

《南坡诗稿》的具体成书时间已不可考。诗稿内容最早可追溯至正统十四年（1449）。《南坡诗稿》卷八有《赠平江侯陈公镇守临清二首》，平江侯陈豫受命驻守临清在正统末，即正统十四年（1449）。③ 又因二诗位于诗稿的第五、第六首，且诗稿第一首《万岁山前驰马应制》与第二首《赐宴万岁

---

① 根据国家图书馆列《南坡诗稿》信息，诗稿成书时间不可知，因此写为明 1368—1644。版本书目史注：10 行 21 字，黑口，四周双边；四部分类号：别集，明；馆藏书号：05576；现有藏本附注：存 8 卷，8~15。
② 北京图书馆即今中国国家图书馆。
③ 赵辅.南坡诗稿[M]//国家图书馆编.明代诗文集珍本丛刊·第三十三册.北京：国家图书馆出版，2019：145.

山》无准确内容时间,第三首《同游西湖过功德寺所作》①与第四首《初伏日五凤楼前饮香薷》有月份而无年份,故不能判断准确时间。结合全稿,故诗稿所记内容时间最早可确定为正统十四年(1449)。南坡诗稿有赞文《成化十二年二月初六日蒙今上皇帝赐四景龙纹诗不胜感戴谨赞有序》《成化十二年二月初六日复蒙今上皇帝赐四景写怀诗不胜感戴谨赞有序》。② 据此,诗稿内容最晚可追溯至成化十二年(1476)二月初六。

诗稿名为"南坡",因前七卷遗失,故不能准确判断"南坡"之意为何。诗稿第十卷有七言律诗《和李元载先生留别诗韵》言:"南坡东畔有亭台,几度登临怀抱开。"首见"南坡"一词。诗稿第十一卷有七言律诗《南坡草堂赏花十盐诗和民部郎中卞公华伯韵十首》,③诗稿第十五卷有《西乡草堂藤状铭有序》,言赵辅作藤状以记大藤峡之功,西乡草堂为"陋室"。再结合第十五卷《草堂东窗铭》《草堂西窗铭》所言的"东乡草堂"与"西乡草堂",④应是相对于"东窗"与"西窗"而言的,即"南坡草堂"的东西方向。据此推测"南坡草堂"为赵辅居住休憩之所,但具体位置暂不得而知。

三、《南坡诗稿》的主要内容

《南坡诗稿》现存后八卷。第八卷、第九卷、第十卷、第十一卷、第十二卷为七言律诗,第十二卷末有两首七言排律。第十三卷、第十四卷为歌行。第十五卷为赞文,卷末有 3 篇铭文。七言律诗 471 首,七言排律 2 首,歌行

---

① 此诗原名《夏五月十有三日同成国公朱公、定国公徐公、广宁侯刘公、太平侯张公、丰城侯李公、抚宁伯朱公、襄城伯李公、修武伯沈公、右都督田公、金都督刘公同游西湖过功德寺所作》,此处简化为《同游西湖过功德寺所作》。
② 赵辅.南坡诗稿[M]//国家图书馆编.明代诗文集珍本丛刊·第三十三册.北京:国家图书馆出版,2019:444.
③ 赵辅.南坡诗稿[M]//国家图书馆编.明代诗文集珍本丛刊·第三十三册.北京:国家图书馆出版,2019:278.
④ 赵辅.南坡诗稿[M]//国家图书馆编.明代诗文集珍本丛刊·第三十三册.北京:国家图书馆出版,2019:451.

58 首,赞文 32 篇,铭文 3 篇,共计 566 篇(首)。

如上所揭,《南坡诗稿》所记内容时间跨度长达 28 年,所记甚丰,按其题材内容划分,大致可以分为以下三类:(一)酬赠交游。赵辅身为贵胄之后,多与王公大臣有交。日常往来多以诗歌记之,次韵频频;(二)行旅纪事。赵辅半生戎马,南战两广,北克女真,西征河套,所行所见皆可从诗稿中窥得一二;(三)咏物感怀。此类可见赵辅志之所在与前后变化。

(一)酬赠交游

《明宪宗实录》言赵辅"喜交文士""贪缘权幸"。[①] 赵氏人情交往甚广,上至庙堂,下至白衣,虽被言臣弹劾,但终亦无碍。本文将诗稿中涉及的唱和、送别、祝寿、挽诗以及题物等内容归入酬赠交游类。《南坡诗稿》中所提及有来往、有名姓且可考者有韩雍、王越、陈豫、戴希仁、李焕章、李元载、万希龄、刘尚宝、梅大参、蒋骥、宋守瑭、周宗大、孙迁昭、张廷瑞、杨志玄、王伯载、崔文礼、周震、李执中、魏礼渊、徐金宁、罗文节、欧克深、谯文显等 78 人。另有姓无名者及方士若干。其中如平江侯陈豫、定西侯蒋骥、右都御史、威宁伯王越等皆是显宦之人,亦有处士杨之、术士胡宗等布衣。诗稿有挽诗 49 首,从中可看出所述人物之关系。如诗稿第九卷有诗《挽少师文贞公从孙处士杨敏恭》,可识文贞公之从孙为杨敏恭。[②]

酬赠交游之诗,有时难免沦为应景人情之作,尤其是挽诗与次韵之诗,但有些诗却可见赵诗之妙趣,如第八卷《和戴希仁韵》:

> 一缄遥寄五云边,满幅云烟草圣传。
>
> 薄劣自惭唐室将,风流独拟晋时贤。
>
> 乡关迢递重回首,云树依微各远天。

① 中央研究院历史语言研究所校印.明实录·宪宗实录[M].上海:上海书店,1985:4703.
② 赵辅.南坡诗稿[M]//国家图书馆编.明代诗文集珍本丛刊·第三十三册.北京:国家图书馆出版,2019:218.

遥想齐川旧游日,何时重醉百花前。①

此诗虽是和戴希仁韵,亦有恭维之意,但整首诗的意境却给人"沧桑"之感,读罢唏嘘不已,让人感时思昔,有种恍若隔世的时空感。赵氏用"五云""唐室""晋时""乡关""云树"等词汇把诗的画面感由远拉近,但在尾联,笔锋陡然一转到"齐川",再接疑问语气"何时",和韵之意既没,古今之惜顿生。

此类酬赠交游之诗感情充沛,亦无牵强附会之感,在诗稿中亦为常见,如《刑科给事中石公云树遐思》:

对床常忆共论文,日断天涯又夕曛。

古驿遥连千里树,远山重叠万层云。

辰生叅没那能罢,地北天南未忍分。

谁道尘泥隔霄汉,感怀情思正纷纷。②

此诗为赵辅对远在他方的友人所诉的思念之语,昔年二人时常共卧一床,谈天说地,然而如今地北天南相隔,思念之情更甚。其"对床"之情与辛弃疾《临江仙·钟鼎山林都是梦》中"记取小窗风雨夜,对床灯火多情。问谁千里伴君行。"有异曲同工之妙。此诗虽是写对友人的思念之情,却无丝毫矫揉造作之感。赵辅酬赠交游中亦有诸多题画之诗,既是酬赠,亦是风尚,如:赵辅根据金照磨所藏之图作《金照磨有丁玉川所作四景山水图》(卷十),为春、夏、秋、冬四时之诗;《题泰宁侯陈公雪月梅花图》(卷十三)乃赵辅为友人的梅花图所题;《题礼部邹尚书春山叠翠图》《题沈指挥使人物山水图》《题礼部李郎中人物山水图》等诗皆为官场往来酬赠所题。

---

① 赵辅.南坡诗稿[M]//国家图书馆编.明代诗文集珍本丛刊·第三十三册.北京:国家图书馆出版,2019:147.
② 赵辅.南坡诗稿[M]//国家图书馆编.明代诗文集珍本丛刊·第三十三册.北京:国家图书馆出版,2019:176.

赵辅酬赠交游之诗常见于《南坡诗稿》,此类诗歌因数量庞大,质量参差不齐,然大多数文字通俗易懂,为应付官场而言语直白。透过这些诗歌,不仅可以窥见赵辅的行文功力,更有利于审视赵辅交游圈子,完善当时人物的脉络关系。

(二) 行旅纪事

赵辅一生征战两广、建州、河套,所过之处甚广,行军叙事,用诗文自述情怀,以解军旅之苦。诗稿中自言所去之地有涿州、龙江、德胜口、太和山、张家湾、孟村、武城县、临清、望夫山、采石山、安庆、小孤山、武当山、黑山寨、辽阳、柏井、红石山、浔州等地。赵辅诗文之中不见羁旅之愁,且皆有豪情万丈之态、建功立业之心。如第十二卷《驻师辽阳和丘圭主事韵》:

> 文运弘开道已东,秋台声誉振儒风。
>
> 连宵对讲孙吴术,此日重妆李郭功。
>
> 万里胡尘今已净,百年贼垒悉皆空。
>
> 丈夫破虏寻常事,不效燕然顶石砮。①

成化三年(1467)女真屡犯边境,赵辅受命北征,驻兵辽阳时与丘圭和韵写下此诗。赵辅前有大藤峡之功,此次行军北征"破虏"自然成了"寻常事"。诗中无一丝战事之紧,借用"孙权""李光弼""郭子仪"之能,成东汉窦宪"燕然"之盛事。《南坡诗稿》中行旅纪事的诗文,内容上大多无实质的叙事,且善用典,但观其题与序,亦可知纪事之意。第十二卷有诗《总师西征驻兵柏井驿和壁间怡静诗韵》《大兵渡黄河》《大兵猎红石山有序》《大兵复猎红石山》,四诗前后相连,由题可知,赵辅西征河套时所过之地。② 然诗稿卷八《涿州晓行见山月》一诗有所不同,如下:

---

① 赵辅.南坡诗稿[M]//国家图书馆编.明代诗文集珍本丛刊·第三十三册.北京:国家图书馆出版,2019:339.

② 赵辅.南坡诗稿[M]//国家图书馆编.明代诗文集珍本丛刊·第三十三册.北京:国家图书馆出版,2019:343—345.

扬扬征旆过前途,月小山高入画图。

万顷清光寒皎洁,千峰岚气晓模糊。

崎岖转觉关程险,隐映遥看树影孤。

啼彻鸡声天已曙,云开只尺近皇都。①

此诗不用史典,首联匆匆瞥见"扬扬征旆",便直转"月小山高",继而写景。颔联细节描写详尽,透过"清""寒""模糊"等词,拂晓赶路的冷冽之感跃然纸上。颈联视觉再转,镜头拉长,用远处视角写山路的"崎岖"与树的"影"和"孤",将行人眼中的景物变化刻画得淋漓尽致。

赵辅一生官场得意,深受明英宗、明宪宗喜爱。在诗稿第十五卷中赵辅用了大量的赞文记叙皇恩深重,如《天顺元年十月二十七日蒙英宗睿皇帝赐大红织金单角三瓜缠身蟒龙纻丝衣不胜感戴谨拜手稽首赞曰》《天顺四年五月有三日蒙英宗睿皇帝赐以虎图臣不胜感戴谨拜手稽首而述赞曰》《成化二年十月二十六日蒙今上皇帝赐贞观政要一部俱广运之宝臣不胜感戴谨拜赞》《成化三年十月二十四日蒙今上皇帝赐大明一统志一部俱有广运之宝臣不胜感戴谨赞》等,其赞文娓娓道来,无一丝雕琢之意,细微处亦是感人。

（三）咏物抒怀

纵观《南坡诗稿》,其咏物诗可谓赵辅诗歌风格的代表。其七言律诗《骏马》,尽显赵辅意气风发之姿。② 其诗名虽为《骏马》,却是赵辅借骏马抒己怀,其诗尾联"价高不必孙阳顾,名与周王八骏齐",不需伯乐,自与周穆王八骏齐名,可见赵辅年轻气盛之心。然第十一卷《篱菊花》一诗,又自诩

---

① 赵辅.南坡诗稿[M]//国家图书馆编.明代诗文集珍本丛刊·第三十三册.北京:国家图书馆出版,2019:150.

② 赵辅.南坡诗稿[M]//国家图书馆编.明代诗文集珍本丛刊·第三十三册.北京:国家图书馆出版,2019:148.

陶潜，言"秋香满圃无他品，赢得芬芳晚节高"，可见前后心态变化。① 第八卷有组诗"病中十咏"，分别为《慵理琴书》《旷闲弓矢》《伶接宾朋》《聊怡松竹》《厌对壶觞》《勤亲药饵》《闭户倚筇》《脱巾露发》《伏枕南窗》《驰情北阙》。赵辅在这十首组诗中不多见的以物抒怀，且情绪不一，将日常情感巧妙地融入眼之所见。除《旷闲弓矢》《勤亲药饵》《伏枕南窗》《驰情北阙》言因病不能行功名之事外，其余六首皆有"五柳先生"之风。《脱巾露发》有："不整衣冠太古先，形骸放浪独陶然"，以此自言有"五柳"之风。如《厌对壶觞》：

> 有客相期过草堂，清谈何必醉壶觞。
>
> 白云满地消尘想，明月开轩纳晚凉。
>
> 啜茗总胜哺醴酊，啮斋甘若嗜膏粱。
>
> 碧桃开遍庭前树，始觉闲中日月长。②

诗人因病赋闲，官场之中长期的觥筹交错已让人不堪厌烦，与来客只是清谈岂不美哉？生在宦族世家，赵辅难得不受外界纷争，于病中流露出闲适之感。"白云""明月"自有一番趣味，看庭前花开花落亦觉岁月悠长，然外物终究难抛，虽是壶觞之中静"觉春如海"，亦为功名所累"嫌夜似年"。③

《西乡草堂藤状铭有序》《草堂东窗铭》《草堂西窗铭》，是诗稿中为数不多的三篇写景铭文。其文字简朴无华，细读之下韵味十足。如《草堂西窗铭》：

> 西乡草堂，止可容膝。窗前半窥，山横落日。尘事扰扰，向晚未息。惟吾散人，头蓬不拭。乌兔东西，任他迟疾。懒散疏慵，无似无匹。④

---

① 赵辅.南坡诗稿[M]//国家图书馆编.明代诗文集珍本丛刊·第三十三册.北京：国家图书馆出版,2019：228.

② 赵辅.南坡诗稿[M]//国家图书馆编.明代诗文集珍本丛刊·第三十三册.北京：国家图书馆出版,2019：161.

③ 此处引《南坡诗稿》之《脱巾露发》"壶中静觉春如海，病裹愁嫌夜似年"句。

④ 赵辅.南坡诗稿[M]//国家图书馆编.明代诗文集珍本丛刊·第三十三册.北京：国家图书馆出版,2019：452.

从内容上看,应是赵辅晚年隐于南坡草堂所作,其文字风格一改早年张扬之势,趋于内敛。

总体而言,赵诗喜用典故,应酬唱和之诗通篇用典极为常见。诗歌风格高昂直率,用文人之笔写武将之心,亦当如此。晚年居于南坡草堂,诗歌风格蔚然一新,有陶潜之风。

四、《南坡诗稿》的文献价值

(一)有补于明代诗文文献的辑录与研究

《南坡诗稿》所记内容甚丰,不仅诗文本身艺术特色值得研究者一探究竟,而且诗文题目及其内容可以和史书互证,对补全赵辅生平及相关人物事迹有着重要作用。现特取赵辅征战大藤峡、建州女真、河套之事以证:

1. 成化元年(1465)正月,明宪宗授赵辅为征夷将军,出征两广大藤峡平定瑶民起事。[①]

其《挂印出师驻兵广宁和李都宪韵四首》《西乡草堂藤状铭有序》可证。前者中的"广宁"即今天的广东省广宁县,"李都宪"即当时与赵辅一起征讨大藤峡之人。[②]《西乡草堂藤状铭有序》言:"广西浔州有山名大藤峡……乃命辅授以成算,推毂挂印,总师征之。一鼓而破其桂州、崖九、层楼等;再鼓而捣其横石矶、碧滩、绿水寨诸山;三鼓而峡破贼平矣!"[③]据此描写,可以透过赵辅的视角更为真切地窥见大藤峡之战的情形。

2. 成化三年(1467)五月,明宪宗任赵辅为总兵官挂靖虏将军印,率兵征讨建州女真部。[④]

---

① 张廷玉.明史[M].北京:中华书局,1974:4263.
② 赵辅.南坡诗稿[M]//国家图书馆编.明代诗文集珍本丛刊·第三十三册.北京:国家图书馆出版,2019:337.
③ 赵辅.南坡诗稿[M]//国家图书馆编.明代诗文集珍本丛刊·第三十三册.北京:国家图书馆出版,2019:450.
④ 张廷玉.明史[M].北京:中华书局,1974:4263.

其诗《师次辽阳用山东叶参政韵二首》《驻师辽阳和丘圭主事韵》《总师至边塞诗示朝鲜国中书院金知事成有智二首》《成化三年六月二十一日总兵东征建州师次永平驿和翰林程编修韵》可与《明史》互证。①"辽阳"即今辽宁省辽阳市，"永平"即今河北秦皇岛等地。其"成化三年六月二十一日"与明史所载赵辅北伐建州时间相吻合，且《南坡诗稿》所记更为具体。

3. 成化八年（1472）五月，明廷为统一将权，肃清河套地区的鞑靼势力，命赵辅挂平虏将军印出师，陕西、宁夏、延绥三镇兵皆受其节制。②

其《总师西征驻兵柏井驿和璧间怡静诗韵》《大兵渡黄河》《大兵猎红石山有序》《大兵复猎红石山》可证。"柏井"即今山西省平定县柏井镇，"红石山"即陕西榆林市红石峡。透过上述诗题，可大致厘清当时赵辅的行军路线。《大兵猎红石山有序》载："予总大兵驻扎榆林。成化八年冬十一月有八日……乃邀予……猎于红石山下。"③依据其内容，可使后人更加全面地了解赵辅西征河套之事。

（二）有助于勾勒赵辅家世

赵辅家谱，散见各处，然皆不详尽。今整理《南坡诗稿》，为此拾遗补阙。

赵辅先世，《明史》不载。《国朝献征录》第一百一十卷载明人彭时为武靖伯赵本所撰神道碑文，言赵辅因克大藤峡有功，特追封其父以上三代及其母沈氏。依《南坡诗稿》第十卷七言律诗《寿舅翁沈孟恢八十有序》，第十一卷七言律诗《寄舅氏府沈公》，第十二卷七言律诗《送表兄沈景远进字赴京还睢宁》，可知赵辅其母为沈氏无误，另表兄为沈景远。④"公讳本，字宗立，

---

① 赵辅.南坡诗稿[M]//国家图书馆编.明代诗文集珍本丛刊·第三十三册.北京：国家图书馆出版，2019：338－340,416.
② 张廷玉.明史[M].北京：中华书局，1974：4264.
③ 赵辅.南坡诗稿[M]//国家图书馆编.明代诗文集珍本丛刊·第三十三册.北京：国家图书馆出版，2019：345.
④ 赵辅.南坡诗稿[M]//国家图书馆编.明代诗文集珍本丛刊·第三十三册.北京：国家图书馆出版，2019：241,309,322.

姓赵氏,凤阳人。曾祖仁追封天水郡侯,妣李氏追封天水郡夫人。(赵仁)生六子,曰均祥,曰德胜,曰鉴,曰端,曰某,曰裕均,祥与某俱早卒余皆忠义。"①可知,赵辅的父亲为赵本。《南坡诗稿》有赞文《父山东都指挥赠武靖侯赵公讳本犀带赞》一篇,据此,赵本为赵辅的父亲实为可信。② 赵本曾祖讳仁,为天水郡侯赵仁,即赵辅高祖。赵仁母为天水郡夫人李氏,生赵均详、赵德胜、赵鉴、赵端、赵某、赵裕均六子。由此可知,明代开国功臣赵德胜与赵端是兄弟同辈,赵端为赵辅曾祖,赵德胜为赵辅曾伯祖。再依《南坡诗稿》赞文《曾伯祖妣梁国公夫人王氏贞烈赞有序》,可知赵德胜母为王氏。③ 据《明宪宗实录》所载:"辅,字良佐,凤阳人。开国功臣梁国公赵德胜裔也。曾祖端亦以武功累官广东都指挥使。"④《南坡诗稿》有赞文《洪武年太祖高皇帝赐高祖天水郡侯赵公讳仁银椅赞》《太祖高皇帝赐高祖妣天水郡侯夫人李氏金冠银椅女官柱杖赞》。按此,《国朝献征录》所记可信。

何乔远《名山藏·二》卷四二《勋封记下》言"(赵辅)父本,从征汉庶人升都指挥。"⑤《国朝献征录》卷一百十言:"端沉鸷刚果,屡从征伐,积战多功历,升福建兴化卫指挥佥事。居六年致仕,以其子麟代职。"⑥《名山藏·四》之《臣林记》言:"子献指挥同知世袭,德胜弟端亦从军屡伤身。端子麟捕倭有功,麟孙辅以征蛮功封武靖侯。"⑦《南坡诗稿》有赞文《太祖高皇帝赐祖兴化指挥使赠武靖侯赵公讳麟减金带赞》。可知赵端有子赵麟,为兴化指挥

① 焦竑.国朝献征录[M]//四库全书编撰委员会编.四库全书存目丛书·史部·第一〇六册.济南:齐鲁书社,1996:339.
② 赵辅.南坡诗稿[M]//国家图书馆编.明代诗文集珍本丛刊·第三十三册.北京:国家图书馆出版,2019:430.
③ 赵辅.南坡诗稿[M]//国家图书馆编.明代诗文集珍本丛刊·第三十三册.北京:国家图书馆出版,2019:449.
④ 中央研究院历史语言研究所校印.明实录·宪宗实录[M].上海:上海书店,1985:4701.
⑤ 何乔远.名山藏[M].扬州:江苏广陵古籍刻印社,1993:2424.
⑥ 焦竑.国朝献征录[M]//四库全书编撰委员会编.四库全书存目丛书·史部·第一〇六册.济南:齐鲁书社,1996:339.
⑦ 何乔远.名山藏[M].扬州:江苏广陵古籍刻印社,1993:3125.

使。《南坡诗稿》有七言律诗四首,合一题为《答舍弟良臣四首》,赵辅言其弟"羡尔江湖一散人",可知其弟赵良臣无官职或为闲职。第八卷有七言律诗《梦亡妻夫人陈氏》,可见赵辅妻为陈氏。①

梳理可知,天水郡夫人李氏为赵辅天祖,梁国公夫人王氏为赵辅高伯祖,赵仁为赵辅高祖,赵德胜为赵辅曾伯祖,赵端为赵辅曾祖,赵麟为赵辅祖父,赵本为赵辅父,其妻为沈氏。沈景远为赵辅表兄,赵良臣为赵辅其弟。赵辅妻为陈氏。

赵辅后世,《明史》卷一五《功臣世表一》已有详细介绍。学者邵磊于2014年在《文献》上发表《新见明代勋贵及其家族成员墓志考释》一文,但其中有几处舛错。邵磊以《赵母刘孺人墓志铭》较为详细的考证赵辅家族谱系,填补武靖伯世家第五世之空缺,其言:"今据刘孺人墓志可知其夫君赵时清'父武靖伯讳承庆,祖容国公讳辅,曾祖武靖侯讳端,高伯祖开国梁国公讳德胜。又时清所自生也。'是谓以武功累官广东都指挥同知的赵端,实为赵辅的父亲,而非如《明宪宗实录》等所谓是赵辅的祖父,至于明代开国功臣、卒赠梁国公的赵德胜实乃赵辅的伯祖,换言之,赵辅的祖父应当即是赵德胜之弟。"②但依据先前所表,文中错误地把广东都指挥同知赵端识为赵辅的父亲,把赵德胜识为赵辅的伯祖,把赵辅的祖父赵麟认为赵德胜之弟,与《明宪宗实录》《国朝献征征录》《名山藏》《南坡诗稿》皆相违背,因是文献不足之故。

（三）有利于完善赵辅与友人和韵之诗

赵辅作为明中期一代将才,功勋卓著,深受宪宗喜爱。赵辅南征两广,其功离不开都御史韩雍;西战河套,与威宁伯王越关系密切。通过《南坡诗

① 赵辅.南坡诗稿[M]//国家图书馆编.明代诗文集珍本丛刊·第三十三册.北京:国家图书馆出版,2019:153.
② 邵磊.新见明代勋贵及其家族成员墓志考释[J].文献,2014,(6).

稿》,简要分析赵辅与韩雍、王越二人的和韵之诗。

1. 赵辅与韩雍和韵之诗

《南坡诗稿》后八卷仅存《寄都宪韩公永熙》《挽都御史韩永熙父赠左都御史》两首关于韩雍之诗。前者是赵辅、韩雍于成化二年(1466)征讨大藤峡之后二人之间的诗歌往来,后者即赵辅为韩雍之父所写的挽诗。赵辅征大藤峡有功进封武靖伯,韩雍功不可没,二人之间的往来不至于在诗歌之中体现得如此之少。然阅览韩雍《襄毅文集》,发现二人交往和韵之诗不在少数。《襄毅文集》有《贺赵总兵三首》《洞庭君山歌和赵总戎韵》《赵总戎见惠巨鳊酬之以诗》《赵总戎和前作见赠再次韵奉酬》《师次永州久雨祈晴有感赠赵征夷》《为赵总兵题扇》《喜闻台长李公总戎赵公同奉命出师辽东心同力同功成必矣寄鄙诗预申贺臆》《次韵寄赵总兵》《成化元年春予奉命偕赵总戎良佐提兵征两广四月望日师发南京次大胜关总戎以诗见赠次韵奉答》《赵总戎以校猎所得野兽见惠口占二绝奉谢》《广东来报贼散承赵征夷惠琱弓钩刀诗和且谢》《赵总兵诗贺东广平次韵酬答二首》,共计十二题十五首诗。其中大部分内容为韩雍和赵辅征讨大藤峡时所作。经过比对,未发现《南坡诗稿》《襄毅文集》之中有能和韵之诗,但以《襄毅文集》中的诗题来看,赵辅与韩雍交往甚密,且赵辅、韩雍多次和韵。究其原因,可能是由于《南坡诗稿》前七卷遗失或诗稿未收集齐全,所以少见。

赵辅与韩雍二人诗文功力不俗,赵、韩和韵之诗,不仅是文学创作上的交流往来,更是二人在征大藤峡时的军事史料,如《成化元年春予奉命偕赵总戎良佐提兵征两广四月望日师发南京次大胜关总戎以诗见赠次韵奉答》一诗①,其记载的时间比《明史》更加具体。因此,无论是于文学,还是于历史,都具有非常重要的意义。

---

① 韩雍.襄毅文集[M].上海:上海古籍出版社,1991:689.

2. 赵辅与王越和韵之诗

赵辅与王越在成化八年（1472）共同驱除河套地区的鞑靼，二人此时交往尤为密切。《南坡诗稿》之中直接关于王越之诗亦少，仅存歌行《寄山东按察使王公世昌》一首。根据内容，可知其诗是赵辅于王越在山东做按察使期间所写。王越于天顺四年（1460）被提拔为山东按察使，天顺七年（1463）受命巡抚大同，可知赵辅与王越在早年就结下友谊，此诗便是写于此间。此诗为歌行，情感充沛，气势如虹，深得古乐府精髓。《王越集》有《次赵武靖月宫攀桂韵》《马上口占送赵总戎西行》《榆林送武靖侯赵公回京》三首诗，乃王越写与赵辅之诗。依《次赵武靖月宫攀桂韵》按图索骥，《南坡诗稿》第十四卷有《蟾宫攀桂扇次司马行人韵》一首，发现此二诗韵脚韵字相同，且次序一样。现分别将《次赵武靖月宫攀桂韵》《蟾宫攀桂扇次司马行人韵》二诗列之如下：

> 银河露滴秋声凉，鼻观忽清天上香。
>
> 黄金一粟堕平地，世间草木皆无光。
>
> 老仙独步风尘表，五百年来梦初晓。
>
> 和云移向凤池栽，却笑广寒宫殿小。
>
> 材大终须作栋梁，玉皇正尔开明堂。
>
> 便舒只手挽坤袖，斯民万古歌陶唐。①

> 西风飒飒鲜飙凉，桂花万穗金粟香。
>
> 琼楼玉宇在只尺，举手可舀银蟾光。
>
> 瑶池宴罢来天表，两腋清风天未晓。
>
> 二十八宿贯心离，块视三山五湖小。

---

① 赵长海校注.王越集[M].郑州：中州古籍出版社，2009：157.

识荆忆昔河之梁,而今肃补登朝堂,

会看大地需霖雨,熙熙四海皆虞唐。①

根据二诗,韵字依次为"香""光""晓""小""堂""唐"六字。以此可知《蟾宫攀桂扇次司马行人韵》《次赵武靖月宫攀桂韵》为和韵之诗。又因赵辅称"武靖"为南征大藤峡之后,故二诗应作于成化二年(1466)十一月之后。

通过整理赵辅《南坡诗稿》中的和韵之诗,对于厘清赵辅与韩雍、王越等人的交游活动有莫大帮助。透过《南坡诗稿》,以文观人,以文观世,赵辅戎马半生,宦海沉浮,其前后性格变化反映到创作中便是诗文主题与风格的变化。前期居功至伟,一战两广封伯,二战建州封侯,笔走龙蛇,文意盎然。然西征河套后,赵辅逐渐淡出政治舞台,赋闲南坡,其诗、文气势内敛,文风趋于自然通透。除此之外,我们还应看到《南坡诗稿》当中所反映的明代中期朝堂的"向道"之风与交际圈子。一言以蔽之,《南坡诗稿》是一部值得学界关注的诗稿,对于研究武靖侯赵辅及其明代中期社会风貌有重要价值。

---

① 赵辅.南坡诗稿[M]//国家图书馆编.明代诗文集珍本丛刊·第三十三册.北京:国家图书馆出版,2019:420.

关于土地的记忆、想象与抒情

——论王怀凌的诗

曾 欢①

摘 要: 作为西海固作家群体的一员,王怀凌以"为人子的深情"写下西海固土地上有关苦难与温情的记忆,记录城市化对传统农耕文明的打击和破坏,通过语言和想象在"慢的艺术"中重建记忆的大厦,且用直白真挚的抒情切入诗歌的精魂,守护自土地辐射而出的精神家园。

关键词: 王怀凌 西海固 土地 记忆 抒情

从《风吹西海固》的悲悯、焦虑、疼痛、不安,到《草木春秋》《中年生活》的宁静、自然、平和、冲淡,再到《静谧》的颓废、悲凉、感伤、无奈,王怀凌始终用沉重朴拙的诗歌语言对西海固的土地、生命、个体进行表征。面对全球化和城市化的时代浪潮,诗人一方面用粗厉的嗓音歌唱贫瘠的西海固的草木、河流、村庄和生活在这片土地上的人们,虔诚谨慎地把乡村的风土和人情融进诗歌,用生活细节呈示乡土记忆,表达他对土地"作为人子的深情";另一方面,诗人也用笔尖刺破现实的面具,不加掩饰地暴露城市化的残酷和

---

① 曾欢(1995—   ),女,四川内江人,宁夏师范学院文学院硕士研究生,主要从事地方文化与中国现当代文学研究。

冷漠,以力透纸背的情绪撕碎现代文明的伪装;而当有关土地的记忆即将被废墟和遗忘取代而沦为梦魇之时,诗人又不得不凭借语言和想象向后张望即将陷落的家园,通过对生命的体悟和哲理性感知,在漏洞百出的城市生活背后,寻觅被现代化遗漏的乡村净土。

王怀凌的诗歌诠释过去,叙述当下。通过诗人建构起来的意象,能够看到他对土地的爱怜与眷恋,也能体会他对城市文明侵袭乡土传统的无奈与伤怀。因为对土地深沉的情感深深地烙印在诗人的心底,所以一旦内心的牵绊遭到破坏而无处安放,诗人便近乎崩溃地表现出对生存环境的忧思和对记忆家园的追求。故乡土地因此获得鲜活的生命之气,以精神存在的方式进入诗人的抒情世界,诗歌迸发出感召性的力量。

一

"土地"是一个空泛微妙却富有温度的词,1933 年李广田曾论及他对土地的情感:"我是生自土中/来自田间的/这大地,我的母亲/我对她有着作为人子的深情"[①]。这种"作为人子的深情",王怀凌不止一次赋予他笔下的土地,他的诗歌写作根植于西海固大地,确切地说,他是西海固的"地之子"。他用温和细腻的笔触勾勒出多维立体的西海固轮廓,比起色彩丰富的油画图纸,更像是一幅简单却精致的素描画稿。在诗集《风吹西海固》里,诗人率先以《有关西海固的九个片段》展开西海固的层层面影:秋高气爽的九月;日暮下的村庄;被开采的炭山;突如其来的沙尘暴;入伏之后的暴雨;田地里稀稀拉拉熟透了的麦子……这些类似电影"蒙太奇"的画面,再现了一个个有关西海固的镜头,对于诗人来说,这些场景应该都是脑海中的某些印象至深的记忆点,它们之所以有幸成为诗行,是因为触动了诗人内心情感的

---

① 李广田.地之子[J].新月,1933,(6).

按钮，这种触动不是感官的一时兴起，而是源自内里的那种"深情"。这样的"深情"同样在《固原》《固原秦长城》《开在秦长城上的毒狼花》等诗歌中涌现，但都没有矫揉造作的呻吟，而是坚定有力地抒怀。

称王怀凌为西海固的"地之子"，这不仅仅是一种隐喻或者象征，因为他的确从乡村中走出，"走出"之后并未割断自体和母体（乡村）的联系。所以我们经常通过诗歌看到他对西海固乡村的摹写，类似《路边的村庄》《李家庄》《庙儿沟》《村庄》等都是连接诗人和乡村的无形纽带，但王怀凌用情至深的还是《顿家川》①，诗人一开始就对顿家川作出介绍："顿家川。西海固深处/灰头灰脑的一个小山村/自卑得连姓甚名谁都不敢说。"然而就是这个卑微的小村庄，让诗人获得了最初的亲切和暖意："我听到鸟鸣的声音/暗河流动的声音/蝇虫相爱的声音/根须下的孤独和澎湃结出一颗颗晶亮的露珠/为我洗去俗世的粉尘/清晨的第一缕阳光，像母亲用老的一把木梳/理出一天整齐的心情。"所以不管身居何处，"每隔一段时间，我总要带着妻子和女儿/回到老家"。这是一首为顿家川而作的长诗，诗人通过回忆还原了顿家川的四季冷暖、人事变化，又由回忆回到——"母亲的脸颊更加皱纹，父亲的坟头荒草萋萋……"的现在。诗歌中，声音作为一种大自然的旋律，是乡村最动听的乐曲。在这里无疑承担着唤醒的使命，即唤醒诗人对故乡的饱含爱与感动的记忆，于是，乡村的自然之气迎面扑来。因为与自然之物的亲近是人类原初情感的一部分，同自然生命的接触也能让人的情思有所寄托，所以这首诗既是诗人对乡土的怀想，也能勾起读者关于"老家"的记忆。费孝通在《乡土中国》②中指出，中国社会的基层是乡土性的，只有直接有赖于泥土的生活才会像植物一般在一个地方生下根。从这个意义上讲，王怀凌诗歌中的乡村已经上升到了形而上的层面，他的根生在了在"顿家川"，村

① 王怀凌.风吹西海固[M].陕西：太白文艺出版社，2009：41-46.
② 费孝通.乡土中国[M].北京：北京大学出版社，2012.

庄里最真实的泥土的芳香是他文学的"启蒙者","顿家川"也不再是单纯的地理名词,而成为支撑他写作的"精神原型"。唯其如此,我们不难理解,为何王怀凌能一次又一次地呈现村庄的细节,捧出真实的西海固。

王怀凌以"作为人子的深情"感应西海固,这种"深情"是诗人对土地所遇苦难的悲悯、焦虑和不安,也是诗人与土地感同身受的疼痛。干旱是西海固恶劣的自然条件之一,王怀凌直言:"西海固只是中国西部的一块补丁/在版图上的位置/叫贫困地区或干旱片带/我在西海固的大地上穿行/为一滴水的复活同灾难赛跑"①;恶劣的自然条件远不止此,狂风也时常造访:"那场大风,把村口一块荫凉或者一个形象推翻/那一瞬间我听到树在呼喊/不管它是否愿意/一棵叶繁枝茂的树/终于完成了一次飞翔/把雪白的伤口和疼痛留给了我们"②;干旱和狂风之后,便是沙尘暴的反复侵袭:"第十一次沙尘暴袭来的时候/我正在一个叫马场的村子里访贫问苦/老乡们说起风了/我的眼前出现了来势凶猛的黑夜一次又一次的重创/上回的痂还未退净又是一次"③。干旱、狂风和沙尘暴对西海固的人们意味着什么?这是一个致命的问题——生存。俗话说"水是生命之源",缺水,生命将难以为继,庄稼、植物将干枯而死,但这却是西海固无法改变的客观事实。面对生存条件的恶劣,村民和西海固将何去何从?乡亲们可以迁到有水的地方,但唯一的故乡能迁走吗?于是,怀着对土地复杂的情感,诗人只能站在黄土地上呼吁:"一滴水孕育了一棵苗/地就活了/一片土地滋养了我的良心/给我一场雨/土地就可以救活整个春天"④。在王怀凌的这些诗歌中,我们能够读出他的无奈、伤怀和撕心裂肺的痛。

"作为人子的深情"还表现为诗人对土地的怜爱、呵护和珍视,这其实

---

① 王怀凌.风吹西海固[M].陕西:太白文艺出版社,2009:8.
② 王怀凌.风吹西海固[M].陕西:太白文艺出版社,2009:119.
③ 王怀凌.风吹西海固[M].陕西:太白文艺出版社,2009:12.
④ 王怀凌.风吹西海固[M].陕西:太白文艺出版社,2009:49.

是一种温暖的情愫，与苦难相比，来自西海固大地的温情更能抵达诗人柔软的内心。雪的降临滋润了西海固大地因干旱而皲裂的皮肤："大雪包扎着西海固的伤口"，使"种子向更深的温暖隐蔽"①。柠条也在四季连旱的大地上咬紧牙关努力地生长，"日子再苦/超自然的盟约不会背叛"②。植树的人无数次为拯救生命作出努力，"在春风与清明之间/频频出动。挖开一些新土/献上粗糙的汗水和耐心/年年如此，年年在老地方/像赶赴一场又一场失败的约会"③。雪的柔情、柠条的坚韧和种树人的坚持都让我们在满目疮痍中看到了土地的希望，也能窥见诗人对土地的爱怜。而更能打动诗人的是村庄的温馨与祥和："一望无际的阳光，一望无际的葵/农事的光芒里/青砖红瓦的农舍安静的像一座庙宇"④。多么宁静、惬意而又诗意的乡村，这就是诗人倍加珍惜的"家"之所在。王怀凌这类表现温暖的诗歌并不少见，从诗歌营造的"家"的意境来看，它们都是从"顿家川"辐射而出的文学世界。"顿家川"作为王怀凌现实和心灵的故乡，是诗人内心世界中世外桃源般的存在，寄托了他对乡村温情脉脉的依赖和眷恋，成为其文学中无法剥离的精神内核。

二

20世纪90年代以来，城市化快速地席卷整个国土，乡村和城市的矛盾逐步激化，在二者的对峙和交锋中，乡村遭受了破坏性的创伤。"创伤这个概念总是伴随着新的挑战而发展的，它首先要面临的问题就是过去和现在的差别"⑤。乡村的"过去和现在"，涉及传统农耕文明与现代都市文明之间的较量，而较量的结果必然是现代文明的步步紧逼和传统农耕文明的节节

---

① 王怀凌.风吹西海固[M].陕西：太白文艺出版社,2009：154.
② 王怀凌.风吹西海固[M].陕西：太白文艺出版社,2009：14.
③ 王怀凌.风吹西海固[M].陕西：太白文艺出版社,2009：55.
④ 王怀凌.风吹西海固[M].陕西：太白文艺出版社,2009：33.
⑤ 冯亚琳,[德]阿斯特莉特·埃尔主编.文化记忆理论读本[M].北京大学出版社,2012：123.

败退,这在王怀凌的诗集《风吹西海固》《草木春秋》《静谧》中都有所体现。在《那些大柳树》①中,诗人直击植物的命运:"公路拓宽,路两边长了几十年的柳树/难免遭受被砍伐的命运","一个个身首分离,像战争的残骸",它们本是一抹耀眼的绿色,却不得不为即将光临的水泥地面留足空间。而后,诗人无奈地表示:"给飞速前进的历史车轮让道/我能够理解,大柳树也能够理解",仅仅一个"理解",而不是简单地拒绝、排斥甚至厌弃,已经能代表诗人用理性战胜感性的心路历程,然而我们仍然能够强烈地感受到叹惋和伤感的情绪。这样的情绪在《被拆迁追赶的人们》②中则表现得更加明显:"世世代代的庄稼人/现在马路和广场张大嘴巴吃掉了土地/高大的楼房又要来挤占仅存的阳光/你们需要退让/需要割掉与土地的最后脐带/在撤离的路上,尽可能捡拾些记忆的残片"。这些被拆迁追赶的村民也曾经是土地的儿女,他们含着泪与哺育其长大的故土挥手告别,再多看一眼身后熟悉的风景都是对心灵的沉重打击。而在工业文明横扫乡村的时代,连河水也难逃被污染的命运:"在有风的日子/把臭名传得更远"③(《到达不了远方的河流》)。村庄面貌的改变更是王怀凌诗歌中的"恐怖"事件,在《我的村庄已面目全非》④中,诗人以游子的身份出现,"一条穿山而过的高速公路横刀夺爱/他的村庄已面目全非/他的记忆已支离破碎"。诗人因此在惶恐中发出"这个村庄会不会消失"的诘问。

　　传统农耕文明不断式微的结果是乡村的人口和资源向城市进军和流动,这势必导致土地撂荒和"空村"现象。在《斡尔多》⑤中,诗人让我们看到了一个虚空的斡尔多小山村:"羊肠小道连着的七户人家,三户已举家迁

---

① 王怀凌.风吹西海固[M].陕西:太白文艺出版社,2009:102.
② 王怀凌.风吹西海固[M].陕西:太白文艺出版社,2009:114.
③ 王怀凌.草木春秋[M].银川:宁夏人民出版社,2014:108.
④ 王怀凌.草木春秋[M].银川:宁夏人民出版社,2014:104.
⑤ 王怀凌.草木春秋[M].银川:宁夏人民出版社,2014:34.

走/窑洞和水窖虚弱地空着/剩下四户，青壮年外出打工/孩子在城乡结合部上学/留守的，只有六位老人"。这样的情形让诗人感到焦虑："幹尔多不通电话/手机信号也不通/我真担心，这几位靠着墙根晒太阳的老人/哪一天，万一有个闪失/谁去给他们的儿孙报信？"读这些诗句，我们几乎可以听到诗人的叹息，这难道只是诗人对村庄的焦虑吗？这也是对传统文明失落的追悼。《草木春秋》①中，诗人再次记录了乡村的现实："村里人说走就走了。上新疆、下江南/偶尔打回来一个电话或寄来一张汇款单"，留下"一茬一茬的红肥绿瘦，一茬一茬撂荒的土地"。接着笔锋转向"一棵痴情的树"——"它看见一些人走了，一些人回来了/而一些人再也没有回来"。那些怀揣着梦想出走的人在城市中的境况如何？我们也能在诗歌中找到答案。《日记：5月8日的电话》②中那个"和我从小在一面土炕上滚大的伙伴/因为生计，他辍学，走出村庄"，却在城市车水马龙的街道上遭遇车祸，永远无法回到故乡。在《请允许我有无耻的时候》③中，"我的堂兄，一个目不识丁的农民"，"就在太阳快要落山的时候，从六楼脚手架上坠落/以飞翔的姿势完成了人生的最后一个动作"。可想而知，诗人忍着怎样的剧痛写下了这些诗句，读到这些文字，我们的内心也五味杂陈。所以，当"年富力强"的村庄逐渐变得"老弱病残"，当钢筋水泥正在用如此残忍的方式吞噬年轻的生命，诗人何为？这是一个恒久的命题，城市化击碎了乡村的图卷，但城市的确在很多方面超越了乡村，农民进城打工谋生早已成为当今社会的一种趋势，在充满熟悉感和亲切感的乡村和充满偶然性和不确定性的城市之间，王怀凌显然更倾向于前者。但在诗歌中，我们看不到他与城市的正面对抗或贬斥，而是选择绕开城市去凭吊和挽留关于乡村的风景和记忆的碎片，

---

① 王怀凌.草木春秋[M].银川：宁夏人民出版社，2014：4.
② 王怀凌.草木春秋[M].银川：宁夏人民出版社，2014：130.
③ 王怀凌.草木春秋[M].银川：宁夏人民出版社，2014：94.

因此从王怀凌的诗歌中可以看到他对这个命题的探索和理性思考。

　　然而，城市化毕竟还是一个无法回避的问题。在市场经济和各种欲望的宰制下，日常消费朝异化的方向发展。猎人受到欲望的驱使到山中捕捉狐狸，把狐皮带到市场，成就了"一夜风流和一个女人的矫情"①（《狐皮》）；饭店里的四只羔羊，"在没有看见刀子之前／都被残忍地折断了一条腿"②（《写实或四只羔羊》）；城市那些散发着"惨白、枯黄、殷红、幽蓝"的诡异的灯光，也"因过于虚假而缺少体温"③。《洗脸记》④则直接指向变质的城市生活，诗人首先勾画了现代社会的人物群像："他目光呆滞，眼眶深陷，一脸疲惫尽显暮秋之色／其实，他只是一个纵欲过度的人／一个出轨者／旁观者／帮凶／大脑皮层小小的马达业已生锈……"而后将人物群像具象化：风花雪月的翩翩少年、油腻的中年大叔、被直播牵着鼻子行走的姹紫嫣红的广场舞大妈、自恃清高的伪君子、布道者、诗人——"一个庞大的食肉者群体"，他们都"深陷于声色犬马的泥淖"，在各种短视频中迷途不返，夜夜笙歌。这正是现代人的通病，快节奏已经成为一种习惯，甚至一种时髦，所以面对"虚胖的 GDP、疯狂地开采、颠覆以及／缩水的真诚、虚拟的爱情……"⑤诗人疾呼："慢下来！"唯有慢下来，才能拨开现实的层层迷雾，更好地感受生命的律动，享受生活的乐趣，从而有效地把握人生的节奏和方向。而如何慢下来？显然又是诗人的另一层思考。

三

　　俄国诗人叶夫图申科说："诗歌决不能没有家。"⑥在瞬息万变的时代

---

① 王怀凌.风吹西海固[M].陕西：太白文艺出版社,2009.
② 王怀凌.风吹西海固[M].陕西：太白文艺出版社,2009.
③ 王怀凌.静谧[M].银川：阳光出版社,2019：63.
④ 王怀凌.静谧[M].银川：阳光出版社,2019：150.
⑤ 王怀凌.中年生活[M].银川：宁夏人民教育出版社,2017：3.
⑥ ［苏］叶夫图申科著,苏杭译.提前撰写的自传[M].花城出版社,1998：117.

里,王怀凌诗歌的"家"何在? 对于"我是谁? 我从哪儿来?"王怀凌有清晰的认知,他诗歌的"家",绝不是快速发展以致几乎异化的城市,而是以"顿家川"为中心四散开来的乡村大地。当城市的快速发展大量地挤占了乡村的空间,使得在传统上具有"家园"意义的乡村变得"面目全非",诗人要再次走进记忆中的故乡,意味着重建。而记忆的重建需要"这个记忆与那个记忆之间存在足够的连接点"①,这个关键的"连接点"在王怀凌的诗歌中既表现为对乡土记忆的主动找回;也呈现出一种向内转的状态,即关注百感交集的内心体验和更为透彻的生命体悟。

面对纷繁复杂的城市生活,诗人始终通过语言和想象寻找"慢的艺术",通过放慢生活的节奏,在曾经的记忆尚未坍塌之时,重新拼贴记忆的碎片。《在雪地里奔跑》②中,诗人记录了女儿在雪地里手舞足蹈的场景:"一边奔跑/一边大喊着/雪——"而我跟在女儿的身后,也"大声地喊/雪——"此时晨练的人和送孩子上学的人"看着这一大一小活蹦乱叫的怪物/先是惊愕/继而跟着我们奔跑"。这首诗讲述现实又接近童话,杨梓在《风吹西海固》③序中对这首诗作了解读,认为这首诗既是王怀凌所写,也是诗本身在写:"人们先是吃惊,把天真当作怪物,然后扶了一下心上的灰尘,继而跟着天使奔跑,跟着诗歌奔跑,跟着久违的美奔跑。"的确,在琐碎的城市生活里,这正是一种"久违的美",是回归本心的欢愉。在《9月2日的夜晚:昙花》④中,诗人则在沉默着的黑夜里,陪伴昙花走过青春,他感叹"在这个寂静的夜晚/昙花兀自地芳菲/在昙花的香气里/我想到烈焰逼人的女人/想到花的一生/想到缘/一朵昙花的青春是幸福的"。如果不是"慢下来",诗人也许无法在茫茫的黑夜里感受到一朵昙花的幸福;"慢下来",在忙碌的

---

① 冯亚琳,[德]阿斯特莉特·埃尔主编.文化记忆理论读本[M].北京大学出版社,2012:21.
② 王怀凌.风吹西海固[M].陕西:太白文艺出版社,2009:68.
③ 王怀凌.风吹西海固[M].陕西:太白文艺出版社,2009:6.
④ 王怀凌.风吹西海固[M].陕西:太白文艺出版社,2009:73.

间歇嗅着昙花的芬芳,这也是"久违的美"。周末的休闲,岁末贺卡上的祝福也都是潜隐在嘈杂的都市生活中的安宁,是一种暂得的心灵的解脱和逃离。

如果身居都市,仅仅依靠回忆和想象寻觅久远的记忆,这显然不够,而抵制遗忘的有效途径就是重返故乡,虽然故乡的面貌已经不似从前,但回归"家园"确是接近土地、抵达"慢的艺术"的最佳方法。《正午》①是诗人逃离城市喧嚣之后的自白:"我独自一人驱车远离闹市/只为寻求这短暂的安宁/让我欣慰的是,在这宽天宽地的大崾岘/我睡着了,而且没有做梦/蚂蚁给我的脚踝上留下了几朵小花的吻痕和痒痒的记忆/我还染了一身蒿草的香气"。这首诗明显地表现出诗人对乡村的迷恋,独自驱车远离喧嚣,这本身就是一种自由,而蒿草的香气更是令人感到舒适、惬意,这样的体验是无论如何也不能在城市中获取的,如此就能解释为何诗人总是与城市保持距离,却能自然地融入乡村生活。因此,诗人也能理解母亲在城市的一次又一次逃离,因为"乡下孤零零的老家,每一个角落/都有母亲稔熟的记忆和气味"②。正是如此,在《我总是在这里度过一个无所事事的周末》③中,诗人回到村子,"打开家门如打开心锁""心无旁骛,什么也不想,什么也不做",即使冰锅冷灶、无所事事,但回到这里心就得以安定。所以,在城市这个暧昧之地里,伴随着不知所措的迷茫和无穷无尽的担忧,诗人有没有找到"家",我们无从知晓,但可以肯定的是,乡土大地作为精神的栖息地早已錾刻进诗人的内心,并外化为文字,句句飘馨。

忙碌和孤独的对立统一是现代人的生活状态,历经沧桑世事之后王怀凌的诗歌开始向内转,关注人们生而孤独的存在状态,感知生命的价值与意

---

① 王怀凌.风吹西海固[M].陕西:太白文艺出版社,2009:140.
② 王怀凌.草木春秋[M].银川:宁夏人民出版社,2014:102.
③ 王怀凌.静谧[M].银川:阳光出版社,2019:16.

义，诗人曾不止一次写下自己的生存状态——"孤独"。在诗集《草木春秋》
中，诗人直言："说着言不由衷的话／戴着虚假的面具／小心呵护着消费时代
的疾病／找不到生命的出口／一番饕餮，一场表演，孤独依然弥漫"①。而诗
集《静谧》中，孤独感依然没有散去："一缕浪漫主义的烟在空气中袅娜／我
拆开现实主义的烟盒，在衬纸上写下：孤独"，"一包烟抽完了，往事也散尽
了／屋子里孤独弥漫"②。两首诗都题名为《孤独》，但是前者侧重于抒写消
费时代和日常琐事带给人的虚无感，这种虚空的体验其实也是普罗大众的
共同心理特征。而后者，除却来自现实的荒芜感，还有"往事"，是一种沉入
心底的阴悒与忧愁。这种与"往事"有关的内心世界的动荡、焦虑、拥堵究
竟来自何处？我们也许能通过诗歌看出端倪："父亲走时，带上一扇门／母亲
走时，带上另一扇门／出门谋生的弟弟，临别，上了一把锁／——这锈迹斑斑
的人生啊！"所以，诗人感叹自己"像一个无家可归的人"③，乡愁变得越来越
单薄，记忆也一次一次在梦里沦陷，而回到现实，这就是挥之不去的孤独与
无奈。所以诗人清醒地认识到："多少疼痛都不能说破／破了，就血流不
止"④。也许正是因为这样的感悟，诗人才会更加深刻地理解生命的价值与
意义，才会用更加温情和忧伤的语言在《眼泪》《曾经》《守岁》《迎喜神》等
诗歌中留下对传统习俗和亲人的怀念与回忆，在《杏花要开》《微风景》《鸟
鸣淋湿的清晨》《后花园》《云杉和杏树》等诗篇中仔细感受生命跳动的脉
搏。而无论是对往事的留恋还是对自然的感知，都是诗人在历史的滚滚
洪流中挽回记忆的尝试，因为只有挽回记忆，才能回到精神的原乡；找回
丢失的传统文明，才能在尘土飞扬的现代生活中找到足以照彻人心底
的光。

---

① 王怀凌.草木春秋[M].银川：宁夏人民出版社,2014：58.
② 王怀凌.静谧[M].银川：阳光出版社,2019：114.
③ 王怀凌.静谧[M].银川：阳光出版社,2019：58.
④ 王怀凌.静谧[M].银川：阳光出版社,2019：18.

四

城市是一个陌生人的世界,冷漠是人际关系的基本特征;城市也是一个大漩涡,随时可能将毫无防备的人们卷入欲望和权力的中心。当下,古老的乡土传统同正在生长的城市经验相互交织,催生出快餐式的文字消费方式,诗歌中的人、事、物、景被概念化、浮泛化,与毛茸茸的真实生活相去甚远。而王怀凌始终坚守乡土,坚持自己的诗学观念,从诗集《风吹西海固》到《中年生活》《草木春秋》再到《静谧》,每一首诗都暗藏生命的密码,形成别具一格的创作特色和诗学风格。

王怀凌的诗歌创作是"优游不迫"①的,他说:"关于写作,素来严肃认真,既不在那一面大纛下摇旗呐喊,也不再那个流派中浑水摸鱼,更拒绝如何应时应景之作,没有创作计划,只服从于内心感受和情感体验,情到深处水到渠成。"②这种"我写,我读,我自娱自乐"的心态贯穿于王怀凌的创作,所以不管是悲悯地呐喊,还是沉着地抒怀,抑或是平静地叙述,都没有磕磕碰碰、生搬硬套。相反,他着眼于西海固,关注一草一木、乡土风俗,诗歌的生命之气扑面而来。也正是诗歌的从容,让我们能够无负担、无障碍地接近西海固,介入诗歌的深层文理。

王怀凌的诗歌也是朴素真实的,他在一次访谈中谈写作:"我经常问自己:诗歌可以虚构吗? 我的回答是:不能。"③这种朴素和真诚首先表现为他毫无保留地展示出真实的西海固:在恶劣的自然环境里挣扎和在城市化的夹缝中艰难地生存;也表现为对城市化的真实再现与理性态度:城市化改变乡村景观,掠夺乡村的资源,尤其在城市内部,畸形的消费观念、扭曲的社会心理、浮躁的社会风气接踵而至;另外,还有深刻的自我剖析和真挚的

---

① 陈超敏.沧浪诗话评注[M].上海:上海三联书店,2018:19.
② 王怀凌.中年生活[M].银川:宁夏人民教育出版社,2017.
③ 甘小盼.固原这一片热土是我诗的起点——王怀凌先生访谈[J].世界文学评论(高教版),2018,(1):13.

语言表述。当下，网络诗歌兴盛，各种"新奇"的观念层出不穷，而王怀凌始终保持自己真诚的写作姿态，没有华丽辞藻的过分修饰，也没有艰涩隐晦的过度表达，所以在某种意义上，我们可以说王怀凌的诗歌是现实主义的。

"优游不迫"的写作态度和朴素真实的情感表达又能让读者产生"共情"，严羽在《沧浪诗话》中说："论诗如论禅"，"学者须从最上乘，具正法眼，悟第一要义"①。即既要自己悟道，又要能开示他人。读王怀凌的诗歌的确能使人产生"同理心"，尤其能引起西海固人的共鸣。诗人从农村到城市，把来自农村的体验同在城市的感悟相对照，看到了城市发展的缺陷；再从城市折返农村，在乡土中找到精神的寄托。这种"离乡——返乡——离乡"的模式是西海固一代人经历的缩影，所以诗歌中的文字符号也能激起一代人的集体记忆，当他的诗歌在试图唤起西海固人的集体记忆时，具有了普遍的启示意义。

王怀凌的诗歌还表现了文学永恒的主题，因为"不管是小说散文诗歌，关注人、关注现实与人的心灵是文学永恒的主题"②。王怀凌不仅书写自己热爱的这片土地，不仅表露个人的情感体验，也时刻关注多变的社会现实。面对当下社会生活复杂、多变的现状，真正意义上的作家会遭受精神的困顿、焦虑甚至迷茫，经历长久地冥思苦想，才能真正洞察时代的奥秘，介入生活的肌理。纵观王怀凌的诗歌，质朴浅显的语言能直抵生活的本质，直白真挚的抒情又能切入诗歌的精魂，西海固早已不是他诗歌的"旋涡"，而成为他创作的广阔舞台，为其诗歌提供丰富的素材资源和精神养料。由此能引起我们的反思：虽然"焦虑感已经成为当代诗人写作中不由自主的一个中心"③，但像王怀凌一样真正为乡村、社会、时代焦虑的诗人又有多少？

---

① 陈超敏.沧浪诗话评注[M].上海：上海三联书店,2018：3-4.
② 赵炳鑫.城市叙事的可能性表达——谈谈计虹的小说[J].朔方,2020,(12)：158.
③ 霍俊明.地方性知识或空间诗学——关于地域性诗歌的可能、悖论及反思[J].朔方,2020,(10)：162.

丝绸之路研究

SICHOUZHILUYANJIU

唐代入华粟特人融入中华民族探析

——以入华粟特人对儒家思想的接受为中心

冯　敏①

摘　要：中亚粟特人在4—9世纪沿"丝绸之路"大量入华，并陆续进入西北地区和中原内地。有唐一代，尤其是在唐高宗武则天统治时期，随着对西域地区的积极经营，广大西域甚至中亚粟特人故地也一度纳入大唐的管辖之下，从而有力地推动了粟特人的大量入华，在其进行商业贸易的"丝绸之路"沿线城镇逐渐定居下来，形成了大大小小数量、规模不等的以粟特人为主的定居聚落。唐代实行开放多元的民族和文化政策，统治者少有"华夷之限"，对高目深鼻的入华粟特人并没有严重的民族歧视和压迫，而能与华夏民族一视同仁，甚至各级官僚机构也对其中的杰出人物不拘一格、量才录用。粟特人多才多艺，文化水平较高，且具有极强的文化适应能力。久居内地的粟特民族对强大的大唐心生向往，形成比较强烈的中华文化认同，并陆续华化。这种文化认同不是在政治和文化高压形势下产生的，而是粟特人自发自愿以高度发达的大唐文明与儒家思想为指引展开的文化适应与文化

---

①　冯敏（1982—　　），女，宁夏固原人，历史学博士，宁夏师范学院政治与历史学院，编审，研究方向：丝路文化与隋唐五代史研究。
　　基金项目：宁夏哲学社会科学规划项目"隋唐时期中华民族多元一体新格局与文化自信"（21NXBZS02）。

调适。粟特人融入中华民族,成为多元一体民族共同体中一员的核心就是对儒家思想的接受与认同,儒家思想是中华文化的精神内核,通过检索唐代的入华粟特人的墓志及其他相关考古图像和资料,可以看出唐代的入华粟特人不仅能着汉服、讲汉语,还可以习文儒、诵诗文,其中有一部分人有着极高的儒家文化修养,他们知晓中华尊卑等级秩序,讲诚信、懂礼仪、明进退、行忠孝等,被文明先进的儒家思想与文化所深深感染,并积极主动融入中华民族共同体中,逐渐成为中华民族的一分子。因此,自觉学习和践行儒家思想的人伦道德和文化修养,是唐代入华粟特精英人物主动积极融入中华民族大家庭的重要特征之一。

关键词: 儒家思想　入华粟特人　华化　文化认同

　　近些年来随着考古资料越来越丰富,学术界对中亚粟特人形成了持续的研究热情,这个历史上特别神秘、商业化水平和程度极高的民族的面纱终于慢慢被掀开。特别是有唐一代,入华粟特人的数量大幅增加,很多人迁居内地,开始了在中原内地的生活,最后慢慢融入中华民族大家庭之中。其中,起到重要推动作用的是儒家思想的持续浸润和粟特人对中华文明深刻的文化认同。诚如陈垣先生在其名著《元西域人华化考》中指出的:"儒学为中国特有产物,言华化者应首言儒学。"①

　　众所周知,大唐国力强盛、文化辉煌灿烂,以一种豪迈奋进的文化自信和开放多元的胸襟敞开国门,吸引了众多异域民族人物涌入中华大地。高层统治者能不拘一格任用贤能,少有华夷之限,将其中的优秀者广泛吸收进中央到地方的各级政府部门和机构,为其所用。粟特人多才多艺,技艺入仕、军功入仕等,其中的佼佼者也得以跻身社会中、上阶层,这部分人耳目所

---

① 陈垣.元西域人华化考[M].上海:上海古籍出版社,2008:8.

接之人,均是儒家修养和文化水准极高的中华士人,浸润其中,必然深受感染和熏陶。对于广大维持粟特人最擅长的商业贸易的中下层人民来讲,为了获得更大的商业贸易利润,打开大唐王朝的贸易市场,扩大商品的销售途径等商业贸易及其他各种因素的影响,他们必须认真了解大唐百姓的文化喜好与特点。因此他们也有快速学习、适应风土民俗、融入儒家文化的客观需求。

一、唐代在国际贸易中的重要地位

唐代中国控制了蒙古、西域的广阔草原、塔里木盆地、康居、大夏、今阿富汗的整个东部和北印度的部分地区,唐王朝变成了世界第一大强国,并享有一种无与伦比的威望。中国尚未显得如此强大,然而,它明显可以对于所有这些在文化、语言和生活方面上,与唐朝格格不入的地区行使权力。① 为了保障对"天下"的有效管控,大唐精心设计了保障外交流畅和有序的政策和措施。② 历史事实证明,大唐盛世的国际影响力是非凡和卓越的,粟特人的积极来华就是很好的例证。

(一)唐代经济繁荣,吸引粟特移民入唐

美国著名历史学家谢弗曾指出:"7世纪是一个大迁徙的时代,有大批的移民迁入了现代中国,他们将这些地区看作是寻求新机遇的地方。"③不仅如此,自公元4世纪以来纷纷迁徙到中原地区的外来民族,至7世纪时更大规模地进入大唐王朝,从而沿着西北陆路"丝绸之路"带来了丰富的奇异的域外物品,由此形成了一个崇尚外来物品的时代,当时追求各种外国奢侈

---

① [法]鲁保罗著,耿昇译.西域的历史与文明[M].乌鲁木齐:新疆人民出版社;北京:北京人民出版社,2012:160.
② 王樱洁.唐代对外文化交流的举措与影响研究[J].北方文学,2017,(8).
③ [美]谢弗著,吴玉贵译.唐代的外来文明——撒马尔罕的金桃[M].北京:中国社会科学出版社,1995:14.

品和奇珍异宝的风气开始从宫廷中传播开来,从而广泛地流行于一般的城市居民阶层之中。① 由此可知,当时涌入大唐的域外舶来品数量应当不少,在城市中逐渐流行开来。

在唐朝统治时期,长安曾发展成为国际性大都市,吸引了大量外国人,"几乎亚洲的每个国家都有人曾经进入过唐朝这片神奇的土地。这些人是怀着不同的目的到唐朝来的;他们中有些是出于猎奇,有些是胸怀野心,有些是为了经商谋利,而有些则是由于逼不得已"。② 唐代来华的粟特人中,几乎囊括了谢弗总结的所有种类和情形,最突出的是在唐高宗和武则天统治时期,粟特故地一度成为大唐的郡县,这极大地刺激了粟特人来华的热情,在撒马尔罕大使厅北壁的壁画上,有巨大的高宗猎豹和武则天泛舟的图像,这反映了粟特城邦——撒马尔罕的城民对大唐高宗皇帝及皇后武则天的拥护。他们纷纷带着各种各样的目标沿着畅通的"丝绸之路"来到中原内地,"前来唐朝的外国人中,最主要的还是使臣、僧侣和商人这三类人,他们分别代表了当时亚洲各国在政治、宗教、商业方面对唐朝的浓厚兴趣"。③ "不管在哪里,只要是有利可图的地方,你就会发现外国人活动的踪迹,出现购求丝绸锦缎的外国商人。"④当然,当时进入大唐的主要途径,是沿着西北陆路"丝绸之路"往来的,"外国人最乐意居住的还是商队经过的河西走廊地区。这条走廊是通往塔里木盆地的必经之地,沿着茫茫戈壁的边缘散布着一座座唐朝的城镇。这些城镇之间都相隔一定的距离,城镇里都配备有商队歇脚的客店,你会在这里发现伊朗拜火教徒和

---

① [美] 谢弗著,吴玉贵译.唐代的外来文明——撒马尔罕的金桃[M].北京:中国社会科学出版社,1995:15.
② [美] 谢弗著,吴玉贵译.唐代的外来文明——撒马尔罕的金桃[M].北京:中国社会科学出版社,1995:18.
③ [美] 谢弗著,吴玉贵译.唐代的外来文明——撒马尔罕的金桃[M].北京:中国社会科学出版社,1995:19.
④ [美] 谢弗著,吴玉贵译.唐代的外来文明——撒马尔罕的金桃[M].北京:中国社会科学出版社,1995:37.

伊朗乐师"。① 而这些"伊朗"人中很大一部分就是中亚的粟特人,他们曾经异常活跃。7 世纪时,"粟特人与西域人达到了其文明的巅峰。他们到处都创建商行,几乎是无所不在。他们变得富裕起来了,其财富为他们带来了文明"。② 因此,粟特城邦的富庶和繁荣在周边政权中享有盛誉。

大唐辽阔的疆域和富庶繁荣的国力,国民对异域商品的喜爱为这些远道而来,长途贸易的粟特人提供了非常理想的商业贸易市场,同时大唐出产的各色精美的丝绸制品和茶叶、瓷器等等都是这些商人十分青睐的走俏商品,可以被他们一直贩运到西域、中亚甚至辗转进入遥远的欧洲市场,获取巨额的商业利润。可见,唐朝丰富的贸易物资和辽阔的疆域及众多的人口和潜在的消费者,对粟特商人形成了巨大的商业吸引力,唐朝贸易地位非常关键和重要,它为粟特人提供了商业活动的重要货物集散地和广阔而有强大消费能力的市场,这对粟特人形成了巨大的吸引力。大唐西市的繁荣就是最好的证明,有人形象地称之为"丝路金市"③,西市上最活跃的就是粟特胡商,西市上充斥着他们千里跋涉贩运而来的异域商品。翻检唐人诗文,吟诵西市和胡商、胡姬的数量非常多。如李白"五陵年少金市东,银鞍白马度春风。落花踏尽游何处,笑入胡姬酒肆中"。这里的"金市"就是有各种异域商品和"胡姬貌如花"的大唐西市,这里也是粟特商人的天堂。中世纪时,唐朝在整个亚洲地区声名显赫,而在远东地区,唐朝的声威至今还深深地留在人们的记忆之中。④

---

① [美] 谢弗著,吴玉贵译.唐代的外来文明——撒马尔罕的金桃[M].北京:中国社会科学出版社,1995:37.

② [法] 鲁保罗著,耿升.西域的历史与文明,新疆人民出版社,人民出版社[M].北京:2012:185.

③ 大唐西市——丝路上的金市.西部大开发,2017(9):154-155.

④ [美] 谢弗著,吴玉贵译.唐代的外来文明——撒马尔罕的金桃[M].北京:中国社会科学出版社,1995:13.

(二) 开放宽容的环境于粟特人较少文化隔阂

大唐王朝的统治者以一种胸怀四海,混一中华的超大格局,对外来民族和文化积极吸收,较为宽大和包容。"一旦普通的粟特商人得到官方的允许,获准在唐朝的市场上进行贸易,他就可以在其同胞中住下来,从事自己的商业活动了。"①唐朝政府对待外来居民的态度和政策是开放和复杂的,对于外来商业民族而言,要想获得立足市场和获取经济利益,需要了解唐人的喜好和风俗。"即令是在唐朝最崇尚外来物品的时期,对于外来居民而言,最好的办法也莫过于选择唐朝人的思想方式和生活习俗,而当时许多外来居民也确实是这样做的。"②平常的使臣大多都是普通政客、国王的近亲、高僧大德,或者干脆就是由商人充任。③ 这就为外来的熟悉异国风俗民情的粟特人提供了极大地便利,他们中有的人充分发挥自己的语言天赋,担任中央中书省的译语人,还有入职中央禁军,侍卫朝廷的武将,也有以乐舞见长的技艺入仕宫廷的,等等。总之,唐代来华的粟特人得以较为充分地发挥自身所长,开始与大唐政府合作。而在大唐华夏文明圈,儒家思想依然是占据主导地位的思想和价值体系,置身其中的粟特人大大加快了其接受儒家思想和文化的进程。

由于文明和地理风俗的差异,唐人以博大的胸怀和强烈的享乐欲望,接纳另一些进行长途贩运的粟特商人及其带来的异域奢侈品。这些异域人带来的奇珍异巧就是唐朝的贵族阶层以及模仿贵族者梦寐以求的物品。唐朝人追求外来物品的风气渗透了唐朝社会的各个阶层和日常生活的各个方面:在各式各样的家庭用具上,都出现了伊朗、印度以及突厥人的画像和装

① [美]谢弗著,吴玉贵译.唐代的外来文明——撒马尔罕的金桃[M].北京:中国社会科学出版社,1995:44.
② [美]谢弗著,吴玉贵译.唐代的外来文明——撒马尔罕的金桃[M].北京:中国社会科学出版社,1995:38.
③ [美]谢弗著,吴玉贵译.唐代的外来文明——撒马尔罕的金桃[M].北京:中国社会科学出版社,1995:44.

饰式样。虽然说只是在 8 世纪时才是胡服、胡食、胡乐特别流行的时期,但实际上整个唐代都没有从崇尚外来物品的社会风气中解脱出来。①

唐代文化融合异质文化的高强能力,正好适应了与大一统政治结构相对应的精神文化一元化的需要。大唐盛世的开疆拓土与"丝绸之路"畅通的便利条件,增加了与异域文化接触的机会,这种接触更加频繁多样。唐代经济文化的繁荣,与东汉末年至隋朝统一中国长达 300 年的民族大迁徙民族大融合有直接关系,也与吸收异域文化有密切的关系。唐代对异域文化采取欢迎态度,用异域文化补中国文化之阙,异域文化中有亲和力的东西就吸收,被吸收的东西都经过改造,表现了一种自信自尊的豪迈气概,这是唐代文化融汇异域文化的最大特色。

二、儒家思想对入华粟特人的强大吸引力

历史上中央王朝统治中心一直在适合于集约农耕的大平原和宜于农耕的盆地,所以这里的居民文化小传统与中央王朝大传统重合程度较高,他们自认为或被认为是"华"。② "华"有华彩、进步、文明的美好意蕴,正是儒家礼乐、礼仪制度与文质彬彬等共同构成了"华"文化的内核。构成中国文化大传统的要素,还有天人合一、天下一统、敬天法祖等观念。这些要素集中地体现在历代中央王朝所推崇的以儒家学说为核心的礼教中。以礼教及围绕礼教而形成的一系列行为规范,就是中国的文化大传统。③

(一) 儒学伦理道德的延展性

儒家浓厚的伦理道德体系首先建立在家族伦理道德的基础上,并具有很强的延展性。儒家正是以家族制度为基础,通过研究家族伦理道德的规

---

① [美] 谢弗著,吴玉贵译.唐代的外来文明——撒马尔罕的金桃[M].北京: 中国社会科学出版社,1995: 47.
② 张海洋.中国的多元文化与中国人的认同[M].北京: 民族出版社,2006: 156.
③ 张海洋.中国的多元文化与中国人的认同[M].北京: 民族出版社,2006: 156 - 157.

范、原则、情感的特征,将之升华为具有社会性、为全社会所共同遵循、希望能够实现"四海一家"的伦理道德体系。① 家族的伦理和道德,首先强调的是秩序。强调秩序必然强调权力。为维护家族和家庭的权益和共同生活,相应地形成了一套宗法,对所有成员都具有强制性的作用,违反者将受到宗法的惩罚。儒家在其所构建的伦理道德体系中,充分实现了家族伦理道德的国家化和国家伦理道德的家族化。在唐代儒家文化视域中,无论是天下、四海之内、还是其他异域族群、人种等,理论上都是一个大家族。在伦理道德的修身原则上,强调修身、齐家、治国、平天下,《尚书》中也讲到了"先修其身而以渐推之于九族,而百姓,而万邦,而黎民"的道理。② 因此,儒家学说中的伦理道德具有很强的延展性,它不是简单地以种族、血缘为界限进行自我与他者的区分,而是注重将儒家的思想和文化进行广泛推广和延伸,以实现教化天下的高远目标。

孔子《论语》云:"君使臣以礼,臣事君以忠",这是儒家理想的君臣互惠互利的模式,它只是缩小了君臣之间的等级差异,事实上,"臣僚所肩负的责任要比君主大得多,因为君主可以不顾礼的约束来惩罚臣僚"③。然而忠要求臣僚以国家的长远利益行事,而非以君主的利益行事。因而忠迅速成长为臣僚的重要美德。④《唐会要》云:"危身奉上曰忠,危身惠上曰忠,让贤尽诚曰忠,危身赠国曰忠。虑国忘家曰忠,盛衰纯固曰忠,临患不反曰忠,安居不念曰忠,廉方公正曰忠。"⑤有统计显示,在《旧唐书》中谥号为"忠"47 人中随机抽取 21 人,超过一半属于阵前英勇的类型,即儒家所要求的"忠"是以不惜以身犯险,护主、护国安稳为旨归,安邦定边有时候是以流血牺牲、放

---

① 郭太风,陆益军.传统文化与民族自信[M].上海：文汇出版社,1998：47.
② 郭太风,陆益军.传统文化与民族自信[M].上海：文汇出版社,1998：48.
③ ［英］史怀梅著,曹流译.忠贞不二？辽代的越境之举[M].南京：江苏人民出版社,2015：60.
④ ［英］史怀梅著,曹流译.忠贞不二？辽代的越境之举[M].南京：江苏人民出版社,2015：58.
⑤ 王溥.唐会要[M].北京：中华书局,1955：1461.

弃个人安危为代价的,因而是不惧艰险、舍身取义、忠君爱国的难能可贵的精神品质。实际上,忠的概念中一个重要的内容就是要求一个人在明知会身陷囹圄的情况下仍能秉公执事。①

粟特城邦本来是小家族组织,没有中原家国天下的理念,奉行"父子计利"的商业思维。但是进入大唐后,这一套忠君的儒家思想对入职中央机构的粟特人显然产生了重要的影响,其中,最杰出的代表就是安金藏。《新唐书》卷一九一《安金藏传》云:安金藏,京兆长安人。在太常工籍。睿宗为皇嗣,少府监裴匪躬、中官范云仙坐私谒皇嗣,皆殊死,自是公卿不复见,唯工优给使得进。俄有诬皇嗣异谋者,武后诏来俊臣问状,左右畏惨楚,欲引服。金藏大呼曰:"公不信我言,请剖心以明皇嗣不反也。"引佩刀自割腹中,肠出被地,眩而仆。后闻大惊,舆致禁中,命高医内肠,褫桑紩之,阅夕而苏。后临视,叹曰:"吾有子不能自明,不如尔之忠也。"即诏停狱,睿宗乃安。当是时,朝廷士大夫翕然称其谊,自以为弗及也。② 安金藏是入华的安姓粟特人,他彪炳史册的忠诚行为获得了朝廷和士大夫的高度认可,也诠释了粟特人之对于中华儒家思想"事君以忠"要求的自觉践行。不仅如此,安金藏还"事母至孝",母丧,为母营石坟,"昼夜不息"③。儒家讲忠君孝亲,士大夫们兢兢业业奉之为圭臬。安金藏长期值守宫廷,对此不仅十分了解和熟悉,而且比外朝的朝臣和内廷的仆从更尽心尽力。因此获得了武则天及其后多位帝王和朝野上下的一致称赞。这必然对其他在华的粟特人产生直接而深远的影响,成为他们积极效仿的榜样。

粟特人对中华儒家思想的了解和接受,至少有两种情形:一种是在入华之前,在其故土当也有儒家典籍流传,他们也许有所接触。另一种是入华

① [英]史怀梅著,曹流译.忠贞不二? 辽代的越境之举[M].南京:江苏人民出版社,2015:52-53.
② 欧阳修等.新唐书(卷一九一·忠义上·安金藏传)[M].北京:中华书局,1975:5506.
③ 欧阳修等.新唐书(卷一九一·忠义上·安金藏传)[M].北京:中华书局,1975:5506.

后,置身儒家文化圈内,耳濡目染深刻了解。事实上,中原儒学至少自西汉以来就逐渐传入西域地区。唐贞观十四年(640)唐太宗平定高昌,设置"安西四镇",华夏文化在西域的传播就更加广泛了。至于那些入居内地的粟特胡人及其后裔,他们精明而且具有很强的文化适应性,在以儒家学说为统治思想的汉地社会文化氛围中,要想获得更大的发展空间,他们必然主动积极地学习儒学,因此,出现了越来越多满腹经纶的粟特精英。① 这背后当然有多种原因,但其中羡慕儒家文化礼仪与文质优雅的中华文化是很关键的学习动力。

(二) 儒学的族际适应性

由于中华民族结构的特殊性:汉族以其久远的历史文化渊源,融汇诸多民族而形成的巨大数量和广泛的分布,以及在中国数千年历史中,在政治和文化上享有的主流地位,成为凝聚中华民族的核心力量,故汉族文化在中华各民族文化中占有极为重要的地位,汉族传统文化也时常自觉不自觉地成为中华民族传统文化的代表,"汉族本身就是国内若干民族的融合体,包含着若干民族的血统。如果说炎黄是汉族的祖先,也等于是中华民族认同的祖先象征"②。

以儒学为核心的唐文化代表了当时的先进文化,以儒学为核心的唐文化也表现出与少数民族文化精神相应的适应性:儒学仁政德治的合理见解、大一统思想以及"天下为公"的大同理想社会构想,都在一定程度上表达了历史上各族人民的共同愿望,容易在心理层面上产生一种向心力和亲和力。③ 儒学提倡仁政、明理、守节等道德精神,同我国各少数民族在长期生存发展过程中所独自形成的庄重质朴的品格、优良的道德行为和艺术旨趣相吻合,因此,顺理成章地得到了各少数民族的认同。更重要的是少数民

---

① 赵文润.论唐文化的胡化倾向[J],陕西师范大学学报,1994,(4).
② 李绍连.炎黄文化与炎黄子孙[J].新华文摘,1992,(12).
③ 张翠平.唐代前期少数民族与汉族文化互动研究[D].中南民族大学硕士学位论文,2009.

族统治者认识到儒学在整饬和维护社会秩序中的作用,将其看作是维护社会统治的有利的思想工具。由魏晋以来较多进入中原建立政权的北方民族统治者及西域等地较多王国内对儒学的推崇可以看出,儒学在当时各族中的影响是巨大的,同时也成为统治者为维护其统治的一种政治教化。不同文化接触之后,高层次的先进的文化必然影响低层次的落后的文化,如水之趋下,不可逆转,任继愈把这种现象称为"文化势差"。中华民族文化的形成,经历了五千多年,在这过程中,较先进的华夏文化对其他民族的文化产生较大的影响,同时不断融合吸收各兄弟民族的先进文化,在此基础上形成了中华民族文化,没有先进文化对落后文化的影响,没有不同民族文化的互相吸收融合,就不可能形成光辉灿烂的中华民族文化。①

不仅在汉民族中,儒家思想被奉为统治思想,其对异域民族和少数民族也显示了伟大的吸引力。汉族文化中的核心和最伟大的儒家思想逐渐有了很多外来民族的追随者,入华粟特人就是其中重要的成员。其实这个过程不是一蹴而就的,早期的时候,大量进入中原内地的入华粟特人至少分为两种情况:一种是他们中的一部分开始以儒家思想的要求逐渐汉化,并在这条道路上继续探索。还有一种是他们继续保持了原来中亚地区的传统信仰和文化。但是随着时间的缓慢流逝,越来越多的外国人,看到了中华礼仪、衣冠乐舞中的独特魅力,也被广大儒生们礼贤下士、彬彬有礼的儒雅风范所吸引,被大唐的繁荣富丽和强大的制度文明所感召,故而自觉不自觉地开始模仿和学习,其中的精英人物甚至开始学习中国的汉字,阅读儒家经典,并以孔子及儒家思想的要求为标准来行事。而儒学的观念体系可以给进入中原内地的外来粟特人中的精英阶层,提供其在汉地社会的更合适的位置和重新建立其在新环境下的社会归属。而这些精英们本身也有发展和学习儒

---

① 杨知勇.价值选择与民族文化重组[M].昆明:云南民族出版社,1989:136.

家礼仪的优越条件,他们拥有求知所需的富贵和闲暇,而儒家思想也为其提供了更高水平的知识能力和为人处世的规范及礼仪。在唐代大部分"儒化"较为深刻的粟特人主要是其中的精英人物,但也不意味着普通的商人和一般的粟特人不会受到儒家思想和文化的影响,只是能识文断字的相对少一些,儒学水平相对有限而已。但是他们也是积极向往和追求儒家礼乐文明的,毕竟大唐盛世的华彩乐章和强大的儒家文化的影响是超越了民族和国家的界限的。如此一来,互利互惠的形势促进了更多的粟特人进入儒学之中,扩大了儒学的影响。

三、相对宽松开放的政策是粟特人融入中华民族的重要原因

经济是关系国计民生的核心问题,"经济在儒家学说中占有重要地位,是儒家构建道德社会的物质基础"①。对于重视"经世致用",积极入世的儒家思想来说,解决经济问题一直都是其十分关注的中心问题。儒家采取的是重农主义的经济政策。历史时期的经济结构是农业、手工业和商业三大产业,其中农业所占的比重最大。而且农业是纯生产性的,手工业虽具有生产性但主要是加工性的,而商业则纯属流通性的。在唐代的财富观念里,货币尽管在一定程度上等同于财富,但货币毕竟"饥不可食,寒不可衣",导致中国古代政治家的财富观念主要为实物。而实物的主要来源,就是农业。正是因为重农主义有其充分的历史依据,所以历代政治家均对农业生产加以特别的保护与鼓励。

而商业在安土重迁,以农为本的我国传统观念里,属于靠转运、贩卖,中间余利的非生产性经营,它并不创造社会财富,而是与农业社会里"国待农战而安"的根本方针相背离的,所以一直被视为"末业"而长期处于受歧视

---

① 郭太风,陆益军.传统文化与民族自信[M].上海:文汇出版社,1998:62.

和压迫的地位。至少自商鞅以来就在国人的心目中深刻地种下了"农本商末"的种子。① 因此,但凡可以"学而优则仕",通过刻苦读书走上仕途才是广大精英阶层所认可的正途,退而次之,务农耕读也是不错的选择,只有被逼无奈、无业无田、生计压迫严重的情形下,人们才被迫经商贸易。但事实上,尽管如此,在我国古代史上也往往有富甲一方的大商人,这就充分表明国人也有经营商业的才干和能力。不过总体上,经商在唐人的心目中并不是最好的选择,"学而优则仕",通经学儒,"致君尧舜上,再使风俗淳",作帝王之师和辅佐朝政,治理天下才是正途。

但是经济的富庶、国力的强盛及对域外事务的强烈追求等,都促使唐人需要粟特人跋山涉水、千里之外倒卖来的异域奇珍来装点盛世的浮华,正因如此,倒是给善于经商的粟特胡人很大的经营空间和辽阔的贸易市场,加之唐代对外来人的经商贸易政策相对比较开明,因此粟特人得以大展拳脚,在唐代的国土上积极活跃,唐人的诗文、笔记、野史和小说中,关于这些胡商的故事和传闻非常普遍。他们广泛从事远距离的长途贸易之余,有一部分人在长安、洛阳等地逐渐开设各种固定店铺长期经营,长安西市中粟特胡商的身影随处可见,学者们梳理过粟特人在"丝绸之路"沿线形成的聚落非常多,综合考察,可以看出粟特人在大唐境内人数众多、贸易活动频繁、贸易商品种类繁多(各种奇珍宝货,如玻璃器、各种香料、宝石美玉、马匹,甚至奴隶等),他们甚至涉猎到唐王朝与北方草原民族之间的官方贸易中,其商业活动产生了巨大的历史影响。

四、粟特人自觉以儒家文化的要求进行汉化礼俗调适

中古时期的中西文化交流,更多的是依靠安息人、粟特人等异域民族的

---

① 周磊刚,张磊.由农本商末到农工商皆本思想的历史演变——一种发生学的视角[J].农业考古,2013,(3).

往来进行,而中西文化之间的直接接触,则多是西方人东来,而不是中国人西去,这一文化交流机制造成了中国文化在对外交流中从一开始就处于被动状态,它对文化发展的开放心态构成了一个传统式的心理壁垒。① 然而,任何文化接触的实际动因,都总是与处于主动方面的世俗利益相联系的。② 自古以来,商人重利,正是因为他们看准了中华大地拥有丰富优质的商品和庞大的消费市场,在与中国的外交、贸易活动中他们是受益和获利的。加之,大唐盛世的辉煌和发达形成了强大的国际影响力,也成为商人和冒险家们的乐园。因此外来的粟特人进入中原内地以后,为了适应中国的风俗民情和获得更大的利益空间,获得被唐人的接纳和认可,他们的文化会自觉进行在地化和本土化的调整和适应。"文化是受价值导引的体系。"③这就是促使粟特人在唐代迅速"华化"的最根本的内在原因。譬如中国的"礼治",它是我国文化的特色,是中国这种稳定的内陆型农耕经济的行动产品。④ "礼治"在中西方文化交流史上曾起过积极作用。如促进民族的内聚力,"礼治"强调的重人伦、重道德,对于维持社会秩序的稳定,人际关系的和谐,也有积极作用。入华的粟特人善于察言观色和长于模仿,他们也以"礼治"的要求,自觉地改造自身的行事风格,以儒雅文明的儒家礼仪要求自己的行为,博取中原内地上层社会的认可与接纳,从而真正融入中华民族大家庭之中。

其外在的表现就是接纳中国人的衣食风俗,获得国人对其接受和认同,最直观的方式就是穿着中国服饰,因为:"服饰具有丰富内涵,它体现的符号意义比建筑更明显,反映更快。从中可以看出各民族各个历史时期的政治

---

① 曹锡仁.中西文化比较导论:关于中国文化选择的再检讨[M].海口:海南出版社,2008:29.
② 曹锡仁.中西文化比较导论:关于中国文化选择的再检讨[M].海口:海南出版社,2008:30.
③ 杨知勇.价值选择与民族文化重组[M].昆明:云南民族出版社,1989:2.
④ 杨知勇.价值选择与民族文化重组[M].昆明:云南民族出版社,1989:41.

观念和心理趋向。"①中国生产的丝绸,早在两千年前就赢得中亚西亚和欧洲人的喜爱。公元前3世纪,印度孔雀王朝日护王(即旃陀罗笈多)的大臣商那自写的《政论》一书,就记载了公元前4世纪中国丝织品向印度运销,再由印度商人辗转运销欧洲的事。我们在大量的粟特人墓葬图像上发现很有趣的现象,粟特男子一般身着粟特式翻领袍服,但粟特的女主人大都是身着汉地风格的丝绸衣裙的,②乍看之下,还以为是中国女子。有人指出有一部分女主人可能是粟特人进入中原内地后所娶的汉地女子,但是通过详细的梳理和研究,粟特人的婚姻里,其正妻大部分是昭武九姓粟特人,但也有后来纳汉族女子为妾的情况。不论哪一种情况,粟特夫妻合葬墓中的女主人并不全是汉人,那么粟特系女性着汉服的现象就充分表明其对汉地丝绸服饰的强烈喜爱,甚至在其墓葬壁画、棺椁等精神世界的内在深处,依然服用汉地服饰,可以证明儒家的丝服礼仪与等级秩序也被她们所接受和认同,可能女性的社会和文化适应在物质及外在表层的变化更快吧。

五、唐代文化自信与粟特人的积极融入

文化,就是一个民族在历史上所创造的并且渗透在其一切行为系统里的观念体系和价值体系。有两点特别值得强调:第一,"文化"是具体的,而不是抽象的,它是一个民族作为具体的人类所创造出来的,所以文化有类型之分,例如中国文化、印度文化等;第二,"文化"是在历史上产生的,是历史传袭的结果。"文化"涵盖的方面甚为广泛,它支配人类的一切行为系统,又通过所有的行为系统来表现、实现和确证自己,从而又确证人类自身,所以从一个侧面可以说,特定文化是特定民族的本质的表现。③

---

① 杨知勇.价值选择与民族文化重组[M].昆明:云南民族出版社,1989:37.
② 郝慧敏.6至8世纪粟特服饰的研究[D].西安工程大学硕士学位论文,2016:1-70.
③ 曹锡仁.中西文化比较导论:关于中国文化选择的再检讨[M].海口:海南出版社,2008:9.

"文化认同包括语言、服饰、饮食、信仰、态度、风俗和对待事务的偏好等因素。"①虽然个体和群体是文化认同的感受者或归属者,但直至为争夺政权,文化差异被赋予政治含义时,文化认同才能成为族群认同。只有当文化认同成为主张或要求获得(社会上的、经济上的,当然首先是政治上的)利益的基础时,它才会变成族性。② 文化认同是个体或群体的内在属性,无须与外界群体进行任何互动以证明它的存在。相反,族群认同的存在依赖于两点:一是出现一个强大的政权,在制度、法律、政策上有意无意强调族群差异;二是形成存在另一个族群"他者"的观念,而这个族群的"他者"的作用,是为得势族群提供反面形象,扮演被得势集团长期压榨的角色。③ 入华粟特人的境遇,与当时周边政治形势的变幻和各种政治势力的消长有直接关系。④ 一直以来,粟特人的故地由于其中西交通枢纽的关键地理位置,导致这里也是兵家四战之地,周边强大政权先后染指和掌控其家园,长期受强邻的控制,没能发展成统一的帝国,很早就学会了在各种强大的势力中趋利避害。进入中原内地后的粟特人,必须尽快融入华夏文明,为了获得在华夏大地上安居乐业的生活,精明的粟特人选择了按照儒家礼仪行事,积极学习汉族语言、诗文等,逐渐"华化",尽管对于外来民族保持自身民族的特色和文化传统的人也有,但"汉人认同始终居于主导地位"。⑤

"商品是东西方文化之间交流的使者,它既将多种文化元素带入当地文化,同时也是多元文化实存的历史见证。"⑥人们都是通过对异域商品的直

---

① [英]史怀梅著,曹流译.忠贞不二? 辽代的越境之举[M].南京:.江苏人民出版社,2015:36.
② [英]史怀梅著,曹流译.忠贞不二? 辽代的越境之举[M].南京:江苏人民出版社,2015:38.
③ [英]史怀梅著,曹流译.忠贞不二? 辽代的越境之举[M].南京:.江苏人民出版社,2015:38-39.
④ 王欣.高昌汉人的族群认同[J].西域研究,2013,(4).
⑤ 王欣.高昌汉人的族群认同[J].西域研究,2013,(4).
⑥ 张春梅.商品中蕴含的交流场域和文化空间——以"丝路"城市喀什为例[J].中国商贸,2014,(14).

接接触、使用才感受到凝结其中的外来文化。商品交流超越环境限制的能力很强,远非民族迁徙可比。① 由于粟特本土优越的地理位置,粟特城邦古代有比较发达的商业,"善于商贾,诸夷交易多凑其国。"②在粟特胡人的商业社会中,商品货币关系要超过土地依附关系。人与人的关系以契约关系导向为主。③ 唐代粟特胡商在内地的活动主要是基于商业贸易展开的。但我们知道围绕东西方之间珍稀奢侈商品的交换,背后是两种文化之间的互相辉映。尤其是异域商人,想要扎根汉地并实现商业利益最大化,他们必须具备卓越的政治敏锐和灵活的变通能力。事实证明,粟特人在唐朝内地做生意时,善于察言观色,洞悉人情世故,积极迎合上层人士的喜好和趣味。粟特商人中的精英人物并不是只以生意人的面孔出现在大众视野的,他们更会用文人士大夫所喜好的形象装扮自己,用儒家文化装点门面,甚至诗文唱和,雅集作乐,以期跻身上层社会。

唐代社会高度平衡的层序结构和代表它行使政权职能的政权,在吸收外来文化的过程中,却表现出一种将外来文化因素认同于自身文化,使其"俯范就我"的倾向。④ 经数百年动乱之后而形成的大一统局面,决定了唐代在各个方面都力图显示出兼收并蓄的时代精神,然而,兼收并蓄的根本目的在于追求大一统的极致。⑤ 对于外来的粟特胡商来讲,要想跻身于中华文化之内层,被大唐政权吸纳和保护,可以为其商业活动提供强大的庇佑,甚至获得为大唐朝廷代理大型涉外经济活动的特权,如此强烈的商业诱惑使他们不得不积极内化儒家思想。他们华化的文化认同就是政治、经济利益最大化的最佳途径。而对于这一点精明的粟特商人是有很清醒和深刻的

① 杨知勇.价值选择与民族文化重组[M].昆明:云南民族出版社,1989:127.
② 魏徵等.隋书(卷八三·西域传)[M].北京:中华书局,1974:1855.
③ 毕波.中古中国的粟特胡人——以长安为中心[M].北京:中国人民大学出版社,2011:263.
④ 杨知勇.价值选择与民族文化重组[M].昆明:云南民族出版社,1989:160-161.
⑤ 张广达.唐代的中外文化汇聚和晚清的中西文化冲突[J].中国社会科学,1986,(3).

认识和体悟的。所以他们更会不遗余力地要结交士大夫和官僚阶层,积极践行儒家道德和行为规范,甚至言行举止、语言服饰、文化习尚、婚姻仕宦、技艺文化等等,都要向汉地儒家文化靠拢和学习,为汉地高层人士提供新奇的珍玩、技艺的服务和奢侈的享乐。通过融入儒家文化,以"信其道"的方式,获得士大夫和官僚们的亲近和信任,从而获得更大的利益,当然也不乏基于对儒家礼乐的高度迷恋和深刻折服,而产生的自觉自愿的文化亲近和社会融入的内在追求。

因此,中华文化及儒家思想对粟特人的影响是深刻而广泛的。诸如,粟特人因与中原贸易,习用中国铜钱,"对中国钱外圆内方的形制很喜欢,因其便于携带。后来他们在粟特本土也模仿汉钱式样,铸造了中间有孔的粟特钱,不过尺寸比汉钱小。在中亚各遗址的考古发掘中,都发现过这种钱币"①;中原对皇帝的尊称"天子"也通过昭武九姓胡商传到中亚。在粟特文残卷中,学者们发现粟特人把国王称为 hagiur,意为"天子"。粟特商人不但与中原有贸易往来,在西域其他地区也进行商业活动。他们把 bagfur 即"天子"的称号传入与之为邻的操波斯语的民族中。学者们在安息文的卷子中,也检出了这个来自汉语的称号。② 诸如此类,都表明粟特人作为活跃在"丝绸之路"上的商业民族,他们的脚步遍及草原、绿洲、沙漠和中原内地,其所到之处,便将自身习得的中华儒家文明传播流布至世界的各个角落,同时,随着其商业贸易活动,那些附着着中华礼仪价值、文化符号、象征意义的中国传统物质文化和器物被携带出境,通过与其他遥远地域民族的交流和商品交换,这些儒家价值、道德规范、中华元素的非物质性文化也一起流播万方,被更多异域民族的人们所渐渐知悉,从而扩大了中华文化和儒家思想的世界影响。

---

① 刘迎胜.丝路文化·草原卷[M].杭州:浙江人民出版社,1995:139.
② 刘迎胜.丝路文化·草原卷[M].杭州:浙江人民出版社,1995:163.

固原北魏漆棺画所见忍冬纹源流探究

陈彦平[①]

摘　要：北魏时期，随着佛教的东传，佛教美术也传入了中国，并与中国本土美术相结合形成了许多新的艺术样式，在这些艺术样式中就有饱含佛教因素的装饰纹样，而忍冬纹便是这种佛教装饰纹样之一。固原北魏漆棺上保存有大量的忍冬纹，是目前考古发掘中保存较为丰富完好的，我们从中可以清晰地看出忍冬纹在北魏时期的发展情况。目前学界普遍认为忍冬纹是一种外来纹样，但在有关忍冬纹西方溯源的研究成果中，学者们似乎并没有厘清植物纹样从西方植物纹样到印度佛教植物装饰纹样，再到忍冬纹样的发展演变脉络；特别是关于忍冬纹作为印度佛教植物装饰纹的一个流派，两者之间源流关系是如何体现的这一问题很少涉及。本文试图以固原北魏漆棺画所见忍冬纹为切入点，运用图像分析的方法，考证植物纹样从西方植物纹样到忍冬纹样的发展演变过程，进而凸显西方植物纹样与印度佛教植物装饰纹样，印度佛教植物装饰纹样与忍冬纹之间的源流关系。

关键词：固原漆棺　忍冬纹　纹样　源流

---

① 陈彦平（1980—　　），男，甘肃天水人，宁夏师范美术学院讲师。

　　固原北魏漆棺墓于 1981 年发掘于固原县东郊乡雷祖庙村，所以又称雷祖庙漆棺墓。该墓为夫妇合葬墓，现仅存男性棺椁上绘制的部分漆皮。关于漆棺的制作年代，宁夏固原博物馆专家曾断定该墓形成年代在太和十年左右。之后，孙机先生根据漆棺人物画像的鲜卑着装以及漆棺棺盖忍冬纹图案，断定漆棺制作年代为太和八年至十年之间。孙机先生对漆棺的断代与宁夏固原博物馆专家的断代基本一致，罗丰、王泷等学者也都做过类似考证。从宁夏文物考古研究所最近在二次清理墓葬时意外发现的铭文纪年砖上的文字来看，该墓是太和十三年，即公元 489 年的墓葬，与以上专家们的推测相吻合。漆棺的棺盖、侧面的边框等部位绘制有大量忍冬纹，有的是单层忍冬纹，棺盖中大量的忍冬纹装饰性图案是缠枝忍冬纹。缠枝忍冬纹在用缠枝忍冬纹茎蔓构成的圆圈里，装饰有飞禽走兽以及人面鸟身的仙人。这种纹饰不仅出现于固原北魏漆棺装饰中，在北朝石窟寺、器皿等中也有发现。学者闫琰依据考古类型学而把北朝石窟寺中出现的忍冬纹分为 5 个不同的"型"。对照闫琰的分类，可以发现固原漆棺棺盖上的忍冬纹都属于环状卷草纹（见图 1），这种类型忍冬纹主要特征为两个枝藤作二方波状，形成桃形或椭圆形的基本骨干，在桃形或椭圆形的基本骨干内对称出现左右两、三片叶纹。漆棺前挡边饰上忍冬纹（见图 2）按照闫琰的分类，为二方连续忍冬纹中，纹样组合形式为以两个首尾相连的四瓣忍冬叶为母体进行二方连续，以红色、石青、石绿、深红进行间隔填色。出现在漆棺前档门楣两头

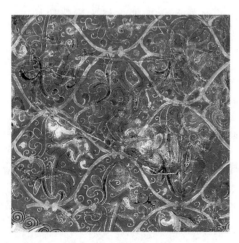

图 1　漆棺棺盖忍冬纹
（图片由宁夏固原博物馆提供）

的忍冬纹(见图3),按照闫琰的分类,为角隅适合纹样,此类忍冬纹主要用于边角的装饰,一般主藤蔓短而直,叶片依边角的框架进行丰富的变化,常见的是四角用相同的忍冬叶纹进行装饰。①

图2　漆棺前挡边饰上忍冬纹
(图片由宁夏固原博物馆提供)

图3　漆棺前档门楣两头忍冬纹(线描图)
(采自宁夏固原博物馆编《固原北魏墓漆棺画》附图)

　　忍冬纹是我国南北朝时期比较流行的植物装饰纹样。然而,对于忍冬纹的起源,目前学界还存有分歧,本文就这一分歧问题展开讨论。忍冬纹形式虽多样,但总体来看,构成忍冬纹的要素主要包括叶和茎蔓。但有些忍冬纹样式只有叶饰没有茎蔓,如单独纹样、适合纹样以及二方连纹样中的首尾相联式,由于这种形式忍冬纹的大量存在,有些学者也因此将忍冬纹称之为叶纹②;另外,有些忍冬纹侧重于表现茎蔓,如二方连续忍冬纹中的波状忍冬纹和缠枝忍冬纹,这种现象并不仅仅局限于忍冬纹,在其他植物纹样中也普遍存在。不仅如此,笔者还发现,植物纹样中的叶饰和茎蔓在一些时期存在相互独立发展的趋势并且呈现出不太一致的发展轨迹,因此,本文在考证西方植物纹样与忍冬纹发展流变的过程中,将叶饰的发展演变和波形茎蔓的发展演变分开来加以考证;同时,为了更清晰地呈现西方植物纹样到忍冬

① 闫琰.北朝外来纹饰——忍冬纹探微[D].山西大学硕士学位论文,2006.
② 薄小莹.敦煌莫高窟六世纪末至九世纪中叶的装饰图案[A]//马世长编.敦煌图案[C].乌鲁木齐:新疆美术摄影出版社,1992:84-88.

纹的发展演变过程，在考证的过程中分了五个大的发展演变阶段。

一、埃及与两河流域

目前发现最早的植物系纹样是古埃及王国时期的莲纹，1922年挖掘出土的埃及但克哈门王陵墓中，神殿的柱头上雕刻有莲形的图案，陵墓的壁画上绘有手执睡莲的女子。除了但克哈门王陵墓中的莲形图案雕刻和睡莲壁画外，在埃及早期的建筑、绘画、器皿上也有莲纹发现（见图4），这些出现在建筑、绘画、器皿上的莲纹，其风格基本一致，而且有较为固定的表现形式。莲花多为侧面形态，由前后两层叶瓣组成，前面一层由三片尖状的萼叶组成，一片呈正面居中，两边的呈侧面左右各对称一片；后面一层有两瓣叶片，穿插在前一层三个叶片顶端形成的空间里。

图4　埃及莲花柱头　　图5　埃及莲花—棕榈叶式

（图4、图5均采自汪燕翎《佛教的东渐与中国植物纹样的兴盛》）

埃及的莲花饰在之后的发展过程中出现了许多的变体，演变出了更多的装饰样式，特别是莲花—棕榈叶式最为典型，如梅狄涅特哈布的壁画上所呈现的新王国时期的埃及莲花—棕榈叶式（见图5），纹样整体由三部分组成，底部是由五片叶瓣组成的莲花花萼；中间一层由左右两片体态肥大的叶瓣组成，叶瓣顶部呈涡卷状；最上面一层是扇形的棕榈式叶片。如果我们把埃及莲花柱头上的莲纹和梅狄涅特哈布壁画上的埃及莲花—棕榈叶式进行对比性的观察,会发现,梅狄涅特哈布的壁画上的埃及莲花—棕榈叶式中底部由五片叶瓣组成的莲花花萼与埃及莲花柱头上的莲纹整体造型基本一致,都由前后两层五片花瓣组成,显示出了埃及莲花—棕榈叶式对埃及莲纹艺术样式的继承。这种埃及莲花—棕榈叶式植物装饰纹样在不断的发展演变过程中,直接影响到了两河流域棕榈叶纹的形成。

在两河流域,最为典型的艺术样式是亚述艺术,古埃及莲花—棕榈叶纹装饰在亚述艺术中得到了改造。亚述艺术将古埃及莲花—棕榈叶纹中间一层呈涡卷状的左右两片叶瓣和底部由五片叶瓣组成的莲花花萼取掉,保留了埃及莲花—棕榈叶式上层的扇形棕榈叶片部分,如发现的亚述时期的尼姆德鲁鹫鹰和圣树石刻浮雕上的棕榈叶纹饰(见图6),浮雕上的棕榈叶纹饰跟埃及莲花—棕榈叶式中的棕榈叶整体特征相似,由七个叶瓣组成扇形。两河流域棕榈叶纹饰在西方植物纹样发展史上的贡

图6　尼姆德鲁鹫鹰和圣树石刻浮雕
(采自汪燕翎《佛教的东渐与
中国植物纹样的兴盛》)

献正在于将棕榈叶从莲花—棕榈叶式中脱离出来。这种改变实现了植物装饰纹样从花形向叶形的转折,为希腊棕榈—莨苕叶纹的形成奠定了基础。

二、希腊与希腊化罗马时期

(一)希腊棕榈——莨苕叶纹与希腊化罗马时期的科林斯式柱头

希腊艺术在对古埃及以及两河流域植物装饰纹样借鉴的基础上,结合本民族的艺术传统,形成了棕榈叶纹样。埃及莲纹是希腊棕榈叶饰甚至莨苕叶饰最早的源头,对于这一点,我们从已发掘的希腊时期的棕榈叶装饰上能够看出。希腊时期棕榈叶装饰有两种造型样式:一种是"泻溢棕榈饰"

(见图7),另一种是"分裂棕榈饰"(见图8),前者如发现的希腊时期帕特农神庙上楣的棕榈叶,这种棕榈叶整体造型跟埃及莲花—棕榈叶和两河流域棕榈叶基本一致,整片扇形叶面是由多片狭长、圆头的条状叶瓣组合而成;而与埃及、两河流域棕榈叶不同的是,组成扇形叶面的条状叶瓣由七瓣增加到了十三瓣,各叶瓣之间也由相互黏结形式变为分裂形式,且每片叶瓣都略微弯曲、有节奏地向四周自然散开,叶型清晰明朗,更接近于自然形态。显然,希腊时期"泻溢棕榈饰"是在吸收埃及莲花—棕榈叶以及两河流域棕榈叶造型样式的基础上进行了改造。

希腊时期的棕榈叶饰还有另一种形式——"分裂棕榈饰",如发现的希腊时期阿提刻墓碑山形饰上的棕榈叶饰就是这种类型。这种棕榈叶整体造型跟"泻溢棕榈饰"一样,也呈扇形,与"泻溢棕榈饰"以及埃及、两河流域棕榈叶饰不同的是,组成扇形叶面的条状叶瓣为十二片,为偶数,扇形叶面不再是沿叶面中心部位的叶瓣呈两边对称的样式展开,而是由呈左右对称结构的两个半扇形棕榈叶面组成。两个半棕榈叶面各有六片条状叶瓣,叶瓣不再沿中轴线向外弯曲,而是向里略微弯曲,叶瓣也变成狭长的"S"形波状。与"泻溢棕榈饰"相比,"分裂棕榈饰"棕榈叶的叶子变得更加的灵动与舒展。希腊时期的棕榈叶除了帕特农神庙上楣以及阿提刻墓碑山形饰上发现的外,在希腊古典时期的爱奥尼亚式神殿上也保存有雕刻非常细密的棕榈叶饰。

希腊艺术极大地改变了埃及、两河流域棕榈叶饰中条状叶瓣的组合方式及造型特点,并在不断的改造过程中形成了莨苕叶纹样。目前所知最早的莨苕叶出现在希腊化时期的科林斯柱头装饰上(见图9)。柱头整体装饰分为两层:上一层的似"花头"纹样装饰和下一层的杯状环托纹样装饰。上面一层装饰其实是扇形的棕榈叶纹饰以类似"花头"的形式出现在了莨苕叶之中,整体造型特征与"分裂棕榈饰"很接近,类似"花头"装饰的造型是由两个对称结构组成,每一对称结构有五片叶瓣,叶瓣自然弯曲成波浪形,且叶尖往回指向扇形对称中心位置的镂空区域。扇形"花头"装饰下部是一组螺旋状花萼纹饰,卷曲的涡卷萼往下又连接左右对称两组螺旋状卷叶纹饰,同时,螺旋状卷叶的茎部将"花头"部分和下面一层的杯状环托纹样有机连接起来。依附在棕榈叶茎部的杯状环托纹样装饰,使整个柱头的装饰显得非常的繁密。科林斯式装饰流行于希腊化时期,较之爱奥尼亚式、科林斯式莨苕叶装饰繁密茂盛,直接影响到了后来的罗马艺术,拜占庭艺术直至整个欧洲古典时期的装饰艺术,并随着人类文明的交流,沿丝绸之路传往东方[1]。

 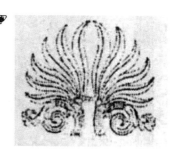

图 7 帕特农神庙   图 8 阿提刻墓碑山形饰   图 9 科斯林柱头
       棕榈叶   上的棕榈叶   莨苕叶

(图7、图8、图9均采自汪燕翎《佛教的东渐与中国植物纹样的兴盛》)

(二)希腊卷须植物纹与罗马卷叶纹

植物纹样在希腊时期,不仅出现了成熟的棕榈——莨苕叶纹,还出现了卷须植物纹样。希腊植物装饰中卷须样式的形成,为藤蔓型植物纹样提供了可供借鉴的骨骼样式,这种西方最早出现的植物卷须样式与中国北魏时期忍冬纹样式中的波状二方连续式非常接近。根据植物卷须特征,希腊植物卷须样式分"连续卷须样式"(见图7)和"间断卷须样式"(见图11)两种。

① 汪燕翎.佛教的东渐与中国植物纹样的兴盛[D].四川大学硕士学位论文,2004.

图 10　希腊连续卷须饰　　　　　图 11　希腊间断卷须饰

（图10、图11均采自刘蕊《忍冬纹样造型的源流探析》）

"连续卷须饰"（或称"波状卷须饰"）以连续的"S"形波状茎蔓为基本骨架，在茎蔓两侧分别生长出多个卷须侧支或小支藤，每个卷须侧支在主干两侧上下回旋，形成环形空间，在环形空间装饰叶、花等纹样。而且每个环形空间里的装饰图案围绕"S"形波状茎蔓循环往复，重复出现。"间断卷须饰"也是以连续的"S"形波状茎蔓为基本骨架，在茎蔓两侧分别装饰有叶、花等纹样，但这些叶、花等纹样，并不是连续重复出现，而是间断性地重复出现。无论是"连续卷须饰"，还是"间断卷须饰"，这两种形式都具备了近代

图 12　罗马卷叶纹

（采自朱利峰《卷草纹源流考》）

植物卷草装饰的基本特征，即植物纹样的布局呈波形骨架排列，花草纹样与几何形骨骼不可分割。[1]　希腊卷须植物纹发展到罗马时期，形成了"罗马卷叶纹"（见图12），其影响一直延续至今。

三、波斯与中亚

波斯装饰艺术不仅继承了两河流域的传统艺术，而且也吸收了埃及以及希腊的纹样装饰艺术。[2]　伊朗比苏敦的萨珊——波斯时期的拱墩柱头上保存有这一时期的植物装饰纹样（见图13），柱头装饰的下面是沿茎的两侧长出的类似花萼的螺旋状装饰，而茎部的顶端是由莨苕叶构成的类似"花头"的植物纹样，是整个装饰的中心。"花头"的两侧对称生出波浪形的叶

---

[1]　朱利峰.卷草纹源流考[J].设计艺术（山东工艺美术学院学报），2010，（4）：65－67.
[2]　汪燕翎.佛教的东渐与中国植物纹样的兴盛[D].四川大学硕士学位论文，2004.

瓣,叶瓣自然弯曲。从整个装饰来看,其造型风格显然是科林斯柱头莨苕叶装饰风格的延续。波斯艺术在不断吸收东西方各种艺术风格,特别是希腊艺术风格的同时,形成了新的艺术传统并继续向四周扩展,向东南传进印度,向东北进入中亚细亚。[①]

图 13　伊朗比苏敦的萨珊—　　　图 14　萨克萨诺呼尔
波斯时期的拱墩柱头饰　　　　　　石质柱头

(图 13、图 14 均采自汪燕翎《佛教的东渐与中国植物纹样的兴盛》)

中亚在亚洲大陆上的位置是十分重要的,它在波斯与印度以及北方其他民族之间架起了桥梁,是亚洲大陆上各种艺术文化的交汇处。希腊体系的植物装饰纹样在中亚遗存中多有发现,如萨克萨诺呼尔古城遗址出土的中亚大夏时期的石质柱头上就有生动而丰润的大片莨苕叶饰以及类似花萼的螺旋状装饰(见图 14);另外,在中亚地区出土的许多贵霜时期键陀罗雕塑上也出现了大量的莨苕叶纹装饰。作为东西文明相互交融之地,中亚地区将希腊题材、佛教题材以及西亚民族本土题材的美术样式相互糅合,形成了复杂的美术样式,在传播的过程中影响到了印度的美术。[②]

四、从印度佛教植物装饰纹样到中国忍冬纹

公元前 321 年建立的孔雀王朝大兴佛教,并遗留了许多的佛教遗迹,

[①] 汪燕翎.佛教的东渐与中国植物纹样的兴盛[D].四川大学硕士学位论文,2004.
[②] 汪燕翎.佛教的东渐与中国植物纹样的兴盛[D].四川大学硕士学位论文,2004.

1886年在华氏城遗址发现的孔雀王朝时期的石柱便是这一时期佛教遗迹的杰出代表（见图15）。在石柱拱墩块的平展各面中央有扇形棕榈叶装饰，这种装饰与希腊时期帕特农神庙上楣的"泻溢棕榈饰"基本相同，整个扇形棕榈叶图案由多片狭长、圆头的条状叶瓣组合而成，每片叶瓣略微弯曲、有节奏地向四周自然散开，且沿中心位置的叶瓣呈左右对称的布局。显然，华氏城石柱上的装饰风格是对希腊时期纹样装饰风格的延续。

图15　桑奇大塔莲花装饰　　　　图16　华氏城石柱

（图15、图16均采自汪燕翎《佛教的东渐与中国植物纹样的兴盛》）

另外，印度早期佛教建筑桑奇大塔的围栏上装饰有明显希腊系波形骨架的莲花装饰（见图16），波形骨架和莲花装饰都突出力度与厚度，这种强调力度与厚度的表现手法，与印度本土文化的生命崇拜有很大的关系；同时，围绕波形骨架，除装饰有莲花等花卉植物以外，还穿插装饰有禽鸟、异兽等，类似的装饰手法在我国北魏时期的忍冬纹装饰中也有发现，如宁夏固原北魏漆棺画棺盖上的对波型忍冬纹，在对波形卷藤骨架里装饰有飞鸟等异兽。这种受希腊系卷须植物纹波形骨架和印度本土元素影响而形成的印度藤蔓植物纹样是印度宗教植物装饰纹样中的典型样式，当印度佛教从印度传及中亚再随丝绸之路传到中国境内的时候，这些宗教艺术样式也随之源源不断地流入到了中国。我国北魏时期大量出现的二方连续忍冬纹中的缠枝忍冬应该就是受到了这种宗教艺术样式的影响。

公元 2 世纪初佛教在印度达到了兴盛,并形成了希腊风格的犍陀罗佛教艺术,这种风格的装饰艺术广泛出现在佛像雕刻以及寺庙建筑上,起到了很好地渲染宗教气氛的作用。犍陀罗佛教艺术对我国纹样装饰有较为明显的影响,在我国新疆西域遗址中发掘有许多受键陀罗风格影响的美术遗存。西域是印度佛教及佛教美术进入中国的第一站,保存有大量的佛教以及外来艺术品,为我们探究印度佛教美术的流传与发展提供了丰富的资料,在发掘的西域佛教美术品中也有植物纹样,如在克孜尔石窟遗址中发掘的植物纹样就是这种特征纹样的代表(见图 17)。纹样以"S"形波状茎蔓为基本骨架,在茎蔓的两侧分别生长出多个卷须侧支以

图 17　克孜尔石窟遗址植物纹
(采自汪燕翎《佛教的东渐与
中国植物纹样的兴盛》)

及叶片,叶片在主干两侧上下略微回旋;茎蔓的顶端分成两支,其中的一支向里回旋形成环形空间,另外一支向前延伸。这种"S"形的波状茎蔓骨架以及茎蔓所形成的环形空间与希腊时期的"波状卷须饰"很接近,显然,克孜尔石窟遗址中发掘的植物纹样与希腊系卷须植物纹有一定的关联。另外,叶子的形态除了一些圆头型外,还有一些为三叉形,这种三叉形草叶纹是犍陀罗柱头上常见的纹样装饰题材,与希腊和波斯植物系纹样一脉相承。

随着丝绸之路的畅通,佛教在东汉时期就已经传入了我国。当时佛教在我国的传播,主要出现在有胡人的商业中心,如敦煌、长安等城市。北魏时期,由于丝绸之路的进一步开通以及北魏社会空前尖锐的民族矛盾,佛教大量传入我国北方地区,所传之处,佛教造像、佛教壁画比比皆是。而印度

佛教装饰中的植物纹样也随之在北魏佛教石窟中大量出现,在敦煌及中原地区佛教洞窟顶部、四壁、佛像四周以及塑像的头背光和服饰上,散布着各种式样由三瓣或四瓣叶子组成的叶纹,这种叶纹被冠名为"忍冬纹"。在众多的佛教石窟中,敦煌石窟最早接纳了来自印度的佛教文化和佛教美术,作为丝绸之路联结西域与中原的枢纽,北魏时期的敦煌石窟艺术仍然保持着浓重的西域元素,而石窟中非常流行的忍冬纹样显然与印度佛教植物装饰纹样有着密切的关系。关友惠先生将敦煌莫高窟早期洞窟忍冬纹分成了八

图 18 敦煌第 254
窟内龛纹饰

(采自闫琰《北朝外来纹饰——忍冬纹探微》)

式十五种,①其中的单叶忍冬纹样和希腊棕榈饰一样,由多片狭长、圆头的条状叶瓣组合而成,并沿中心位置的叶瓣呈左右对称布局(见图 18)。另外,二方连续忍冬纹中的波状忍冬纹(见图 19),其波状藤蔓骨架与希腊系卷须植物纹以及印度藤蔓植物纹样中的波状骨架有相同的组织形式,显示出这种波状藤蔓骨架的前后传承关系。但忍冬纹与起源于埃及又经印度佛教美术改造而成的植物纹样还存有很大的区别。从造型上看,忍冬纹显得严谨而清瘦,充满了生命的张力,且叶子有基本稳定的组合形式,一般由三裂或四裂叶瓣组成(见图 20),特别是这种三瓣造型的忍冬叶片在北朝初期十分流行,而印度以及希腊系植物纹样叶片相对肥大。这种叶饰造型特征上的改变,正是中国本土文化及艺术样式对佛教植物装饰纹样改造的结果。在佛教及佛教装饰纹样大量传入我国北魏之前,中国境内的装饰纹样主要是云气纹,云气纹是从汉代就已经开始流行的纹样,这种纹样形态灵动,富有动感。印度佛教植物纹样传入我国之后,在很大程度上是受到了我国本土云气纹以及魏晋以来

———————————

① 关友惠.敦煌莫高窟早期图案纹饰[J].敦煌学辑刊,1980,(00):101－107＋125－126.

玄学思想的影响,叶面趋向于几何化且肥大的植物纹样最终被改造成了严谨而清瘦的忍冬纹。①

图 19　敦煌第 435 窟忍冬纹边饰　　　图 20　敦煌第 254 窟忍冬纹边饰

（图 19、图 20 均采自闫琰《北朝外来纹饰——忍冬纹探微》）

五、忍冬纹在北魏时期的流传

忍冬纹饰不仅普遍存在于固原北魏漆棺等墓葬装饰中,在北朝石窟寺、器皿等中也有发现,如北魏平城时期的大同智家堡石椁壁画墓中发现有忍冬纹。墓室南壁墓门两侧石板的外侧,在两个门环部位左右各绘一竖向构图的带状忍冬纹(见图 21),两幅内容相同。图案外围是红色边框,框内以多方连续的"S"形缠枝作主干构图,"S"形的每一个弯内绘有四枚忍冬,忍冬纹多为四瓣,偶见有三瓣的。四枚忍冬有两枚涂成红色,另两枚仅用墨线勾勒,作花纹的缠枝主干亦采用墨线勾勒的形式。石椁顶部两架三角形梁朝向明间的一侧绘有忍冬纹(见图 22),图案与墓门口两侧的带状忍冬纹相同,但后者忍冬纹涂成红色的部分,三角形梁上则为粉红色。脊梁下的一面亦绘忍冬纹(见图 23)。忍冬一上一下,流畅舒缓而富于变化,动感很强。忍冬皆墨线勾勒轮廓,或填红彩,或不

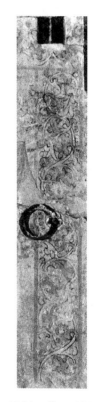

图 21　墓门两侧
忍冬纹

① 本文对忍冬纹的发展演变过程的考察是在主要是在汪燕翎《佛教的东渐与中国植物纹样的兴盛》以及刘蕊《忍冬纹样造型的源流探析》两文的基础上展开的。

填彩,互相间隔。① 两横边用红彩绘边框。从忍冬纹的纹样组合特征来看,智家堡石椁壁画墓脊梁下的一组忍冬纹与固原漆棺挡边饰上忍冬纹十分相似,以两个首尾相连的忍冬叶为母体进行二方连续,唯一不同之处在于,漆棺前挡边饰上忍冬纹为四瓣,智家堡石椁壁画墓脊梁下的为三叶。这种以两个首尾相连的忍冬叶为母体进行二方连续的忍冬纹大量发现在云波里路北魏壁画墓中,②该墓墓室的东、南、北三壁主画面上下以这种忍冬纹带为界,忍冬纹带呈波状,一条波状弯曲的主藤蔓上,一侧一瓣、一侧两瓣忍冬叶交互附于其上,一朵红色与一朵蓝色相间而成(见图24)。另外,墓室东壁所绘宴饮图中,男墓主外披大氅,氅的图案为网状忍冬纹,网格内从底部伸出三叶忍冬(见图25)。这种网状忍冬纹与固原漆棺棺盖环状卷草纹的组合特征是一致的,不同的是,在桃形或椭圆形的基本骨干内对称出现左右两、三片叶纹,而云波里路北魏壁画墓中是在桃形或椭圆形的基本骨干内只出现一枚三片叶纹。智家堡北魏墓棺板画 B 板的上部也绘有一排忍冬纹(见图26),③按照闫琰的分类,这排忍冬纹为二方连续桃形忍冬纹,其主要特征为一支藤缠绕成桃形作一单元纹样,藤环内长出三叶瓣忍冬或左右对称三叶瓣忍冬,偶见有左右对称四叶瓣忍冬,有的在左右对称的三、四叶瓣忍冬中间再长出一叶纹或三叶纹。单元纹相交处用一索套连接,夹角处装饰一、三叶瓣。智家堡北魏墓棺板画 B 板的忍冬纹其藤环内长出左右对称四叶瓣忍冬,是比较少见的一类,另外在左右对称的四叶瓣忍冬中间还长出一叶纹。

云冈第9窟窟门顶部出现的首尾相连式二方连续忍冬纹与漆棺前挡边饰忍冬纹完全一致(见图27),第10窟窟门上的对波型二方连续忍冬纹与漆棺棺盖上的忍冬纹十分接近(见图28)。

---

① 王银田,刘俊喜.大同智家堡北魏墓石椁壁画[J].文物,2001,(7)：40-51.
② 大同市考古研究所.山西大同云波里路北魏壁画墓[J].文物,2011,(12)：13-25.
③ 刘俊喜,高峰.大同智家堡北魏墓棺板画[J].文物,2004,(12)：35-47.

图 22 智家堡石椁壁画墓　　　　图 23　智家堡石椁壁画墓
　　　 石椁顶部忍冬纹　　　　　　　　　 脊梁下忍冬纹

（图 21、图 22、图 23 均采自王银田、刘俊喜《大同智家堡北魏墓石椁壁画》）

 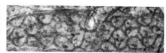

图 24　云波里路北魏壁画墓　　　图 25　云波里路北魏壁画墓墓
　　　 二方连续忍冬纹　　　　　　　　　 主大氅忍冬纹

（图 24、图 25 均采自大同市考古研究所《山西大同云波里路北魏壁画墓》）

图 26　智家堡北魏墓棺板画忍冬纹

（采自刘俊喜、高峰《大同智家堡北魏墓棺板画》）

图 27　云冈第 9 窟窟门　　　　图 28　第 10 窟窟门上地对
　　　 顶部忍冬纹　　　　　　　　　　　 波型二方连续忍冬纹

（图 27、图 28 均采自张焯《中国皇家雕刻艺术——云冈石窟》）

六、结语

通过以上的考究，笔者认为，作为我国北朝时期广泛流传的佛教装饰纹样——忍冬纹，是随着佛教传入我国的印度佛教植物装饰纹样与我国本土艺术样式相结合的产物，固原北魏漆棺上保存大量忍冬纹图案，正是在这两大装饰纹样的基础上形成的，而印度佛教植物装饰纹样有更早的源头，最早可追溯到古埃及的莲纹。

编　后　记

　　时光荏苒,岁月如金。《固原历史文化研究》已出版七辑了,本辑是第八辑。在本辑的编选中,我们延续了前几辑的栏目设置,但也有新的努力方向。一方面,不再将选题的范围局限于固原地区,其他地区的相关重要研究也有选择地收录(如张存良《在历史的真实与合理的想象之间——落下闳研究行与思》);另一方面,尽量选择篇幅较长、有一定容量,论述相对全面而深入的论文。因此,本辑虽然只编选了15篇论文,但体量并未减小,涵盖了"历史文化研究""非物质文化遗产研究""语言与文学""丝绸之路研究"等栏目。

　　从政治、社会、经济、文化等方面研究固原地区的历史和当下,是《固原历史文化研究》一以贯之的主题。佘贵孝是固原地方志研究领域的专家,他对固原旅游资源的梳理,为当地旅游业构建全域旅游提供了新思路;李瑞婧对隆德县红崖村旅游业开发的探讨,是个案研究的典范;李世荣则从一个较大时间段(清代)考察固原地区经济发展状况,颇具历史意识;武淑莲对六盘山生态状况的关注,极具现实意义。相比之下,张存良对落下闳的研究、曹芳红对曲端年谱的梳理,似乎略显偏离"固原历史文化"这一主题,但两位学者扎实的考证和严谨的分析,无疑是历史文化研究方面应该借鉴的,因而特意置于这个栏目,以期对从事固原历史文化研究的学人有所启示。

在非物质文化遗产研究方面，本辑选择了刘衍青的《试论秦腔班社觉民学社的教育功能》、黑志燕的《宁夏民间故事研究综述》，以及张强的《"张易门好进难出"考》。刘衍青从教育宗旨、教育理念、教育措施等方面详细考察了秦腔"觉民社"在抗战时期的特有贡献；黑志燕则分段、分层次梳理了宁夏民间故事研究情况，史料梳理较为全面；张强从历史文献、民间口语及地理风俗等角度考察了"张易门好进难出"这一典故。

语言与文学研究方面的几篇文章，均以固原乃至宁夏的文学现象、语言现象为考察对象而展开探讨。安正发研究曾畹多年，《上图藏曾畹〈曾庭闻集〉考述》是他近年文献梳理的成果之一，该文从版本、成书经过、文献价值等方面对上图所藏的曾畹《曾庭闻集》进行了全面考述。马晓玲对建立"宁夏方言文化生态博物馆"进行了有力论证；胡得义对明代武靖侯赵辅及其《南坡诗稿》进行详细考证；曾欢对宁夏著名诗人王怀凌的诗作进行了深入分析。虽取向各异，然持之有故，各具特点。

在"丝绸之路研究"栏目中，冯敏的《唐代入华粟特人融入中华民族探析》是她的国家社科基金项目的阶段性成果，是对入华粟特人文化认同的深入研究；陈彦平的《固原北魏漆棺画所见忍冬纹源流探究》则着眼于固原出土的北魏漆棺画中的纹样，是考古类型学及图像学方面的有益探讨。

固原历史文化研究中心是宁夏回族自治区批准设立的人文社科重点研究基地，《固原历史文化研究》是基地的学术成果之一。在基地经费的支助下，在各位作者的大力支持下，我们竭力向学术界呈现固原及周边地域历史文化研究的最新动向和成果，推动相关研究不断走向纵深，以期办成具有地域特色的高质量学术集刊。这是我们的期望，也是我们的努力方向。

最后,感谢马宗保校长对本书的关心与支持,也感谢上海古籍出版社张靖伟先生的辛苦付出。

编　者

2021 年 7 月

征 稿 启 事

　　宁夏师范学院固原历史文化研究中心是宁夏回族自治区人文社科重点研究基地,中心以"追踪固原历史文化,服务地方文化建设"为宗旨,立足区域文化开展学术研究。《固原历史文化研究》是基地的学术成果之一,目前已经出版了八辑,《固原历史文化研究》第九辑(2022 年度)面向学界和社会各界人士征稿,敬请专家、学者不吝赐稿。

一、栏目设置

　　《固原历史文化研究》的常设栏目有"政治军事""社会经济""历史地理""文物考古""语言民俗""非物质文化遗产研究""区域文学研究""环境生态""丝路研究""区域文化""文化产业"等。研究内容不局限于固原和宁夏,西北地区乃至全国的相关区域研究成果都欢迎投稿。

二、论文格式规范要求

　　根据书刊编辑规范化、标准化及现代化的需求,《固原历史文化研究》编辑部对作者稿件的结构、格式和体例等问题作如下说明:

　　(一)来稿应具有一定的学术水平。选题新颖、观点鲜明、材料翔实、论述严谨、语言规范、文字简练,切近固原历史文化的相关研究领域。

（二）来稿须结构齐全。按顺序包括下列内容：

1. 题名。概括文章的要旨，应简明、具体、准确，可加副标题。

2. 作者及工作单位。作者宜署真名；多个作者中间空一个汉字格；工作单位署单位全称，统一放置到论文最后（加括号，多个作者用"；"隔开）。

3. 摘要。摘要内容应具有独立性和自含性，不用报道语式，不用序号，不分段。字数在 300 字左右。

4. 关键词。选取最能反映文章主要内容的名词性术语作关键词，以 3—5 个为宜，关键词之间空一个汉字格。

5. 基金项目。若有基金资助产出的文章，可以注明基金项目的名称和编号。

6. 作者简介，包括姓名（出生年—）、性别、民族、籍贯、职称、学位、研究方向或简历。

7. 正文。文内标题应简洁、明确，层次一般不超过 5 级，层次序号采用"一、（一）、1、（1）、1）……"顺序标示，不宜用①，以与注释号区别。

8. 注释。注释是对论文某一特定内容的解释或补充说明，按顺序放在当页脚注（序号设置为：每页重新编号）。注释用带圆圈的阿拉伯数字标注，如①，且用上标。在页脚写清楚文献来源。如：

① 薛正昌.固原历史地理与文化［M］.兰州：甘肃文化出版社，1998：11.

② 范晔.后汉书［M］.北京：中华书局，1965：1565.

③ 戴伟华.论岑参边塞诗独特风格形成的原因［J］.文学遗产，1997，（4）.

（三）来稿一律用 Word 文档，校对无误后，发到征稿电子邮箱。为便于联系，请作者提供联系电话。发送邮件时主题一栏请注明作者及论文题目。

来稿应为原创性论文，即从未在正式刊物或网上发表过的研究成果。《固原历史文化研究》编辑部有权对采用稿件进行文字处理，做适当删改，如作者不同意,敬请注明。同时敬请各位作者遵守国家有关版权和著作权的各项法律、法规;切忌一稿多投;严禁抄袭、剽窃,否则作者自负其责。

三、注意事项

《固原历史文化研究》长期征稿,每年的 5 月底完成当年一辑的组稿工作。

其他未尽事宜,敬请来电垂询。

通信地址:宁夏固原市原州区学院路宁夏师范学院固原历史文化研究中心(756000)

投稿电子信箱:nsgylswhyjzx@163.com

工作联系电话:0954-2079586(办);15809546308(王老师);15349548533(黑老师)

固原历史文化研究中心

2021 年 7 月 15 日